그리스도인의 생활

THE CHRISTIAN LIFE

by Witness Lee

Originally Published by
Living Stream Ministry, Anaheim, California, U. S. A.

Printed in Korea.

그리스도인의 생활

위트니스 리

한국복음서원

차례

* 이 책에 인용된 성경 본문은 〈회복역 성경〉을 사용하였습니다.
* 이 책에 인용된 찬송가는 특별한 언급이 없는 경우 한국복음서원 찬송가입니다. 영어 찬송가는 리빙 스트림 미니스트리(Living Stream Ministry)에서 출간한 것입니다.

서문

이 책은 위트니스 리 형제님이 1992년 2월 21일부터 6월 19일까지의 기간에 캘리포니아주 애너하임에서 전한 메시지들로 되어 있습니다.

1

정의

The Definition

제1장
정의

성경: 빌 1:20하-21상, 요 14:10-20, 6상, 3:36,
히 7:16하, 딤후 1:10하, 골 3:4상, 요 11:25,
롬 8:2상, 9하, 갈 2:20, 롬 12:5, 엡 1:23,
3:19, 마 5:13-16, 엡 3:8-11

이 일련의 메시지에서 우리는 그리스도인의 생활에 관해 교통하고자 한다. 이러한 주제는 우리에게 평범해 보일지도 모르지만, 내가 받은 인상을 솔직하게 말하지 않을 수 없다. 그것은 그리스도인의 생활이 무엇인지를 아는 믿는 이를 찾기가 매우 어렵다는 것이다. 성경은 매우 복잡한 책이다. 어떤 근본주의 그리스도인들은 성경이 모순되지 않는다고 말한다. 그러나 성경을 연구할수록 우리는 성경에서 모순되는 것을 더 많이 발견하게 된다. 우리는 온 우주 안에 모순이 없다면 어떤 것도 남아 있거나 존재할 수 없음을 깨달아야 한다. 모든 것이 모순되어 존재한다. 우리는 항상 웃는가? 웃기도 하지만 울기도 한다. 어떤 사람은 "나는 행복한 사람입니다."라고 말할지도 모른다. 그러나 이 말은 그리 참되지 못하다. 왜냐하면 이 사람에게는 염려도 가득하기 때문이다.

그리스도인의 생활을 아는 것은 쉬운 일이 아니다. 여러분은 사도 바울이 항상 승리했다고 믿는가? 오늘날 우리 가운데는 이런 말이 있다. “아침마다 부흥되고 날마다 이기자.” 여러분은 아침마다 부흥되고 날마다 이길 수 있다고 믿는가? 여러분이 어떤 패배도 없이 승리에 어울리는 하루를 보낸다면, 사실은 좋은 날을 보낸 것이 아니다. 전혀 패배하지 않고 승리가 가득 찬 날이 인생에 하루라도 있었다고 우리 중 누가 말할 수 있는가? 오늘날 우리는 그리스도인의 생활이라는 ‘부엌’에 있다. 음식을 요리하는 동안 부엌은 엉망이다. 오늘날 우리의 체험은 부엌 안에 있지, 식탁 위에 있지 않다. 우리 그리스도인의 생활에서 모든 것이 요리되어 식탁에 놓이는 때는 바로 우리가 새 예루살렘이 되는 때일 것이다. 그러나 우리의 현재 체험에서 새 예루살렘은 거의 ‘공중에 있는 새’처럼 보인다. 나는 새 예루살렘에 관해 많이 말했다. 그러나 이 새 예루살렘이라는 ‘새’는 항상 내 기대 안에 있을 뿐 완전히 내 손안에 있었던 적이 없다.

그리스도인의 생활은 비밀이다. 나는 여러분에게 그리스도인의 생활이 무엇인지 절대적으로 안다고 말할 수 없다. 어떤 이들은 “왜 모른다고 하시면서 그리스도인의 생활에 대해 말씀하십니까?”라고 물을지도 모른다. 나는 지금도 알려고 노력하고 있다. 나는 한편으로는 알지 못한다고 말하며 한편으로는 어느 정도 분명히 안다고 말할 수 있다. 우리는 그리스도인의 생활이 무엇인지를 성경에서 보아야 한다. 더 나아가, 그리스도인의 생활에서 내가 보고 체험한 것이 여러분을 도울 수 있기를 바란다.

이번 장에서 나는 두 가지 주된 요점을 다루고자 한다. 첫 번째 요점은 그리스도인의 생활이란 그리스도를 믿는 이들이 그리스도를 살고 확대하는 생활이라는 것이다. 두 번째 요점은 그리스도인의 생활이란 그리스도인들이 그들이 있는 지방의 교회로서 단체적으로 그리스도를 살고 확대하는 생활이며, 이러한 생활은 그리스도의 우주적인 몸의 일부로서 그리스도의 지방적인 표현이라는 것이다. 그리스도인의 생활에는 개인적인 방면과 단체적인 방면이라는 두 방면이 항상 있어야 한다. 우리는 단체적인 그리스도인의 생활을 위하여 개인적인 그리스도인의 생활을 해야 한다. 단체적인 그리스도인의 생활은 교회생활이다. 이것은 특별히 각지에 있는 교회를 가리킨다. 우리가 각지에서 교회생활을 하지 않는다면 그리스도의 우주적인 몸에 속한 것을 결코 체험하지 못할 것이다.

이제 나는 성경이 모순된다고 말한 이유를 언급하고 싶다. 그것은 성경의 진리들이 일정한 순서에 따라 기록되거나 제시되지 않았기 때문이다. 오히려 이 진리들은 성경 곳곳에 여기저기 흩어져 있다(비교 사 28:13). 성경은 아주 많은 조각으로 이루어진 커다란 조각 그림 맞추기와 같다. 그러나 이 그림 맞추기의 조각들은 모두 흩어져 있다. 성경은 진리들을 일정한 순서에 따라 배열해 놓지 않았다. 즉 진리들을 함께 두어 완전하고 완성된 그림이 제시되도록 해 놓지 않았다. 우리는 진리의 여러 조각을 모아서 종합적으로 보아야 한다. 여러분은 연구하면서 열 조각을 찾아낼 수도 있지만 서로 연결되는 조각이 없을지도 모른다. 모든 조각이 따로 떨어져 있다. 여러분은 더 많은 그림 조각을 모으고 또 서서히 맞추어 나가는 데 시간을 들여야 한다.

나는 육십오 년 이상 성경을 연구했다. 나는 성경의 조각들을 맞추는 것이 매우 어렵다는 것을 알게 되었다. 우리는 단 한 조각을 붙잡고서 그것이 전부라고 생각해서는 안 된다. 우리는 인내하면서, 하나의 완전한 그림을 가질 때까지 조각들을 더 많이 찾아내야 한다. 지난 삼십 년 동안, 나는 성경의 모든 조각을 맞추었다고 생각한 적이 있었다. 나는 그림 맞추기를 완성했다고 생각했다. 그러나 여전히 무언가가 더 있었다. 나는 다른 이들이 성경을 이해한 것에 도움을 받아 성경의 많은 조각을 맞추었지만, 다 맞추었다고 여러분에게 말할 수 없다. 오랫동안 나는 신성한 삼일성에 대해 많은 것을 말했다. 그렇게 한 것은 성경에 있는 신성한 삼일성에 관한 조각들이 창세기의 첫 장부터 요한계시록의 마지막 장까지 흩어져 있기 때문이다. 이 일련의 메시지에서 우리는 그리스도인의 생활에 관한 말씀의 조각들을 맞추어 그리스도인의 생활이 무엇인지를 볼 수 있기 원한다.

그리스도인의 생활은
그리스도를 믿는 이들이
그리스도를 살고 확대하는 생활임

그리스도인의 생활은 그리스도를 믿는 이들이 그리스도를 살고 확대하는 생활이다. 이것은 빌립보서 1장 20절과 21절 상반절에 근거한다. 이 절들은 "나의 간절한 기대와 소망은, 어떤 일에서도 부끄러움을 당하지 않고, 항상 그러하였듯이 지금도 매사에 담대하여 살든지 죽든지 내 몸에서 그리스도께서 확대되시도록 하는 것입니다. 왜냐하면 나에게 있어서 삶은 그리스도이고"라고 말한다. 바울은 그에게 있어서 삶은 그리스도라고 말했다. 이것은 우리가 그리스도를 살아야 한다는 의미이다. 만일 '그리스도를 살다'에 해당하는 영어에 전치사를 더한다면 그 의미가 바뀔 것이다. '그리스도를 살아 내다', '그리스도에 의해 살다', '그리스도를 통해 살다', '그리스도와 함께 살다', '그리스도 안에 살다'는 '그리스도를 살다'와 의미가 똑같지 않다. 내가 알기로는, 어떤 사람이 '그리스도를 살다'라는 용어를 사용하는 것을 들은 적이 없다. '그리스도를 살다'라는 말은 바울의 삶이 그리스도를 사는 것이었다는 사실을 묘사한다. 그리스도께서 바울 안에 사셨으므로 바울은 그리스도를 살았다(갈 2:20).

'그리스도를 살다'라는 말은 특별한 의미를 지닌다. 우리는 그리스도를 살기 위해 여기에 있다. 우리는 그분에 의해 살거나, 그분과 함께 살거나, 그분 안에 살거나, 그분을 살아 내고 있는 것만이 아니다. 우리는 그리스도를 살고 있으며 이렇게 그리스도를 사는 것은 그분을 확대하는 것이다. 즉 그분을 다른 이들에게 더 크게 보이게 하는 것이다. 바울은 감옥에 갇혀 있었다. 바울은 그리스도를 확대하지 못하는 것, 즉 그리스도를 더 크게 하지 못하는 것을 두려워했다. 또한 그를 관찰하고 있는 이들에게 그리스도를 작아 보이게 할 수도 있음을 두려워했다. 바울은 심지어 감옥에서도 그리스도를 더 커지게 하고 확대하기를 갈망했다.

그리스도인의 생활은 윤리적인 생활이나 선한 생활이나 도덕적인 생활에 불과한 것이 아니다. 물론 그리스도인의 생활은 윤리적이어야 하고 도덕적이어야 하며 뛰어나야 한다. 그러나 엄밀히 말해서, 그리스도인의 생활은 윤리적인 생활이 아니다. 그리스도인의 생활은 윤리적인 생활보다 더 높은 것이다. 그리스도인의 생활은 그리스도를 사는 생활이다. 다른 이들이 그리스도인인 우리의 생활에서 단지 우리의 선함이나 윤리나 도덕성만 보아서는 안 된다. 그들은 그리스도를 보아야 한다. 우리 그리스도인들은 그리스도를 살고 확대하는 생활을 해야 한다.

그리스도는 신성한 삼일성의 중심이심

그리스도는 신격의 중심이시다. 신격은 신성한 삼일성 곧 아버지와 아들과 영이며 그리스도는 신성한 삼일성의 중심이시다. 신성한 삼일성의 중심이신 그리스도는 아버지를 표현하시고 그 영으로 실재화되신다 (요 14:10-20).

그리스도께서 아버지를 표현하시고 그 영으로 실재화되시는 것은 무엇인가? 사복음서에서 우리는 예수라는 이름의 놀라운 한 인격을 본다. 그분은 아버지의 말씀을 말하셨고(요 14:10, 24) 아버지의 일을 하셨다(4:34, 17:4). 그분은 무엇이든 아버지께서 하시는 일을 하셨다(5:19). 요한복음 14장은 아들께서 아버지의 체현과 표현이시며(7-11절) 그 영께서 아들의 실재와 실재화이심을 보여 준다(17-20절). 그리스도는 아들이시며 또 아버지이시다(사 9:6, 요 14:8-9). 그분은 또한 그 영이시다(고후 3:17, 고전 15:45하). 그분께서 땅에서의 사역을 하고 계실 때, 많은 이가 그분이 나사렛 사람이시며 마리아의 아들이심을 알았다. 그러나 그분은 또한 삼일 하나님의 체현이셨다. 그분은 아버지와 함께(요 8:29, 16:32) 그 영에 의해 계시는 아들이셨다(눅 1:35, 마 1:18, 20, 12:28). 그분은 아버지와 함께 그 영에 의해 모든 것을 하셨다. 아버지 하나님을 표현하셨고 그 영에 의해 행동하셨으며 결국 그 영으로 실재화되셨다. 복음서들에서 우리는 예수님이라는 한 사람 안에서 아버지와 아들과 영을 볼 수 있다. 바로 이분께서 우리가 우리의 비밀한 생명으로 살아야 하는 분이시다.

이 그리스도는 생명이심

이 그리스도는 생명 곧 유일한 생명이시며, 다른 어떤 생명도 참생명이 아니다(요 14:6상). 아버지와 아들과 영이신 그리스도께서 생명이시다.

마태복음 끝에서 주님은 제자들에게, 가서 사람들에게 아버지와 아들과 성령의 이름 안으로 침례를 주라고 명령하셨다(28:19). 그러나 사도행전과 서신서들에서는 이런 말을 더 이상 찾을 수 없다. 사도행전은 제자들이 사람들에게 주 예수님의 이름 안으로 침례를 주었다고 말하고(8:16, 19:5), 로마서 6장 3절과 갈라디아서 3장 27절은 그리스도 안으로 침례를 받는 것에 대해 말한다. 이것은 예수 그리스도께서 아버지와 아들과 영이심을 보여 준다. 사람들에게 주 예수님의 이름 안으로 침례를 주고 그리스도 안으로 침례를 주는 것은 사람들에게 아버지와 아들과 영의 이름 안으로 침례를 주는 것과 동등하다. 그러므로 예수 그리스도는 아버지와 아들과 영이시다.

미국인의 전체 이름은 이름과 가운데 이름과 성, 이렇게 세 가지로 구성된다. 이것은 삼일 하나님의 본을 따르는 것이다. 한 분 하나님께 세 가지 칭호, 즉 '아버지 하나님', '아들 하나님', '영 하나님'이라는 칭호가 있으시다. 삼일 하나님의 체현이신 그리스도는 생명 곧 유일한 생명이시다. 다른 어떤 생명도 참생명이 아니다(딤전 6:19하).

그리스도는 영원한 생명이심

그리스도는 영원한 생명으로서, 시간과 질과 온전함과 완전함에 있어 영원하실 뿐 아니라 파괴되실 수 없고 썩지 않으신다(요 3:36, 히 7:16하, 딤후 1:10하). 아들이신 그리스도 안으로 믿어 들어간 모든 사람은 영원한 생명을 얻는다. 생명이신 그리스도는 영원하시다. 그리스도는 일시적으로가 아니라 영원히 온전하시다. 또한 영원히 전적으로 완전하시다. 우리 사람에게는 영원하거나 전적으로 완전한 것이 없다.

미국으로 이주한 많은 사람이 영주권을 얻으려고 애쓴다. 그러나 누가 영주하는가? 백 년 이상 미국에 사는 사람은 극소수이다. 사람의 생명은 일시적이기 때문에 결국 모든 사람이 세상을 떠난다. 하나님께는 천 년이 하루와 같다(벧후 3:8). 따라서 백 년은 하나님께서 보시기에 하루의 십분의 일에 불과하다. 어느 곳에 하루의 십분의 일만 머무는 것은 영주하는 것이 아니다. 그러나 하나님은 영원부터 영원까지 사신다. 시편

90편은 이것에 대해 말한다. 이 시편은 모세가 쓴 시이므로 사실상 최초로 기록된 시편이었다. 90편 1절에서 모세는 "오, 주님! 주님은 대대로 / 저희의 거처가 되어 주셨습니다."라고 말했다. 그런 다음 "영원부터 영원까지 주님은 하나님이십니다."(시 90:2)라고 말했다. 이것은 모세가 하나님께서 자신의 영원한 거처이심을 깨달았다는 의미이다. 영원부터 영원까지 그분은 하나님이시자 우리의 거처이시다. 그분은 영원히 완전하시며 또한 온전하시다. 이 땅에 영주할 수 없을지라도, 우리는 영원한 분이신 하나님 안에 영주할 권리를 이미 얻었다.

영원한 생명이신 그리스도는 질에서도 영원하시다. 질에 있어서 이 생명은 영원히 좋다. 예레미야의 말을 인용하면, 우리 인간 생명의 질은 새는 저수조와 같다(렘 2:13). 질에 있어서 우리는 완전히 새고 있다. 우리는 영리할지 모르지만 우리의 영리함은 완전히 새고 있다. 우리의 인간 생명은 신성한 생명과는 달리 질에 있어서 영원하지 않다.

영원한 생명은 또한 파괴될 수 없고 썩지 않는다. 우리 사람은 어떤 것으로든 파괴될 수 있고 본질상 썩기 마련이다. 나는 니 형제님이 쓴 낡은 책을 몇 권 갖고 있다. 시간이 지남에 따라 그것들은 썩어 간다. 오늘 나는 이 책들이 훼손될까 두려워 함부로 만지지 못하고 있다. 이 책들은 시간이 지나면서 훼손되었는데, 그것은 이 책들이 썩기 때문이다. 우리의 본성은 썩는 것이다. 그러나 그리스도, 즉 우리의 생명이신 분은 썩지 않으신다.

부활 안에서 그리스도는 믿는 이들에게 생명이 되심

부활 안에서 그리스도는 믿는 이들에게 생명이 되신다(골 3:4상, 요

11:25). 부활은 이 생명이 죽음을 거쳤음을 의미한다. 사람들이 이 생명을 죽음 안으로 넣었고 이 생명은 죽음에서 나왔다. 오늘날 그분은 부활 안에 있는 생명이시다.

그리스도는 생명의 영으로 믿는 이들 안에 계심

그리스도는 생명의 영으로 믿는 이들 안에 계신다(롬 8:2상, 9하). 그분은 그 영이시다(고후 3:17, 고전 15:45하). 약 삼십 년 전에 이 나라에 왔을 때 나는 그리스도께서 그 영이심을 사람들에게 말하기 시작했다. 우리는 그 영이신 그리스도를 체험하는 것과 관련하여 우리 찬송가에 있는 많은 찬송을 썼다(참조 찬송가 371장, 400장). 이 찬송들 중 몇 곡은 니 형제님이 쓴 것인데, 형제님은 이 곡들에서 오늘날 우리의 체험에서 우리가 사는 생명이신 그리스도께서 바로 그 영이시라는 것을 강조한다(찬송가 367장, 368장, 369장).

그리스도는 믿는 이들이 그분으로 말미암아 살 수 있도록 믿는 이들 안에 사심

그리스도는 믿는 이들이 그분으로 말미암아 살 수 있도록 믿는 이들 안에 사신다(갈 2:20). 우리는 그리스도로 말미암아 산다고 말하는 것이 잘못되지 않았다는 것에 대해 분명해져야 한다. 그러나 '그리스도로 말미암아 살다'와 '그리스도를 살다'의 의미가 다르다는 것을 보아야 한다. 그리스도는 우리가 그분으로 말미암아 살 수 있도록 우리 안에 사신다.

그리스도를 그러한 분으로 사는 믿는 이들은
그분의 살아 있는 지체들로서
그분의 유기적인 몸을 구성함

그리스도를 그러한 분으로 사는 믿는 이들은 그분의 살아 있는 지체들로서, 그분의 유기적인 몸을 구성한다. 먼저, 우리는 만물 안에서 만물을 충만하게 하시는 분이신 그리스도의 충만이자 그리스도의 표현인 그리스도의 몸을 구성한다(롬 12:5, 엡 1:23). 그다음으로, 우리는 삼일 하나님 곧 과정을 거치시고 완결되신 하나님의 충만인 그리스도의 몸을 구성하는데, 이 몸은 교회를 통한 그리스도의 표현 안에 있는 삼일 하나님의 단체적인 표현이다(엡 3:19). 이것들은 두 층으로 된 표현이다. 한 단체적인 교회로서 우리는 그리스도의 표현이다. 그런 다음 그리스도의 표현 안에 또 다른 층의 표현, 즉 과정을 거치시고 완결되신 삼일 하나님의 표현이 있다.

교회가 존재하게 되었을 때, 그것은 하나님께서 그분의 과정을 완성하셨고 또한 하나님께서 완결되셨음을 시사한다. 하나님은 육체가 되시기 전에 결코 과정을 거치신 적이 없었다. 하나님은 육체 되심부터 승천까지의 긴 과정을 거치셨다. 그분은 삼십오 년보다 짧은 기간에 이 긴 과정을 완성하셨다. 우리 모두는 삼일 하나님께서 통과하신 놀라운 과정에 대해 말해야 한다.

그분은 육체 되심부터 승천까지의 과정을 거치심으로 완결되셨다. 새 창조물을 산출하는 그분의 일은 육체 되심에서 시작되었고 승천으로 완결되었다. 그분은 하늘에서 내려오셔서 육체가 되셨고 승천 안에서 다시 하늘로 올라가셨다. 그러나 그분은 다시 올라가시고 나서 완전히 '다른' 하나님이 되셨다. 어떤 사람들은 우리가 어떻게 이런 말을 하는지 이상하게 여길지도 모르지만, 이러한 사실이 있다. 그분은 육체가 되시기 전에는 사람의 본성을 소유하지 않으셨다. 그러나 육체 되심에서 승천에 이르는 과정을 통과하시고 난 지금은 신성과 인성을 모두 소유하고 계신다. 그분은 육체 되시기 전에는 이 놀라운 죽음과 뛰어난 부활을 소유하지 않으셨다. 그러나 승천하시고 난 오늘날에는 이 죽음과 부활이 그분의 조성 요소이다.

교회는 과정을 거치지 않으신 하나님을 표현하지 않는다. 반대로, 교회는 자신의 과정을 완성하시고 완결되신 하나님을 표현한다. 교회는 하나님을 표현할 수 있다. 왜냐하면 교회가 그분과 똑같아졌기 때문이다. 그분은 신성하시고 인간적이시며 교회는 인간적이고 신성하다. 그분은 놀라운 죽음과 뛰어난 부활을 소유하고 계시는데, 교회도 동일한 것을 소유하고 있다. 교회는 그분과 똑같지만 그분의 신격은 갖고 있지 않다. 교회는 하나님의 본성과 하나님의 생명과 하나님께서 소유하신 죽음과 부활을 소유하고 있다. 교회는 신격에서는 아니지만 이 모든 것에서는 하나님과 똑같다. 그리스도의 유기적인 몸인 교회는 삼일 하나님의 충만, 곧 과정을 거치시고 완결되신 하나님의 충만이다. 우리는 그리스도의 살아 있는 지체들로서 그리스도를 표현하는 그분의 유기적인 몸을 구성하고 있다.

그리스도인의 생활은
또한 그리스도인들이 단체적으로
그리스도를 살고 확대하는 생활임

그리스도인의 생활은 또한 그리스도인들이 자신이 있는 지방에서, 지방 교회로서 단체적으로 그리스도를 살고 확대하는 생활이다. 지방 교회는 그리스도의 우주적인 몸의 일부로서 그리스도의 지방적인 표현이다. 그리스도인의 생활은 반드시 교회생활이어야 한다. 그리스도인의 생활은 단지 개인적인 그리스도인의 생활이기만 해서는 안 된다. 그것은 단체적인 그리스도인의 생활, 곧 교회생활이어야 한다. 이 땅 어디에 있든지 우리는 우리가 있는 곳의 지방 교회에 참여해야 한다.

주님의 회복 안에 있는 우리 가운데 많은 이가 교회에 대한 의식이 매우 강하다. 그러나 오늘날 교회에 대한 의식이 강한 그리스도인은 사실상 극소수이다. 그리스도인들은 교회에 관해 어떤 의식도 갖고 있지 않다. 이 땅의 어떤 지방에도 교회가 없다면, 나는 어떻게 살고 존재해야 할지를 알지 못할 것이다. 우리 모두는 각 지방에 있는 교회의 일부이고, 각 지방에 있는 모든 교회는 그리스도의 몸인 우주적인 교회의 일부이다.

그리스도인의 생활은 땅의 소금과 세상의 빛으로서 하나님의 영광을 위해 인간 미덕들을 지닌 윤리적인 생활을 하는 것만이 아니다(마 5:13-16). 그리스도인의 생활은 인간 미덕들 안에서 신성한 속성들을 표현하신 그리스도 자신인 생활을 함으로써, 하나님의 영원한 경륜의 우주적인 완결을 위해 그리스도의 유기적인 몸의 일부가 되는 것이다(엡 3:8-11). 기독교는 우리에게 인간 미덕들이 있어야 한다고 가르친다. 우리는 그리스도인이므로 땅의 소금과 세상의 빛이다. 세상은 부패하고 타락했기 때문에 세균들을 죽이는 소금이 필요하다. 세상은 또한 어둡기 때문에 밝혀 주는 빛이 필요하다. 이것은 모두 하나님의 영광을 위한 것이다. 이것은 훌륭한 가르침이다. 그러나 우리는 개인적인 그리스도인의 생활이 그리스도인의 생활에서 단지 작은 부분을 차지한다는 것을 깨달아야 한다. 그리스도인의 생활에서 더 큰 부분은 교회생활이어야 한다.

교회생활에서 우리는 인간 미덕들 안에서 신성한 속성들을 표현하신 그리스도 자신인 생활을 한다. 그분의 속성들은 신성하지만 그분의 미덕들은 인간적이다. 인간 미덕들은 신성한 속성들을 나타낼 수 있고, 신성한 속성들은 인간 미덕들 안에서 표현될 수 있다. 이것은 우리가 그리스도의 유기적인 몸의 일부가 되기 위한 것이다. 우리가 그리스도 자신인 생활을 하는 것은 개인적인 그리스도인의 생활만이 아니라 몸의 생활을 위한 것이다. 우리는 하나님의 영원한 경륜의 우주적인 완결을 위해 그리스도의 유기적인 몸의 부분들로서 산다.

최근에 나는 시편 1편과 2편에 나오는 인간적이면서도 신성한 관념들에 대해 말했다(참조 시편 라이프 스타디, 메시지 1). 우리는 시편 1편이 하나님의 경륜에 관한 것이 아님을 보았다. 그것은 단지 경건한 한 사람의 개인적인 유익에 관한 것이다. 그러나 시편 2편은 전적으로 하나님의 경륜과 관련된다. 이 시는 하나님께서 그리스도를 그분의 기름부음 받은 분이 되게 하셨다고 말한다(시 2:2). 하나님은 그리스도를 그분의 왕으로 세우셔서(시 2:6), 민족들을 유업으로 받고 땅을 소유하게 하시어 하나님의 영원한 경륜을 위해 이 땅에 큰 왕국을 얻게 하신다(8-11절). 우리는 그러한 그리스도를 믿음으로써 피난처로 삼아야 한다. 또한 그분을 사랑하고 그분께 입 맞추어야 한다(시 2:12). 이것은 하나님의 경륜에 관한 것이다. 대부분의 그리스도인이 생각하는 것은 자신의 개인적인 유익이다. 그들에게 구원은 천당에 가거나 불 못에서 멸망하는 문제일 뿐이다. 그들은 하나님의 경륜을 고려하지 않는다. 그러나 시편 2편은 그리스도께서 전적으로 하나님의 경륜을 위하신다는 것을 계시한다. 우리는 그분을 믿어야 하고, 그분께로 피해야 하며, 그분을 사랑해야 하고, 그분께 입 맞추어야 한다.

우리는 또한 자신이 고려하는 것 중에 많은 부분이 개인적인 유익을 위한 것임을 인정해야 한다. 우리는 그리스도께서 돌아오실 때 그분께 보상을 받게 될지 형벌을 받게 될지 고려할 것이다. 그러나 하나님의 경륜에 대해서는 별로 고려하지 않는다. 시편 전체는 처음 중점부터 마지막 중점까지 그리스도께서 전적으로 하나님의 경륜을 위하신다는 것을 계시한다. 그분은 하나님의 경륜을 성취하시기 위해 우리를 위하여 죽으셨다. 그분은 하나님의 경륜을 성취하시기 위해 우리를 구원하셨다. 그분은 또한 우리가 하나님의 경륜을 위해 그분 안에 살도록 우리 안에 사신다. 따라서 우리는 교회 곧 그리스도의 몸일 뿐 아니라, 그리스도의 왕국이자 하나님의 왕국이다. 하나님의 왕국은 하나님의 경륜의 성취이다. 우리 모두는 그리스도인의 생활이 하나님의 경륜을 위한 생활임을 깨달아야 한다.

2

내용

The Contents

제2장

내용

성경: 요 14:6-20, 마 28:19, 고후 13:14, 행 16:7, 빌 1:19상, 히 9:26, 28, 롬 6:6, 갈 5:24, 히 2:14, 요 12:31, 엡 2:15, 골 1:20, 요 12:24, 행 13:33, 벧전 1:3, 고전 15:45하, 엡 1:20-21, 출 30:22-31, 요 7:39, 고후 3:17, 갈 3:14, 계 2:7, 22:17

1장에서 우리는 그리스도인 생활의 정의에 관해 교통했다. 우리는 그리스도인의 생활이란 그리스도를 믿는 이들이 그리스도를 살고 확대하는 생활임을 보았다(빌 1:20하-21상). 그것은 또한 그리스도인들이 각지에서 그 지방에 있는 교회로서 단체적으로 그리스도를 살고 확대하는 생활이다. 각지에 있는 교회는 그 지방에 있는 그리스도의 표현으로서 그리스도의 우주적인 몸의 일부이다. 믿는 이들이 살고 또 확대하고 있는 그리스도는 신성한 삼일성의 중심이시다. 왜 우리는 그리스도께서 신성한 삼일성의 중심이시라고 말하는가? 그분은 중심으로서, 한편으로는 아버지를 표현하시고 한편으로는 그 영으로 실재화되신다(요 14:6-20).

'아버지를 표현함'과 '그 영으로 실재화됨'이라는 두 표현은 짧지만 중요하다. 나는 두 번째 표현인 '그 영으로 실재화됨'에 이르기까지 오십 년 이상이 걸렸다. 나는 십오 년 전부터 나의 사역에서 이 표현을 사용하기 시작했다. '아버지를 표현함'이라는 표현은 나만이 아니라 다른 이들도 사용하였다. 많은 근본주의 신학자가 아들 그리스도께서 아버지의 표현이시라는 것에 동의한다. 그러나 아들 그리스도께서 그 영으로 실재화되신다고 말하는 것은 우리를 큰 전쟁으로 이끈다. 어떤 사람들은 이것을 이단이라고 말했지만, 이것은 거룩한 말씀에 계시된 진리이다. 이 진리는 매우 비밀스럽다. 신성한 삼일성의 둘째께서 셋째로 실재화되신다고 말하는 것은 신성한 삼일성에 대한 궁극적인 이해이다.

이번 장에서 우리는 그리스도인 생활의 내용을 보기 원한다. 그리스도인 생활의 내용은 간단한 항목이 아니다. 그리스도인 생활의 내용을 알려면 성경 육십육 권 전체를 알아야 한다. 이제 나는 "그리스도인의 생활이란 무엇인가?"라고 묻고 싶다. 그리스도인 생활의 내용은 곧 성경 전체이다. 나는 여러분이 매우 간단한 방식으로 이것을 깨닫도록 돕고 싶다. 성경의 첫 번째 절은 "태초에 하나님께서 하늘들과 땅을 창조하셨다."(창 1:1)라고 말한다. 성경의 마지막 절은 "주 예수님의 은혜가 모든 성도들과 함께 있기를 바랍니다. 아멘."(계 22:21)이라고 말한다. 성경은 한 권의 책이다. 성경은 하나님으로 시작하여 주 예수님으로 끝난다. 하나님과 주 예수님은 두 분이신가, 한 분이신가? 하나님과 주 예수님이 두 분이시라고 말한다면 이것은 논리적이지 않다. 어떻게 한 권의 책이 하나님으로 시작하여 또 다른 인격으로 끝마칠 수 있겠는가?

그리스도인 생활의 내용인 성경은 삼일 하나님의 자서전이다. 삼일 하나님은 자신의 역사에 대한 기록을 쓰셨고, 우리는 그 기록을 삼일 하나님의 자서전이라고 불러야 한다. 하나님은 누구이신가? 하나님은 어떤 분이신가? 하나님은 무엇을 하셨고 무엇을 하고 계시며 무엇을 하실 것인가? 하나님은 어디에 계셨고, 어디에 계시며, 어디에 계실 것인가? 오직 한 권의 자서전이 하나님에 대해 말해 주는데, 이 자서전은 또한 그리스도인 생활의 내용이다. 따라서 그리스도인 생활의 내용은 전혀 간단하지 않다.

나는 아주 젊을 때 소신언서들을 포함한 구약을 읽었다. 그러나 나는 이 소신언서들을 연구하는 데 많은 시간을 들이지 않았다. 다가오는 1992년 여름에 우리는 이 소신언서들에 대한 라이프 스타디 훈련 집회를 할 것이다. 열두 권의 소신언서가 있지만, 스가랴서는 이미 다루었기 때문에 열한 권만 다룰 것이다. 최근에 나는 호세아서 개요를 작업하고 있다. 호세아서는 매우 읽기 어려운 책이다. 호세아의 글은 대부분 시 형식으로 되어 있다. 호세아서 7장 4절부터 7절까지는 '화덕과 떡 만드는 이'라는 상징에 대해서 말한다. 이런 상징들은 이해하고 해석하기가 특히 어렵다. 나는 성경이 전혀 간단하지 않다는 것을 여러분이 깨달을 수 있도록 이것을 교통한다. 성경은 너무나 높고 깊으며 심오하다. 성경은 역사가 아니라 자서전이다. 그것은 신학적인 교리와 가르침을 모아 놓은 책이 아니다. 성경은 한 놀라운 인격이신 과정을 거치시고 완결되신 삼일 하나님의 자서전이다. 이 놀라운 인격은 많은 것을 포함하신다.

과정을 거치시고 완결되신 삼일 하나님

과정을 거치시고 완결되신 삼일 하나님은 요한복음 14장 6절부터 20절까지에 계시되신다. 이 열다섯 절이 바로 신성한 자서전의 중심이다. 이 절들은 우리를 이 인격의 중심으로 이끄는데, 이 인격의 자서전이 바로 성경이다. 우리는 이 열다섯 절에 근거하여 그리스도께서 신성한 삼일성의 중심이시며, 아버지를 표현하시고 그 영으로 실재화되신다고 말한다. 나는 아들께서 아버지를 표현하신다는 것을 다른 이들에게 배웠다. 그러나 아들께서 그 영으로 실재화되신다는 것은 배우지 않았다. 나는 이것을 성경의 신성한 계시 안에서 발견했다.

우리 그리스도인의 생활은 한 인격이다. 그분의 자서전이 바로 우리의 전기(傳記)이다. 성경은 삼일 하나님의 자서전이며, 우리가 그것을 체험하기 전에는 우리의 전기이다. 그러나 우리가 체험한 후에는 우리의 자서전이 된다. 그리스도인의 생활에서 우리 그리스도인들은 모두 자신의 자서전을 쓰고 있다. 우리는 하나님의 자서전에 쓰인 것을 복사하여 자신의 자서전을 쓰고 있다. 결국 사도 바울의 자서전은 바로 성경이었다.

놀라운 인격이신 삼일 하나님은 우리 그리스도인 생활의 내용이시다. 그분은 영원부터 영원까지 존재하시며 시작도 끝도 없으시다. 그렇게 영원하신 분으로서 삼일 하나님은 우주와 사람을 창조하셨다. 그분은 사람을 창조하신 후에 사천 년 동안 그대로 계셨다. 어느 날 시간 안에서 그분은 긴 '터널' 안으로 들어가시어 직접 과정을 거치셨다. 그 긴 터널, 혹은 그 긴 과정은 삼십삼 년 반 정도 계속되었다.

그분은 그러한 과정을 통과하신 후에 달라지셨다. 그분은 그 삼십삼 년 반 전에는 신성하시기만 할 뿐 인간적이지는 않으셨다. 그러나 그 삼십삼 년 반 후에는 신성하고도 인간적이 되셨다. 다시 말해서, 그분은 그 과정 전에는 하나님이실 뿐 사람이 아니셨다. 그러나 그 과정 이후에는 하나님과 사람 둘 다가 되셨다. 그리하여 어떤 특별한 요소가 그분 안에 더해졌는데, 바로 인성이다.

그분은 육체가 되시기 전에 신성을 갖고 계셨지만 인성은 갖고 계시지 않았다. 그분은 육체가 되심으로 인성을 취하시고 직접 입으셨다. 부활 안에서 그분은 자신과 함께한 이 인성을 높이셔서 신성한 인성이 되게 하셨다. 이제 승천 안에서 그분은 신성하시고도 인간적이시며 신성과 인성 모두를 갖고 계신다. 이것들이 그분의 인격의 기본 요소이며, 이 인격의 기본 요소들은 그리스도인 생활의 기본적인 내용이다.

과정 안에서 그분은 육체 되심을 통과하셨고 삼십삼 년 이상 지속된 생활을 통과하셨다. 누구도 이 하나님-사람의 비밀한 인간 생활을 파악할 수 없다. 그분은 삼일 하나님 곧 '엘로힘'(창 1:1, 히브리어)으로서 우주를 창조하셨으며, 인성을 입으러 오시어 삼십삼 년 반 동안 이 땅에서 그 인성 안에 사신 분이시다. 누가 이것을 상상할 수 있는가? 대부분의 그리스도인은 하나님의 인간 생활을 묵상하는 데 전혀 시간을 들이지 않는다. 우리는 그 위대한 일을 숙고해 보아야 한다. 하나님은 사람이 되셨고, 삼십삼 년 반 동안 계속 이 땅에서 인성 안에 사셨다. 이 기간에 그분은 결코 떠나지 않으셨다. 오늘날 우리는 휴가를 떠나지만, 그분은 인간 생활에 있어 결코 휴가를 떠나지 않으셨다. 그분의 인간 생활은 오늘날 그분의 존재의 위대한 요소이다.

많은 사람이 인생의 노정 가운데 이곳저곳으로 옮겨 다니지만, 주 예수님은 삼십삼 년 반을 팔레스타인의 좁은 지역에서만 사셨다. 이것은 매우 의미심장하다. 어떤 종류의 환경이 있는 곳에서 사는 것은 여러분을 특별한 사람으로 만든다. 하나님은 이 땅에서 삼십삼 년 반 동안 사신 후에 매우 특별하게 되셨다. 그분은 많은 별난 사람과 함께 사셨다. 별난 사람들이 항상 그분 주위에 있었다. 그분은 별난 사람들에게 말을 건네셨고 그들을 다루셨다. 베드로와 다른 제자들은 별난 사람들이었다. 우리 또한 별나지 않은가? 나는 이 모든 별난 사람이 그분을 '개조'하는 데 도움이 되었으리라고 믿는다. 우리는 그분께서 이 땅에서 삼십삼 년 반을 사신 후에 자연히 또 다른 요소, 곧 인간 생활의 요소를 자신에게 더하셨으리라는 것을 부인할 수 없다. 하나님께서 이 땅에서 삼십삼 년 반 동안 별난 사람들 가운데 사신 것은 대단한 일이다.

그분은 인간 생활을 통과하시고 죽음 안으로 들어가셨다. 죽음은 그분께서 거치신 과정의 긴 터널에서 짧은 부분이었지만, 그분은 이 짧은 부분에서 많은 것을 성취하셨다. 그분은 우리 죄의 문제(히 9:26)와 죄들의 문제를 해결하셨다(28절). 그분은 우리의 옛사람(롬 6:6)과 육체(갈 5:24)와 옛 창조물 전체(골 1:20)와 사탄(히 2:14)과 세상(요 12:31)과 규례들을 끝내셨다(엡 2:15). 인류에게는 많은 규례가 있다. 일본인과 중국인과 미국인 모두에게 나름의 특별한 규례들이나 관습들이 있다. 이런 규례들은 생활과 경배의 형식들 또는 방식들이다. 이 관습들에는 억양도 포함된다. 심지어 오늘날에도 텍사스 출신의 사랑스러운 많은 형제가 텍사스 남부 억양으로 말하지 않으려고 해도 그럴 수가 없다. 내가 텍사스를 처음 방문했을 때 들은 말은 'y'all'*이다. 더욱이 미국에서 남부 사람들은 북부 사람들을 '양키'라고 부른다. 이것은 사람들 가운데 있는 규례들의 한 예이다. 물론 우리 모두는 오늘날 주님의 은혜로, 또 주님의 주권으로 이곳 미국에 있다. 미국은 '용광로'로 잘 알려져 있다. 그러나 많은 사람이 이곳에 오랫동안 살아왔음에도 미국은 그들을 '녹이는' 데 성공하지 못하고 있다.

주님의 회복 안에서 우리에게 차별의 느낌이 그리 많지 않다는 것에 주님께 감사드린다. 그러나 나는 우리 가운데서 차별이 완전하게 사라졌다고는 감히 말할 수 없다. 우리 가운데 문화나 인종을 차별하는 것이 있다면 수치이다. 골로새서 3장 10절과 11절에서 바울은 새사람 안에는 타고난 상태 그대로인 사람을 위한 여지가 없고 오직 그리스도께서 모든 것이시며 모든 것 안에 계신다고 말한다. 새사람 안에는 일본인, 미국인, 그리스인, 유대인, 중국인 등이 없다. 골로새서 3장에 있는 바울의 말은 새사람 안에는 타고난 상태 그대로인 사람이 존재할 여지가 없음을 의미한

* '여러분 모두'를 뜻하는 'you all'의 준말로서 미국 남부에서 주로 사용됨—역자 주

다. 그러나 우리는 양키나 텍사스 사람이나 일본인이나 중국인에 대한 여지를 약간 남겨 둘지도 모른다.

심지어 오늘날에도 우리는 우리 형제들을 분류하고 있을지도 모른다. 우리의 생각 안에는 타고난 사람들에 대한 여지가 많다. 우리는 어떤 형제가 텍사스 사람 곧 중남부 사람이고, 어떤 형제는 양키 곧 북동부 사람이며, 어떤 형제는 중서부 사람이고, 어떤 형제는 북서부 사람이라고 생각할지도 모른다. 다른 형제들은 우리를 캘리포니아 사람이라고 하지만, 캘리포니아에도 북캘리포니아 사람과 베이 에어리어 사람과 남캘리포니아 사람이 있다. 이런 식으로 우리의 태도와 느낌에서 형제들을 분류하는 것은 잘못이다. 에베소서 2장 15절에 따르면 그리스도는 그분의 죽음을 통하여 모든 규례를 없애 버리셨다.

또한 그분은 모든 것을 포함한 죽음으로 긍정적인 일을 성취하셨다. 이 일은 바로 그분께서 밀알이신 그분 안에 있는 신성한 생명을 해방하신 것이었다(요 12:24). 신성한 생명은 그분의 인성이라는 껍질 안에 감추어져 있었다. 십자가는 그분의 인성이라는 껍질을 깨뜨렸고 그분 안에 있는 신성한 생명을 해방했다. 그분의 죽음은 생명을 해방하는 죽음이었다. 아담의 죽음은 어둡지만 그리스도의 죽음은 밝다. 신성한 자서전에 따르면, 그리스도께서 모든 것을 포함하여 죽으신 것 또한 그분 존재의 요소가 되었다. 그분은 이렇게 죽으시고 난 뒤에 놀라운 부활과 승천 안으로 들어가셨다.

오늘날 그분은 과정을 거치시고 완결되신 삼일 하나님으로서 모든 것을 포함한 인격이시다. 그분께는 신성과 인성과 인간 생활과 모든 것을 포함한 죽음과 모든 것을 포함한 부활이 있으시다. 우리는 신성과 인성과 인간 생활과 모든 것을 포함한 죽음과 모든 것을 포함한 부활이라는 이 다섯 가지를 모두 합해야 한다. 이 다섯 가지를 모두 합할 때, 과정을 거치시고 완결되신 오늘날의 삼일 하나님이 우리에게 있다. 이분은 우리의 하나님, 우리의 구속자, 우리의 구주, 우리의 주님, 우리의 주인, 우리의 머리, 우리의 실재, 우리의 생명, 우리의 생활, 우리의 모든 것이시다. 누군가가 우리의 하나님이 누구이시냐고 묻는다면 우리는 이 모든 것을 말해 주어야 한다.

나의 하나님은 하나의 조성체이시다. 그분은 신성과 인성과 인간 생활과 모든 것을 포함한 죽음과 모든 것을 포함한 부활로 조성되신 분으로서, 나의 하나님, 나의 구속자, 나의 구주, 나의 주님, 나의 머리, 나의 실재, 나의 생명, 나의 생활, 나의 모든 것이시다. 이러한 분께서 나의 하나님이시다! 그런 다음 나는 "여러분의 하나님은 어디에 계십니까?"라고 묻고 싶다. 이러한 놀라운 조성을 지니신 하나님께서 바로 지금 우리 안에 계신다. 그분은 또한 우리와 연합하심으로 우리를 신격에서는 아니지만 생명과 본성과 요소와 본질에서 그분과 똑같이 만들고 계신다. 우리는 이 모든 것을 보아야 한다. 그럴 때 그리스도인 생활의 내용에 대하여 모든 것을 포함한 관점을 갖게 될 것이다.

나는 이 짧은 교통을 오래 음미하도록 여러분을 격려한다. 많은 기독교 서적이 하나님의 신약 경륜의 중심 노선 안에 있지 않다. 그것들은 삼일 하나님의 자서전에 따라 '그리스도인의 전기'를 쓰는 데 도움이 되지 않는다. 심지어 우리 자신도 참된 그리스도인의 생활이 무엇인지에 대해 그리 분명하지 않다. 이런 이유로, 나는 그리스도인의 생활에 대한 그러한 노선을 다루어야 한다는 부담을 갖게 되었다. 그리스도인 생활의 내용은 과정을 거치시고 완결되신 삼일 하나님이다. 완결하는 것은 완성하는 것이다. 다시 말해서, 무언가에 대해 일하여 결국 완성하고 성취하는 것이다.

하나님의 신성과
하나님-사람의 인성을 포함하심

우리 그리스도인 생활의 내용이신 삼일 하나님은 신성한 삼일성이신, 곧 아버지와 아들과 영이신 하나님의 신성을 포함하신다(마 28:19, 고후 13:14). 그분은 또한 육체 되신 하나님-사람 예수님의 인성을 포함하신다(행 16:7, 빌 1:19상).

다음과 같은 것들로 복합되심

모든 것을 해결하고 모든 것을 끝내는
그리스도의 죽음

과정을 거치시고 완결되신 삼일 하나님은 모든 것을 해결하고 모든 것을 끝내는 그리스도의 죽음으로 복합되셨다(히 9:26, 28, 롬 6:6, 갈 5:24, 히 2:14, 요 12:31, 엡 2:15, 골 1:20, 요 12:24). 이와 관련된 성경 절들을 기억하는 것이 도움이 될 것이다. 히브리서 9장 26절은 죄를 해결함에 대해 말한다. 그리스도는 한 번 드려지심으로 죄를 처리하셨다. 그런 다음 히브리서 9장 28절은 그리스도의 죽음이 우리의 죄들을 처리했다고 말한다. 로마서 6장 6절은 우리의 옛사람이 그리스도와 함께 십자가에 못 박혔다고 말한다. 그다음으로 갈라디아서 5장 24절은 그리스도께서 죽으심으로 우리의 육체가 그 욕망과 함께 십자가에 못 박혔음을 말해 준다. 히브리서 2장 14절은 그리스도께서 죽으심으로 사탄을 멸망시키셨다고 말하고, 요한복음 12장 31절은 그분께서 죽으심으로 세상을 심판하셨다고 말한다. 에베소서 2장 15절은 그리스도께서 죽으심으로 모든 규례를 없애 버리신 것을 말해 주는 절이다. 이런 규례들은 우리 사람이 세운 것들

뿐 아니라 하나님께서 정하신 것들도 포함한다. 모든 규례를 그리스도께서 십자가에서 없애 버리셨다. 골로새서 1장 20절은 더 나아가, 그리스도께서 죽으심으로 모든 창조물을 처리하신 것을 계시한다. 그리스도께서 죽으심으로 말미암아, 잃어버려진 모든 창조물이 하나님께로 되돌아가게 되었고 하나님과 화목하게 되었다. 앞 절들은 그리스도께서 죽으심으로 우주 안의 모든 부정적인 것을 처리하셨음을 보여 준다. 요한복음 12장 24절은 그리스도의 죽음의 긍정적인 방면에 대한 절로서, 유일한 밀알이신 그리스도께서 땅에 떨어져 죽으심으로 많은 밀알을 맺으신 것을 말해 준다. 이것은 생명을 산출하는 죽음이다.

그리스도의 모든 것을 산출하는 부활

과정을 거치시고 완결되신 삼일 하나님은 또한 그리스도의 모든 것을 산출하는 부활로 복합되셨다(행 13:33, 벧전 1:3, 고전 15:45하). 그리스도의 부활 안에서 무엇이 산출되었는가? 첫째로, 그리스도께서 하나님의 맏아들로 산출되셨다. 둘째로, 그리스도는 부활하심으로 하나님의 많은 아들들을 산출하시어 그들이 그리스도의 몸인 교회를 구성하는 지체들이 되게 하셨다. 셋째로, 그분의 부활 안에서 생명 주시는 영께서 산출되셨다. 사도행전 13장 33절은 하나님의 독생자이신 그리스도께서 부활 안에서 하나님의 맏아들로 다시 태어나셨음을 보여 준다. 그리고 베드로전서 1장 3절은 그리스도를 믿는 이들인 우리가 그리스도의 부활 안에서 하나님의 많은 아들들로 태어났음을 계시해 준다. 결국 고린도전서 15장 45절 하반절은 마지막 아담이신 그리스도께서 부활 안에서 생명 주시는 영이 되셨음을 계시한다. 따라서 그리스도의 부활은 하나님의 맏아들과, 교회인 그리스도의 몸을 구성하는 그리스도의 지체들이 된 하나님의 많은 아들들과, 생명 주시는 영이라는 주된 세 가지를 산출하였다. 따라서 나는 이 부활이 모든 것을 산출하는 부활이라고 말한다.

그리스도의 모든 것을 초월하는 승천

과정을 거치시고 완결되신 삼일 하나님은 또한 그리스도의 모든 것을 초월하는 승천으로 복합되셨다(엡 1:20-21). 많은 부정적인 것이 그리스도인들인 우리에게 있다. 공중에 있는 모든 타락한 천사들은 우리에게 부정적인 것들이다. 그러나 그리스도께서 승천하심으로 이 모든 부정적인 것을 정복하셨고 굴복시키셨다. 그분은 승천 안에서 초월하심으로 땅에서 공중을 통과하시고 모든 것 위에 있는 셋째 하늘에 이르셨다. 따라서 우리는 과정을 거치시고 완결되신 삼일 하나님의 요소들이, 모든 것을 해결하고 모든 것을 끝낸 그분의 죽음과 모든 것을 산출하는 그분의 부활과 모든 것을 초월하는 그분의 승천을 포함함을 볼 수 있다. 삼일 하나님의 중심이신 그리스도는 죽음과 부활과 승천으로 복합되셨다.

출애굽기 30장 22절부터 31절까지에 있는 복합된 거룩한 관유로 예표됨

이 복합된 인격은 출애굽기 30장 22절부터 31절까지에 있는 복합된 거룩한 관유로 예표된다. 복합된 관유는 순수한 기름이 아니었다. 그것은 연고였다. 기본 단위인 올리브기름에 몰약과 육계와 창포와 계피라는 네 향료가 복합되었다. 〈출애굽기 라이프 스타디〉 메시지 157부터 166까지는 복합된 관유에 관한 진리를 다룬다. 나는 여러분이 그 메시지들을 읽고 연구하도록 격려한다. 복합된 관유에 관련된 모든 요소와 모든 숫자는 그리스도의 신성과 인성과 인간 생활과 죽음과 부활을 상징한다. 어떤 성경 교사들은 복합된 관유가 성령의 예표임을 인정했다. 그러나 과거에 어떤 성경 교사도 복합된 관유의 모든 방면을 분석해 주지 못했다. 우리는 직접 연구함으로써 올리브기름은 유일하신 하나님을, 몰약은 그리스도의 보배로운 죽음을, 육계는 그리스도의 죽음의 달콤함과 효능을, 창포는 그리스도의 보배로운 부활을, 계피는 그리스도의 부활의 쫓아내는 능력을 예표함을 보았다. 오늘날 우리 하나님은 복합되신 하나님이시다.

나는 1954년 초부터 이것에 관해 말하기 시작했다. 그해 홍콩에 있었던 훈련에서 나는 오늘날 그 영 안에 그리스도의 죽음과 부활이 있다고 사람들에게 말했다. 나는 앤드루 머리(Andrew Murray)의 걸작인 〈그리스도의 영(The Spirit of Christ)〉 5장에서 약간의 도움을 받았다. 그 장에서 앤드루 머리는 오늘날 그 영께서 신성과 인성을 모두 포함하고 계심을 강조했다. 내가 미국에 온 이래로, 복합된 관유로 예표되신 그 영에 대한 이상은 더욱 분명해졌다. 나는 이 계시가 오늘날 가장 강한 빛 가운데에, 곧 '한낮'에 있음을 믿는다.

모든 내용이 그리스도의 죽음과 부활을 통하여, 모든 것을 포함하신 생명의 영으로 완결되었음

과정을 거치시고 완결되신 삼일 하나님의 모든 내용과 요소는 함께 복합되어 모든 것을 포함하신 영으로 완결되었다. 모든 것을 포함하신 이 영은 그리스도의 죽음과 부활을 통하여 완결되신 삼일 하나님, 곧 삼일 하나님의 완결이시다(요 7:39, 고전 15:45하, 고후 3:17, 갈 3:14, 계 2:7, 22:17). 요한복음 7장 39절은 예수님께서 아직 영광스럽게 되지 않으셨기 때문에 그 영께서 아직 계시지 않았다고 말한다. 복음서의 배경인 그 당시에는 성령과 하나님의 영은 계셨지만 그 영은 계시지 않았다. 이것은 그리스도께서 아직 영광스럽게 되지 않으셨기 때문이다. 이 말은 그리스도께서 죽음을 통과하지 않으셨고 부활 안으로 들어가지 않으셨음을 의미한다. 예수님은 부활하실 때 영광스럽게 되셨다(눅 24:26). 고린도전서 15장 45절 하반절은 마지막 아담이신 그리스도께서 부활 안에서 생명 주시는 영이 되셨음을 계시한다. 고린도후서 3장 17절은 주님께서 그 영이심을 말하고 갈라디아서 3장 14절은 모든 것을 포함하신 이 영, 곧 그 영께서 신약 복음의 복이심을 말한다. 복음의 복은 단지 구속이나 죄들이 용서받음이나 의롭다 함이나 거듭남이나 구원만이 아니다. 복음의 복은 한 인격이며, 그 인격은 과정을 거치시고 완결되신 삼일 하나님의 완결이신 모든 것을 포함하신 영이다.

모든 것을 포함하신 영과 그리스도의 모든 것을 포함한 죽음과 그리스도의 모든 것을 포함한 부활은 생명의 세 가지 주된 요소가 되었으며, 그리스도를 믿는 이들은 이 요소들에 의해 교회생활을 위한 그리스도인의 생활을 함

모든 것을 포함하신 영과 그리스도의 모든 것을 포함한 죽음과 그리스도의 모든 것을 포함한 부활은 생명의 세 가지 주된 요소가 되었으며, 그리스도를 믿는 이들은 이 요소들에 의해 교회생활을 위한 그리스도인의 생활을 한다. 따라서 그리스도인의 생활을 알려면 이 세 요소를 알아야 한다.

3

모든 것을 포함하신 영

The All-inclusive Spirit

제3장

모든 것을 포함하신 영

성경: 요 4:24, 눅 1:35, 마 1:20하, 28:19, 창 1:2하, 마 12:28, 롬 8:9상, 고전 15:45하, 고후 3:17-18, 롬 8:9하, 행 16:7하, 빌 1:19상, 요 14:17, 15:26, 16:13, 요일 5:6, 롬 8:2, 행 1:8, 눅 24:49, 출 30:22-31, 계 1:4하, 4:5하, 5:6, 슥 3:9, 4:10, 요 3:6하, 7:39, 계 22:17상

이전 장에서 우리는 그리스도인 생활의 내용을 보았다. 그리스도인 생활의 내용은 그리스도의 죽음과 부활을 통하여 모든 것을 포함하신 생명의 영이 되신, 과정을 거치시고 완결되신 삼일 하나님이다. 그리스도인의 생활은 모든 것을 포함하는 것 세 가지, 즉 모든 것을 포함하신 그리스도의 영, 그리스도의 모든 것을 포함한 죽음, 그리스도의 모든 것을 포함한 부활로 이루어진다.

모든 것을 포함하신 그리스도의 영은 그리스도의 죽음과 부활이 복합되어 있다. 이것은 출애굽기 30장 22절부터 31절까지에 있는 거룩한 관유로 예표된다. 거룩한 관유는 일종의 복합물이다. 그것은 올리브기름에 네 향료가 복합된 것이다. 첫 번째 향료인 몰약은 그리스도의 죽음을 상징한다. 두 번째 향료인 육계는 그리스도의 죽음의 달콤함과 효능을 상징한다. 세 번째 향료인 창포는 그리스도의 보배로운 부활을 상징한다. 네 번째

향료인 계피는 그리스도의 부활 능력을 상징한다. 따라서 이 거룩한 관유의 예표에서 하나의 기본 요소에 다른 네 요소가 복합되었다. 우리는 네 향료에 올리브기름이 복합된다고 말할 수 없다. 왜냐하면 네 향료는 기본 요소가 아니기 때문이다. 기본 요소는 기름이다. 오늘날 복합되신 영의 기본 요소는 올리브기름으로 상징되는 하나님의 영이다. 이 한 영께 그리스도의 죽음과 부활의 요소가 복합되었다.

우리 모두는 성경의 가르침으로만이 아니라 직접 체험함으로 이런 것들을 배워야 한다. 오늘날 그리스도인들 가운데서 가장 가련한 것은 생명에 있어 빈곤한 것이다. 수많은 그리스도인이 생명이 무엇인지 참되게 알지 못한 채 '생명'이라는 용어를 사용하고 있을지도 모른다. "그리스도는 생명이시다."라는 말은 그들에게 일종의 구호가 되었지만, 그리스도인의 생활이 무엇인지 참되게 아는 그리스도인은 극소수이다. 우리는 "그리스도인의 생활은 바로 그리스도입니다."라고 말할지도 모른다. 이것은 절대적으로 옳지만, 그리스도는 누구이신가? 우리는 그리스도는 예수님이시고 예수님은 육체 되신 하나님의 아들이시라고 말할 것이다. 이 말은 옳다. 그러나 하늘에 계신 이 그리스도께서 어떻게 우리의 생명이 되실 수 있었는가? 어떤 사람들은 그분께서 성령을 통해 우리의 생명이 되실 수 있다고 말할지도 모른다. 그러나 여러분이 성령은 누구이시냐고 묻는다면 그들은 모른다고 말할 수밖에 없을 것이다. 나는 그리스도인의 생활이 무엇인지 아는 이가 극소수라는 것을 보여 주기 위해 이것을 교통하고 있다. 나는 이 일련의 메시지가 그리스도인의 생활이 무엇인지에 대해 분명하게 해 줄 뿐 아니라 그리스도인 생활의 참된 체험 안으로 들어가도록 이끌어 주리라고 믿는다.

하나님은 영이심

이번 장에서 우리는 모든 것을 포함하신 영에 관한 열다섯 가지 중요한 방면을 보기 원한다. 그 영에 관한 첫 번째 중점은 요한복음 4장 24절에 언급되는데, 이 절은 하나님께서 영이심을 말한다. 모든 것을 포함하신 영의 근원은 영이신 하나님이다. 24절에서 '영'이라는 단어는 하나님의 인격이 아니라 하나님의 본성을 가리킨다. 이것은 어떤 사람의 반지가 금이라고 말하는 것과 같다. 이 말은 금이 그 반지의 본성임을 의미한다. 24절은 "하나님은 영이시니"라고 말한다. 헬라어 원문에서 이 절에는 관사가 사용되지 않는다. 이것은 "당신의 반지는 금입니다."라고 말하는 것과 비슷하다. '금'이라는 단어 앞에는 정관사나 부정 관사가 필요하지 않다. 왜냐하면 그 단어가 본성에 대해 말하기 때문이다. 그러므로 24절은 단순히, 하나님께서 영이시라는 것을 말하는 것이다. 이 말은 하나님의 신성한 실질이 영이라는 의미이다.

신성한 삼일성의 셋째는 성령이심

신성한 삼일성의 셋은 아버지와 아들과 영이시다. 신성한 삼일성의 셋째는 성령이시다(눅 1:35, 마 1:20하, 28:19). 나는 여러분이 신격의 셋 가운데 성령의 중요성을 숙고해 보기를 바란다. 성경 육십육 권은 많은 중요한 항목을 담고 있다. 가장 중요한 항목은 창세기에 있는가, 요한계시록에 있는가? 창세기 2장은 놀라운 나무인 생명나무가 있는 동산에 대해 말하는데, 사람은 이 동산에 두어졌다. 그러나 성경의 끝에는 놀라운 성이 있다. 어느 것이 더 중요한가? 동산인가, 성인가? 확실히 성이 더 중요하다. 왜냐하면 새 예루살렘은 성경에 있는 신성한 계시의 최종 완결이기 때문이다. 그러므로 기본 원칙에 따르면 결말이 가장 중요하다. 삼일성의 셋 가운데서 그 영은 우리에게 삼일 하나님의 실재화와 적용과 도달하심이 된다는 의미에서 가장 중요하다.

우리는 앞 장에서 아들께서 신성한 삼일성의 중심으로서 아버지를 표현하시고 그 영으로 실재화되심을 보았다. 이것은 아들이 중심축이심을 보여 준다. 아들은 연결 부분이시다. 아들이 없다면 아버지를 볼 수 없다. 또한 아들이 없다면 그 영을 얻을 수 없다. 우리가 아들을 소유한다면 아버지와 영 모두를 소유한 것이다. 이것은 요한복음 14장에서 매우 중요한 사상이다.

주님은 제자들에게 "나의 아버지의 집에는 거할 곳이 많습니다. … 내가 가서 여러분을 위하여 한 곳을 예비하겠습니다."(요 14:2)라고 말씀하셨다. 그때 도마가 "주님, 우리는 주님께서 어디로 가시는지 모르는데, 어떻게 그 길을 알 수 있겠습니까?"(5절)라고 말했다. 그러자 주님은 "내가 곧 길이요 실재요 생명이니, 나를 통하지 않고서는 아무도 아버지께로 가지 못합니다."(6절)라고 대답하셨다. 아버지께로 가는 길은 바로 주 예수님이다. 나중에 빌립은 "주님, 아버지를 우리에게 보여 주십시오. 그러면 우리가 만족하겠습니다."(8절)라고 말했다. 그때 주님은 "빌립이여, 내가 이렇게 오랫동안 여러분과 함께 있었는데도, 그대가 나를 알지 못하십니까? 나를 본 사람은 아버지를 본 것인데"(9절)라고 말씀하셨다. 이것은 주님께서 아버지이심을 의미한다. 아들과 아버지는 한 인격이시다. 주님은 또한 "여러분은 나를 믿으십시오. 내가 아버지 안에 있고 아버지께서 내 안에 계십니다."(11절)라고 말씀하셨다. 어느 누가 다른 인격 안에 있으면서 그 안에 다른 인격이 있을 수 있는가? 누군가가 자신이 다른 사람과 함께 있고 다른 사람이 자신과 함께 있다고 말하는 것은 이해하기 쉽다. 요한복음 1장 1절은 태초에 말씀께서 계셨고 말씀은 하나님과 함께 계셨다고 말한다. 그러나 이 절은 더 나아가, 말씀께서 곧 하나님이셨음을 말한다. 첫째로, 말씀은 하나님과 '함께' 계셨다. 그런 다음 결국 말씀께서 하나님 '이셨다'. 어떻게 그럴 수 있는가? 이것이 바로 요한복음에 있는 비밀이다.

요한복음 14장에서 주님은 제자들이 그분의 말씀을 이해하는지를 주의하지 않고 말씀하시는 것 같다. 나는 열두 제자 가운데 그분께서 무슨 말씀을 하시는지를 이해한 사람이 있었다고 믿지 않는다. 주님은 그분께서 말씀하실 때 그분 안에 거하시는 아버지께서 그분의 일을 하신다고(10절) 말씀하셨다. 이어서 주님은 "내가 아버지께 구하겠습니다. 그러면 아버지께서 또 다른 보혜사를 여러분에게 보내 주실 것이고, 그분은 영원히 여러분과 함께 계실 것입니다."(16절)라고 말씀하셨다. 결국 그분은 "실재의 영…께서 여러분과 함께 거하시고, 여러분 안에 계실 것이기 때문입니다. … 그날에는 내가 아버지 안에 있고, 여러분이 내 안에 있으며, 내가 여러분 안에 있는 것을 여러분이 알 것입니다."(17, 20절)라고 말씀하셨다. 이것은 제자들 안에 그 영께서 계시는 것이 그들 안에 아들께서 계시는 것임을 보여 준다.

이 간략한 교통은 요한복음 14장의 처음 스무 절에 대한 개관을 제시한다. 이 스무 절의 비밀을 밝히는 열쇠는 무엇인가? 열쇠는 삼일 하나님의 셋이 곧 하나라는 것이다. 초대 교회의 성경학자들은 하나님께서 삼일, 곧 셋-하나이심을 지적했다. 수학에는 그런 숫자가 없다. 셋-하나가 무엇인지를 누가 이해하겠는가? 어떤 교사들은 '안의'라는 말을 추가하여 하나님은 하나 '안의' 셋이시라고 말한다. 하나 안의 셋인 어떤 것은 반드시 복합물이어야 한다. 세 요소가 함께 복합되어 한 실체가 된다. 이것을 설명하려면 차를 달인 물에 레몬을 첨가하는 것을 생각해 볼 수 있다. 이 세 요소가 함께 복합되어서 레몬차가 된다. 그것들은 하나 안의 셋이다. 이것은 좋은 예일지도 모른다. 그러나 어떤 예로도 신성한 삼일성의 비밀을 충분하게 설명할 수 없다. 신성한 삼일성은 사람이 이해할 수 있는 영역 밖에 있다. 우리는 단순하게 삼일 하나님에 대한 성경적인 계시를 취하고 또 체험해야 한다.

구원받고 얼마 안 되어, 나는 아들의 이름으로 아버지께 기도해야 한다고 강하게 가르치는 한 무리의 형제회 믿는 이들과 모이기 시작했다. 그들은 가르침의 근거 절들을 제시하였고 나는 그것을 받아들였다. 나는 그들이 가르친 것을 실행하려고 했다. 이전에는 누구에게 기도하는지를 생각하지 않고 단순하게 "주 예수님." 또는 "아버지."라고 말했다. 나는 아들의 이름으로 아버지께 기도해야 한다는 것을 배웠는데, 이후에는 그렇게 기도하지 않으면 스스로를 교정했다. 결국에는 그것에 너무 신경이 쓰여서 기도하기가 어려워졌다. 형제회는 주 예수님께서 주님의 이름으로 아버지께 구하라고 말씀하셨다는 것을 강하게 강조했다. 그러나 체험에 따르면, 내가 기도할 때마다 아버지께서 계셨고 아들께서 계셨으며 그 영께서 계셨다.

나는 글을 쓸 때, 세 명의 조력자가 필요한 경우가 있다. 때로는 첫 번째 사람이 필요하다. 그런 다음 오 분 후에는 두 번째 사람이 필요하다. 또 조금 후에는 세 번째 사람이 필요하다. 나는 세 조력자를 구하러 세 번 전화해야 하지만, 우리는 신격의 셋께 세 번 전화할 필요가 없다. 신격의 셋 중 하나가 여기에 계실 때, 셋 모두가 여기에 계신다. 우리 하나님은 셋-하나 하나님이시다. 모든 것을 포함하신 영은 신성한 삼일성의 셋째이시며, 오늘날 이 셋째는 신격의 셋의 완결이시다. 우리에게 이 셋째가 있다면 둘째와 첫째도 있는 것이다.

하나님의 영

모든 것을 포함하신 영을 보려면 하나님의 영으로 시작할 필요가 있다(창 1:2하, 마 12:28, 롬 8:9상). 하나님의 영은 창세기 1장 2절에 최초로 언급된다. '하나님의 영'이라는 말은 두 명사에 조사 '의'가 더해져서 구성된다. 이 어구에서 '하나님'은 '영'과 동격이다. 따라서 하나님'의' 영은 하나님께서 영이시고 영께서 하나님이심을 의미한다.

신성한 삼일성의 둘째는 육체 되심으로 육체를 입으셨고 육체 안에 계셨으며 생명 주시는 영이 되심

신성한 삼일성의 둘째는 육체 되심으로 육체를 입으셨고 육체 안에 계셨으며 생명 주시는 영이 되셨다(고전 15:45하). 모든 것을 포함하신 영은 또한 예수 그리스도의 변형이신 생명 주시는 영이시다. 오늘날 신성한 삼일성의 셋째는 육체 안에 계셨던 둘째의 변형이시다. 영원 과거에 아버지와 아들과 영은 단지 한 요소, 곧 신성한 요소만을 갖고 계셨다. 나중에 그 셋 가운데 둘째께서 육체를 입으셨는데, 그 육체는 인간적인 것이었다. 따라서 오늘날 삼일 하나님은 신성한 요소와 사람의 요소, 이렇게 두 요소를 갖고 계신다.

영원 안에서 그리스도는 단지 신성하시기만 했다. 어느 날 시간 안에서 그분은 육체 안으로 오셨다. 그것은 그분께서 인성을 입으셨음을 의미한다. 그런 다음 그분은 죽으시고 부활하셨다. 그분은 죽음과 부활을 통과하시면서 그분의 인성을 버리지 않으셨다. 어떤 신학자들은 그리스도께서 부활 안에서 사람의 본성을 벗어 버리셨다고 잘못 가르쳤다. 성경은 그분께서 부활하신 날 저녁에 제자들에게 오셨다고 말해 준다(요 20:19-20). 그분은 제자들에게 그분을 만져 보고 그분이 유령이나 환영이 아니라는 것을 보라고 말씀하셨다. 그분께서 부활하신 후에 제자들은 그분의 손과 발과 옆구리에 있는 상처들을 볼 수 있었다(눅 24:36-40). 주님은 도마에게 그분의 손을 보고 상처가 있는 옆구리를 만져 보라고 말씀하셨다(요 20:25, 27). 이것은 주님의 몸이 무덤에 남아 있지 않았음을 보여 준다. 그분의 몸은 부활 안에서 무덤 밖으로 나왔다.

고린도전서 15장은 부활 안에서 그분께서 그분의 몸을 영광 안으로 이끄셨음을 말해 준다(42-44절). 오늘날 우리는 여전히 비천한 몸을 갖고 있다. 그러나 우리의 비천한 몸이 영광스러운 몸으로 변형되는 날이 올 것이다(빌 3:21). 우리는 이것을 완전하게 이해할 수 없시만 자연계에서 이것의 예를 볼 수 있다. 카네이션씨는 자라서 결국 아름다운 꽃으로 변형된다. 씨가 또 다른 모양으로 변형되는 것이다.

그리스도는 육체가 되실 때 신성을 인성 안으로 이끄셨다. 그런 다음 그분은 부활하실 때 인성을 신성 안으로 이끄셨다. 이것은 하나님을 사람 안으로 이끌고 사람을 하나님 안으로 이끄는 신성한 왕래이다. 하나님과 사람, 즉 신성과 인성이 함께 연합되어 하나가 되었다. 이제 아들께서 인성 안에 계실 뿐 아니라 아버지와 그 영도 인성 안에 계신다. 신격의 셋 모두 인성 안에 계신다.

그리스도께서 육체가 되시고 부활하시기 전에 신성과 인성은 분리된 실체였다. 그러나 그리스도 안에서 인성과 신성이 함께 연합되었다. 예수님은 신성과 인성의 연합이시다. 그분의 육체 되심 안에서 신성은 인성 안으로 들어갔다. 그분의 부활 안에서 인성은 신성 안으로 들어가고 신성은 인성과 연합되었으며 신성에 인성이 복합되었다. 레몬차에서 물과 차와 레몬은 더 이상 분리된 요소가 아니다. 레몬차를 마실 때 우리는 '레몬-차-물'을 마시는 것이다. 물에 서로 다른 두 요소가 복합되었다. 우리 하나님께도 인성과 그분께서 거치신 모든 과정의 요소가 복합되었다.

주 예수님은 부활하신 후에 사람들에게 아버지와 아들과 성령의 이름 안으로 침례를 주라고 제자들에게 명령하셨다. 사도행전과 서신서들은 제자들이 사람들을 주 예수님의 이름 안으로(행 8:16, 19:5), 그리스도 안으로(롬 6:3, 갈 3:27) 침례 주었다고 말한다. 이것은 그리스도가 신격의 셋의 총체이시기 때문이다. 이것은 마치 레몬차가 물과 레몬과 차의 총체라고 말하는 것과 같다. 우리는 사람들에게 침례를 줄 때 너무 경직되어 있을지 모른다. 우리는 "형제님, 우리는 형제님에게 아버지와 아들과 영의 이름 안으로 침례를 주고 있습니다."라고 말하는 것을 고집할 수 있지만, 이는 경직된 것이다. 다음과 같이 말하는 것이 더 낫다. "형제님, 저는 형제님에게 그리스도 안으로 침례를 주고 있습니다." 그리스도는 삼일 하나님의 체현과 총체이시다.

삼일 하나님 곧 아버지와 아들과 영께서 인성과 연합되시고 삼일 하나님께 인성이 복합되었다. 아들은 인성 안으로 들어오셨고 이 인성을 신성 안으로 이끄셨다. '신성 안으로'는 '신성한 삼일성 안으로'를 의미한다. 오늘날 신격의 셋 모두가 인성과 밀접하게 관련되어 있다. 고린도전서 15장 45절 하반절은 마지막 아담은 생명 주시는 영이 되셨다고 말한다. 마지막 아담은 육체 안에 계셨던 한 사람이신 그리스도이시다. 육체 안에 계셨던 이 사람은 생명 주시는 영이 되셨다. '되셨다'라는 말은 연합을 시사한다. 그리스도는 복합되는 방식으로, 즉 연합의 방식으로 생명 주시는 영이 되셨다. 따라서 생명 주시는 영은 신성과 인성의 연합이시다. 레몬-차-물에서 차의 영(본질)과 레몬의 영(본질)은 물속에 있다. 레몬의 본질과 차의 본질은 보이지 않지만 맛볼 수 있다. 오늘날 우리는 어떻게 사람이 하나님 안에 있고 하나님께서 사람 안에 계시는지를 볼 수 없지만, 이 신성하고도 인간적인 본질들은 함께 연합되어 모든 것을 포함하신 영 안에 포함되어 있다.

주님(예수 그리스도)은
그 영이심

주님(예수 그리스도)은 그 영(the Spirit)이시다. 고린도후서 3장 17절은 "주님은 그 영이십니다."라고 말한다. 이 부분의 문맥에 따르면, 이 절에 언급된 '주님'은 분명 주 그리스도를 가리킨다(고후 2:12, 14-15, 17, 3:3-4, 14, 16, 4:5). 오늘날 예수 그리스도는 그 영이시다. 그 영은 그리스도이시고, 그리스도는 삼일 하나님의 체현이시다.

주 영

'주 영'(고후 3:18)은 '아버지 하나님', '주 그리스도'와 같은 복합적인 칭호이다. 이것은 그 영께서 곧 주님이심을 의미한다.

그리스도의 영

로마서 8장 9절 하반절에 언급된 그리스도의 영은 주로 주님의 부활과 관련이 있으시다.

예수님의 영

사도행전 16장 7절 하반절은 예수님의 영에 대해 말한다. 이 절은 그 영에 대해 이 독특한 용어를 사용하는 유일한 절이다. '예수님의 영'은 하나님의 영에 대한 특별한 표현이며, 주로 주님의 인성과 인간 생활에 관련된다.

예수 그리스도의 영

예수 그리스도의 영(빌 1:19상)은 그리스도의 인성과 인간 생활 그리고 그리스도의 부활을 모두 가리킨다.

실재의 영

그러한 영은 실재의 영이시다(요 14:17, 15:26, 16:13, 요일 5:6). 온 우주 안에서 오직 한 분, 곧 삼일 하나님만 참되시다. 오직 삼일 하나님만 실재이시다. 오늘날 그 영은 실재이시다. 왜냐하면 그 영께서 삼일 하나님의 참본질이시기 때문이다. 사십여 년 전에 나는 워치만 니 형제님이 쓴 책을 한 권 읽었는데, 그 책에서 니 형제님은 그 영께서 곧 부활의 실재이시라고 말했다. 부활은 어떤 실재가 필요한데, 그 실재는 바로 그 영이다. 우리가 그 영 안에 있지 않다면 부활 안에 있지 않은 것이다.

그 영은 또한 그리스도의 모든 것을 포함한 죽음의 실재이시다. 우리는 반드시 십자가로 제해져야 한다. 우리의 육체, 곧 우리의 타고난 인성은 죽음에 넘겨져야 한다. 그럴 때 죽음은 부활을 이끌어 온다. 죽음이 없이는 부활도 없다. 따라서 그리스도인의 생활은 반드시 십자가를 거쳐 그리스도의 부활 안으로 들어가는, 그 영께 속한 생활이어야 한다.

생명의 영

그 영은 생명의 영이시다(롬 8:2). 생명의 영은 생명의 실재이신데, 그것은 이 영께서 신성한 생명의 요소를 담고 계시기 때문이다. 사실상 그 영 자신께서 생명이시다. 우리에게 그 영이 있다면 생명도 있다.

능력의 영

그 영은 또한 능력의 영이시다(행 1:8, 눅 24:49). 그 영은 본질적인 면에서 우리 안에 있는 생명이실 뿐 아니라 경륜적인 면에서 우리 밖에 있는 능력이시다. 오순절의 능력을 얻기 원한다면, 부활 안으로 이끌릴 수 있도록 그리스도의 십자가를 통과해야 한다. 그럴 때 우리는 그 영을 내적으로는 생명으로, 외적으로는 능력으로 체험하게 될 것이다.

복합된 거룩한 관유로 예표되시는 복합되신 영

모든 것을 포함하신 영은 복합된 거룩한 관유로 예표되시는 복합되신 영이시다(출 30:22-31). 복합된 관유는 올리브기름에 네 가지 향료 곧 몰약과 육계와 창포와 계피를 복합한 것이다. 이 복합된 관유에 관계된 숫자들은 매우 의미심장하다. 올리브기름 한 단위에 네 가지 향료가 복합된다. 하나(1)는 유일하신 하나님을 상징하고 넷(4)은 피조물을 상징한다. 이것은 유일하신 하나님께 사람 곧 피조물이 복합된 것을 보여 준다.

더욱이 관유에는 다섯 가지 실질이 있다. 성경에서 다섯(5)은 책임을 상징한다. 출애굽기 20장의 십계명은 다섯 계명씩 두 부분으로 나뉜다. 그리고 마태복음 25장의 열 처녀 또한 다섯 처녀씩 두 무리로 나뉜다. 우리의 손은 네 손가락에 하나의 엄지손가락이 더해져 있다. 네 손가락은 사람을 상징하고, 하나의 엄지손가락은 하나님을 상징한다. 우리(넷)는 하나님(하나)께서 더해지심으로 책임을 짊어진다(다섯). 우리의 손은 매일 책임을 짊어진다. 엄지손가락이 없다면 어떻게 성경책을 들 수 있겠는가? 책임을 짊어지려면 네 손가락에 엄지손가락이 더해져야 한다. 마찬가지로, 책임을 짊어지려면 하나님께서 더해지셔야 한다. 우리에게는 매일 '더하기'가 있어야 한다. 우리의 '더하기'는 하나님이다.

또한 복합된 관유의 네 가지 향료는 오백 세겔씩 세 단위로 나뉜다. 오백 세겔은 온전한 책임의 한 단위를 의미하고, 셋(3)은 삼일 하나님을 상징한다. 네 가지 향료가 오백 세겔씩 세 단위로 나뉘는 것은 부활 안에 계신 삼일 하나님께서 인성과 연합되시어 온전한 책임을 짊어지신 것을 상징한다. 새 예루살렘은 열둘(12)의 성, 곧 3 곱하기 4의 성이다. 그 성에는 열두 문이 있는데, 사면에 각각 세 문이 있다(계 21:12-13). 숫자 3과 4는 복합된 관유에서 나타난다. 새 예루살렘 전체는 올리브기름으로 상징되시는 유일하신 삼일 하나님과 네 가지 향료로 상징되는 사람이 연합됨으로 이루어지는 한 성이다. 오늘날 삼일 하나님은 완결되심으로, 그분의 인격과 일의 모든 놀라운 요소를 지니신 모든 것을 포함하신 영이 되셨다.

나는 젊은 그리스도인이었을 때, 우리가 그리스도와 함께 죽었음을(롬 6:8상) 말씀을 통해 지적해 주는 몇 권의 책을 읽었다. 나는 어떻게 이것을 체험할 수 있을지를 자문해 보았다. 그 후에 나는 자신을 죽은 사람으로 여겨야 한다는(롬 6:11) 가르침을 받았다. 우리 자신을 죄에 대하여 죽은 사람으로 여김에 관해 말하는 심프슨(A. B. Simpson)의 한 찬송시(영어 찬송가 692장)가 있다. 나는 자신을 그리스도와 함께 죽은 사람으로 여기려고 노력했지만, 이것은 통하지 않았다. 니 형제님은 〈정상적인 그리스도인의 생활〉이라는 제목의 책에서 우리가 자신을 그리스도와 함께 죽은 사람으로 여겨야 한다고 가르쳤다. 그러나 결국 니 형제님은 우리가 로마서 8장의 그 영을 체험하지 못한다면 6장의 그리스도의 죽음을 체험할 수 없다는 것을 발견했다. 다시 레몬차의 예를 들어 보자. 레몬은 어디에 있는가? 물속에 있다. 차는 어디에 있는가? 물속에 있다. 마찬가지로, 그리스도의 죽음은 어디에 있는가? 그 영 안에 있다. 그리스도의 부활은 어디에 있는가? 그 영 안에 있다. 삼일 하나님은 어디에 계시는가? 그 영 안에 계신다. 이 메시지에서 나는 그리스도인의 생활을 체험하는 법을 교통하고 있다. 우리는 이러한 영 없이 그리스도의 죽음과 부활을 체험할 수 없다. 이 영은 하나님, 사람, 그리스도의 죽음과 부활의 복합체이다.

일곱 영은 하나님의 일곱 눈이시며 그리스도의 일곱 눈이심

일곱 영은 하나님의 일곱 눈이시며 그리스도의 일곱 눈이시다(계 1:4하, 4:5하, 5:6, 슥 3:9, 4:10). 일곱 영은 일곱 배로 강화되신 영이시다. 하나님의 영은 본질과 존재의 면에서 하나이시지만, 하나님의 운행하심의 기능과 일이 강화된 면에서는 일곱 배이시다. 나의 집에는 형제들이 나를 위해 만들어 준 일곱 단계로 밝기를 조절할 수 있는 전등이 있다. 이 전등의 스위치를 더 올릴 때마다, 전등의 밝기는 점점 더 밝아지고 강화된다. 오늘날 많은 전등이 세 단계의 밝기를 지닌 전등이다. 그러나 모든 것을 포함하신 영은 일곱 단계, 즉 일곱 배로 강화되셨다. 이것은 그 영께서 온 땅으로 나아가시기 위한 것이다.

최근에 우리 가운데 많은 형제자매가 러시아로 갔다. 이 사랑스러운 형제자매들은 일곱 배로 강화되신 영 안에서 갔다. 나는 또한, 지금 러시아로 갈 준비를 하고 있는 이들이 그들의 영 안에서 강화되고 있다고 믿는다. 우리는 여기에서 안식하며 편히 있을 수 있지만, 러시아로 가려는 이들은 편히 있을 수 없다. 그곳에 가서 분명 온갖 어려움에 맞닥뜨리게 될 것이다. 우리 형제들과 자매들은 초겨울인 10월에 처음 러시아로 갔다. 교회생활 안으로 이끌린 러시아인들은 한겨울에 온 성도들에게 매우 고마워했다. 그들은 그 나라의 겨울이 너무 춥기 때문에 겨울에는 어떤 일을 수행하러 오는 외국인이 없다고 말했다. 그러나 형제자매들은 한겨울에 그들을 도우러 갔다. 때로는 많은 형제자매가 너무 바빠서 저녁을 먹을 시간도 없다. 나는 그들의 영이 강화되어 있다고 믿는다. 한편으로, 여기에 있는 우리 중 많은 사람이 강화되지 않았다. 우리는 풀어지고 느슨하게, 훈련되지 않은 채로 집회에 오기도 한다. 우리 가운데 누구의 영이 강화되어 있는가? 우리는 '엄지손가락' 없이 기능을 발휘할 수 있다고 생각하는 '네 손가락'과 같을지도 모른다.

하나님의 경륜을 위해 복음을 수행하러 외국에 나가는 것은 온 세상에 보내어지신 그 영, 곧 일곱 배로 강화되신 분을 통한 것이다. 이 영은 보좌 앞에 있는 일곱 등불이시며 보좌는 하나님의 행정을 위하여 있다. 의심할 바 없이, 일곱 배로 강화되신 영은 하나님의 행정을 수행하기 위한 분이시다.

이 일곱 영은 하나님의 일곱 눈이시다. 어떤 사람들은 신격의 세 위격이 분리된다고 말했다. 그러나 성경의 계시에 따르면 그 영은 하나님의 눈이시다. 다시 말해서, 삼일성의 셋째는 첫째의 눈이다. 눈은 감정을 표현하기 위한 것이다. 내가 여러분을 바라볼 때 나의 눈은 여러분에 대한 나의 느낌과 감정을 표현한다. 또한 눈은 감찰하고 옮겨 붓기 위한 것이다. 어떤 이가 다른 사람을 바라볼 때 그는 자신의 감정을 다른 사람 안으로 옮겨 붓는다. 따라서 눈은 표현하고 감찰하며 옮겨 붓기 위한 것이다.

일곱 영은 하나님의 눈이실 뿐 아니라 그리스도의 눈이시다. 따라서 신성한 삼일성의 셋째는 첫째와 둘째의 눈이시다. 스가랴서 3장 9절은 그리스도께서 새겨진 돌이심을 말해 준다. 돌이신 그리스도께서 십자가에서 우리를 위해 새겨지셨기 때문에, 이 돌에는 일곱 눈이 있다. 일곱 영은 그리스도의 일곱 눈이시다.

우리가 그리스도에 대해 말하며 복음을 전파하고 있을 때, 그 영은 우리를 바라보심으로 우리에 대한 그리스도의 감정을 우리에게 옮겨 부으시고 표현하시며 그분의 사랑을 우리 안으로 주입하신다. 다시 말해서, 십자가에 못 박히신 그리스도께는 우리에 대한 그분의 감정을 표현하는 눈이 있으시다. 십자가에 못 박히신 그리스도께 있는 눈은 그분의 감정, 곧 그분의 사랑을 우리 안으로 주입한다. 이 주입에 의해 우리는 영감을 받게 된다. 우리는 우리 그리스도께서 매우 사랑스러우시며 매우 선하시다는 것을 느끼게 된다. 우리의 구주, 곧 십자가에 못 박히신 분께는 우리에 대한 그분의 감정을 표현하며 우리 안으로 그분의 사랑을 주입하는 일곱 눈이 있으시다. 스가랴서에 언급된 돌은 단순한 돌이 아니라 살아 있는 일곱 눈을 지닌 돌이다. 우리는 살아 있는 눈을 지닌 살아 있는 돌을 전파하고 있다. 이 눈은 그분을 우리 안으로 주입하고 그분의 사랑의 감정을 우리 느낌 안으로 표현한다.

그 영

요한복음 3장 6절 하반절은 우리가 그 영으로 났다고 말한다. 7장 39절은 그리스도께서 부활하시기 전에는 그 영께서 아직 계시지 않았다고 말한다. '그' 영은 과정을 거치신 영, 곧 완결되신 영이시다. 그리스도께서 부활하실 때까지는 그 영께서 완결되시는 일이 완성되지 않았으므로, 이 영은 아직 계시지 않았다. 창세기 1장에는 하나님의 영께서 계셨지만, 요한복음 7장 39절에는 예수님께서 아직 영광스럽게 되지 않으셨기 때문에 그 영께서 아직 계시지 않았다. 예수님은 부활 안에서 영광스럽게 되셨다(눅 24:26). 육체 안에 계셨던 예수님은 부활 안에서 생명 주시는 영이 되셨는데, 그 생명 주시는 영께서 곧 그 영이시다. 그리스도의 부활 안에서 삼일 하나님의 영은 그 영으로 완결되셨다(고전 15:45하). 결국 그분은 과정을 거치시고 완결되신 삼일 하나님으로서, 거듭나고 변화된 세 부분으로 된 단체적인 사람인 신부와 하나 되시는 그 영이실 것이다(계 22:17상). 완결되신 삼일 하나님과 세 부분으로 된 변화된 사람은 결혼하여 하늘에 속한 우주적인 한 쌍의 부부가 될 것이다.

4

모든 것을 포함하신 영의 기능들(1)

The Functions
of the All-inclusive Spirit (1)

제4장

모든 것을 포함하신 영의 기능들(1)

성경: 요 16:7-11, 벧전 1:2상, 고전 15:45하, 고후 3:6하, 요 3:5-6, 롬 6:19, 22, 15:16, 딛 3:5, 고후 3:18, 엡 1:13-14, 고후 1:22하, 롬 8:11, 14, 갈 5:18, 요 15:26, 요일 5:6, 롬 8:16, 행 9:31, 롬 14:17, 행 13:52

이 장 제목 아래의 성경 절들은 모든 것을 포함하신 영의 기능들에 관한 것으로서 신약 전체에서 뽑아낸 것이다. 나는 우리 모두가, 특히 청년들이 이 모든 절을 기억하도록 격려하고 싶다. 가능하다면 이 절들을 암송할 수 있는 것이 좋다. 각각의 절에는 우리가 반드시 인상을 받아야 할 중요한 단어나 어구가 있다.

앞 장에서 우리는 모든 것을 포함하신 영에 관한 열다섯 항목을 보았다. 첫 번째 항목은 하나님께서 영이시라는 것이고, 마지막 항목은 그 영께서 과정을 거치시고 완결되신 삼일 하나님이시라는 것이다. 이 두 항목은 모든 것을 포함하신 영에 관한 중점들의 알파와 오메가이다. 알파는 영이신 하나님이고 오메가는 '그' 영이다. 이 장에서 우리는 모든 것을 포함하신 영의 기능들을 보기 원한다.

모든 것을 포함하신 영의 기능들은 삼일성 안에 있는 하나님의 경륜과 관계된다. 하나님은 유일하게 한 분이시지만 그분의 신격 안에는 셋이 있다. 신성한 삼일성 곧 아버지와 아들과 영은 하나님의 경륜을 위하신다. '경륜'이라는 용어는 신약에서 특히 바울의 글에서 매우 분명히 계시되고 있지만, 유감스럽게도 오늘날 그리스도인들은 대부분 이 용어를 놓치고 있다(엡 1:10, 3:9, 딤전 1:4). 삼일성은 하나님의 경륜을 위한 것이고, 하나님의 경륜은 하나님의 마음의 갈망을 위한 것이다. 어떤 사람이 위대할수록 갈망과 열망 또한 크고 높다. 하나님은 매우 위대하시다. 그분은 사려 깊고 갈망이 가득한 분이시다. 하나님의 경륜은 하나님께서 그분의 갈망을 수행하시기 위한 것이다.

성경의 계시에 따르면, 신격 안에서 첫째 위격이신 아버지 하나님은 그분의 마음의 갈망을 위해 무언가를 이루도록 영원 과거에 경륜 곧 계획을 세우셨다. 아버지는 신성한 계획과 신성한 경륜과 신성한 안배에 전적으로 관계되신다. 그런 계획이 세워지고 난 후에, 아들 하나님은 아버지의 계획을 이루려고 오셔서 육체를 입고 사람이 되시어 아버지의 경륜을 수행하셨다. 아버지 하나님은 경륜을 세우셨고 아들 하나님은 이 경륜을 성취하려고 오셨다. 그런 다음 영 하나님은 아들 하나님께서 성취하신 것을 우리에게 적용하신다. 우리는 아버지 하나님은 계획하셨고, 아들 하나님은 성취하셨으며, 영 하나님은 아들 하나님께서 성취하신 것을 적용하신다는 이 세 가지 간단한 중점을 기억해야 한다. 오늘날 우리는 그 영의 적용하심이라는 단계에 있다. 아들께서 성취하신 것을 적용하시는 것이 바로 그 영의 기능이다.

모든 것을 포함하신 영의 기능이 곧 그분의 위임이다. 모든 것을 포함하신 영은 신격의 삼일성께 위임을 받고 오셨는데, 그 위임은 아버지 하나님께서 그분의 경륜 안에서 계획하신 것에 따라 아들 하나님이신 그리스도께서 성취하신 것을 적용하는 기능을 발휘하시는 것이다. 오늘날 우리는 신격의 셋째의 적용하심 아래 있다. 이러한 적용은, 하나님께서 첫째 위격 안에서 그분의 경륜 가운데 계획하신 것에 따라 하나님께서 둘째 위격 안에서 성취하신 것을 수행하시는 것이다. 우리는 모든 것을 포함하신 영의 기능에 대해 말할 때 이 모든 것을 다루어야 한다.

이 간략한 교통은 성경 전체를 다룬다. 성경은 먼저 하나님께서 아버지의 위격 안에서 세우신 계획을 보여 준다. 그다음으로 성경은 하나님께서 그분의 삼일성의 둘째 위격 안에서 그분의 계획을 성취하신 것을 계시해 준다. 그런 다음, 셋째 위격이 오셔서 둘째 위격이 성취하신 모든 것을 우리의 체험 안으로 가져오신다. 이것이 모든 것을 포함하신 영의 기능이다.

죄인들을 가책받게 하여 회개하고 그리스도를 믿게 하심

모든 것을 포함하신 영의 첫 번째 기능은 죄인들을 가책받게 하여 회개하고 그리스도를 믿게 하는 것이다. 이것은 요한복음 16장 7절부터 11절까지에 따른 것이다. 이 말씀은 성경에서 아주 놀라운 부분이다. 작년에 형제들이 주님의 회복을 러시아로 확산시키러 가기 전에 나에게 왔다. 그때 우리는 어떤 진리들을 러시아인에게 가져갈 것인지에 관해 교통을 나누었다. 나는 성경에 나오는 일곱 가지 놀라운 일을 그들에게 가져가라고 제안했다. 요한복음 16장 7절부터 11절까지는 성경에 나오는 놀라운 일들에 포함된다.

요한복음 16장에서 주 예수님께서 이것을 말씀하실 때, 실재의 영은 아직 오지 않으셨다. 주님은 그 영께서 오시면 죄에 대하여, 의에 대하여, 심판에 대하여 세상을 가책받게 하실 것이라고 말씀하셨다. 주 예수님께서 이것을 말씀하신 때는 십자가로 가셔서 구속을 성취하시기 전이었다.

그분은 자신이 떠나가지 않으면 보혜사 곧 실재의 영께서 제자들에게로 오지 않으실 것이라고 말씀하셨다(요 16:7). 아들의 가심은 놀라우신 영께서 오시기 위한 것이다. 아들은 십자가에서 죽으신 후에 부활 안으로 들어가셨다. 실재의 영은 아들께서 부활하신 날에 오셨다. 이 영은 부활하신 그리스도에 의해 제자들 안으로 불어 넣어지심으로 그리스도의 온 존재의 실재와 그분께서 성취하신 모든 것의 실재가 되셨다(요 20:22). 그리스도는 사십 일 후에 하늘로 승천하셨다. 그리고 열흘 후에, 즉 부활하신 날부터 오십 일째가 되는 오순절 날에 그 영께서 능력으로 제자들 위에 임하셨다(행 1:8). 그러한 영께서 오셔서 각 지파와 언어와 백성과 민족을 포함하는 세상을 가책받게 하셨다(계 5:9). 이것이 하나님의 경륜의 세 번째 단계이다.

하나님의 경륜 안에서 첫 번째 단계는 아버지께서 계획하시는 것이고, 두 번째 단계는 아들께서 성취하시는 것이며, 세 번째 단계는 그 영께서 그리스도의 구속을 적용하시는 것이다. 세 번째 단계는 그 영께서 오셔서 하나님이 얻고자 의도하신 사람들을 얻으시는 것이다. 이제 그 영의 적용하심에서 첫 번째 단계는 그 영께서 가책받게 하시는 것이다. 오늘날 우리의 복음 전파는 그 영의 가책하심을 수행하는 것이다. 복음 전파에서 우리는 사람들을 가책받게 하기를 먼저 배워야 한다. 사람들에게 좋은 것들만 말해서는 안 된다. 우리는 성령의 가책하심을 수행해야 한다.

사람들은 우리의 말을 듣고 나서 첫째로는 의에 대하여, 둘째로는 죄에 대하여, 셋째로는 심판에 대하여 가책받아야 한다. 의는 그리스도와 관계있고, 죄는 아담과 관계있으며, 심판은 사탄과 관계있다. 사람들이 아담 안에 있는 죄에 대해 회개하지 않고 의이신 그리스도 안으로 믿어 들어가지 않는다면, 그들은 죄 가운데 남아 사탄이 받을 심판을 영원토록 함께 받을 것이다(마 25:41). 그리스도와 아담과 사탄은 우리가 전하는 복음에 포함되어야 하는 세 인격이다. 모든 것을 포함하신 영의 기능은 이 땅의 타락한 사람들을 가책받게 하는 것이다. 우리의 위임은 사람들을 가책받게 하는 것이다. 그 영의 적용하심의 첫 번째 단계는 사람들을 가책받게 하는 것이다.

거듭나기 전에 회개하고 그리스도를 믿는 과정에서 죄인들을 거룩하게 하심

모든 것을 포함하신 영의 두 번째 기능은, 거듭나기 전에 회개하고 그리스도를 믿는 과정에서 죄인들을 거룩하게 하는 것이다(벧전 1:2상). 사람들을 가책받게 하는 것은 거룩하게 하는 것이고, 사람들을 거룩하게 하는 것은 분별하는 것이다. 미국은 우리가 잡아야 할 각종 물고기, 즉 온갖 사람으로 가득한 넓은 바다와 같다. 그러나 우리는 사람들을 가책받게 하는 법을 모른다. 우리는 복음을 전파하는 '고도의 기술'을 모른다. 사도 바울에게는 사람들을 가책받게 하는 다양한 방법이 있었다. 사람은 일단 가책을 받으면 분별되는데, 분별되는 것이 바로 거룩하게 되는 것이다.

하나님께서 선택받은 사람들을 그분의 영을 통해 거룩하게 하심에는 두 부분이 있다. 첫 번째 부분은 우리가 회개하고 믿기 이전이고, 두 번째 부분은 우리가 거듭난 이후이다. 영 하나님의 거룩하게 하심의 첫 번째 부분은 가책받게 하는 부분이다. 누가복음 15장 8절과 9절에서 그 영을 상징하는 여인의 찾는 일이 바로 이것이다. 많은 선교사가 사람들을 그리스도께 속하도록 분별할 목적으로 다른 나라들에 갔고, 사람들을 가책받게 하여 거룩하게 했다. 선교사들이 중국에 오기 전에는 많은 중국인이 공자의 제자였다. 이 같은 중국인들의 철학과 논리와 윤리적인 이해는 공자의 가르침에 근거했다. 오래되고 보수적인 나라인 중국에 사는 많은 사람이 결국 공자의 가르침에서 그리스도의 복음으로 거룩하게 되고 분별되었다. 베드로전서 1장 2절 상반절은 사람들이 그리스도를 믿기 전에 거룩하게 되는 것에 대해 말한다. 그리스도를 믿기 전에, 사람들에게는 그러한 거룩하게 됨 즉 그리스도께 속하도록 분별됨이 필요하다.

항상 믿는 이들에게 생명을 주심

그 영은 또한 항상 믿는 이들에게 생명을 주는 기능을 발휘하신다(고전 15:45하, 고후 3:6하). 그 영은 죄인들을 거룩하게 하고 가책받게 하시는 동안 그들 안으로 생명을 분배하신다. 우리는 거룩하게 하시고 분별하시며 가책받게 하시는 영께서 어떻게 죄인들에게 생명을 분배하시는지를 깊이 생각해 보아야 한다. 전파자들이 말씀을 전파하는 동안, 거룩하게 하시고 분별하시며 가책받게 하시는 영은 말씀을 듣는 이들에게 그리스도의 아름다움을 보여 주신다. 말씀을 듣는 이들은 자연스럽게 어떤 열망이 생겨나 그리스도를 감상하게 된다. 그들은 예수님을 원하지 않는다고 말하며 완고해 보일지도 모른다. 그러나 내적으로는, 말씀을 들으면서 그들 안에 어떤 열망이 생겨나 예수님을 갈망하게 된다. 이런 감상은 그들이 그리스도를 믿는 시작이 된다.

이렇게 하여 생명이 사람들 안에 분배되는데, 이 생명은 한 인격이다. 생명은 곧 그리스도이다(요 14:6상, 골 3:4상). 아름다우시고 사랑스러우시며 매혹하시는 그리스도께서 생명으로서 사람들 안으로 분배되신다. 어떤 사람들은 복음을 듣고 나서, 부모와 친척을 두려워하여 자신이 그리스도인이라고 용감하게 시인하지 못할 수 있다. 그러나 그들 안에는 그리스도에 대한 일종의 감상이 있게 된다. 복음 전파를 통해 그들은 이 아름다우신 그리스도를 알게 된다. 이렇게 하여 그들의 마음 안에 믿음이 산출되는데, 이 믿음 또한 그리스도이다. 그들이 감상하는 생명이 그리스도이고, 심지어 그들 안에서 믿는 행위도 그리스도이다. 믿는 그때부터 그들은 그 영을 생명 주시는 분으로 누리기 시작한다.

회개하고 믿는 죄인들을 거듭나게 하심

모든 것을 포함하신 영은 회개하고 믿는 죄인들을 거듭나게 하신다. 요한복음 3장 5절과 6절에서 이것을 볼 수 있다. 거듭남은 우리 사람의 생명이 아닌 어떤 생명, 즉 신성한 생명을 우리 안으로 분배받는 것이다. 무디(D. L. Moody)는 거듭남이 우주 안에서 가장 위대한 기적이라고 말했다. 사람은 한순간에 거듭날 수 있다. 그는 다른 생명뿐 아니라 다른 인격을 지닌 다른 사람이 된다. 생명과 인격은 하나이다. 그리스도는 그분을 믿는 사람들의 생명이시자 그분을 믿는 사람들의 인격이시다. 사람이 거듭나기 전에는 자신의 생명으로만 곧 자신의 인격으로만 산다. 그러나 일단 거듭나면 다른 생명, 다른 인격을 받아들이게 된다. 사실상 인격이 곧 생명이고, 생명이 곧 인격이다. 그러므로 거듭난 때부터, 더 이상 우리가 사는 것이 아니라 다른 인격이신 그리스도께서 우리 안에 사신다(갈 2:20상). 지금 그리스도는 우리의 생명으로서 우리 안에 계신다.

믿는 이들이 거듭난 후에 그들을 거룩하게 하심

거듭남 뒤에는 거룩하게 함이라는 두 번째 부분이 시작된다. 우리는 거듭났지만 여전히 천연적인 특이함으로 가득하다. 그러므로 그 영은 믿는 이들이 거듭난 후에 그들을 거룩하게 하는 기능을 발휘하신다(롬 6:19, 22, 15:16). 이렇게 거룩하게 하는 것은, 생명 주시는 영이신 그리스도께서 우리 존재의 속부분을 하나님의 거룩한 본성으로 모두 적시시어 타고난 기질에서 영적인 기질로 변화시키신다는 의미이다.

믿는 이들을 새롭게 하심

우리의 낡음 때문에 우리 모두는 새롭게 될 필요가 있다. 모든 것을 포함하신 영은 우리를 새롭게 하신다(딛 3:5). 우리는 먼저 우리의 영 안에서 새롭게 되고, 그다음으로 생각과 감정과 의지를 포함하는 우리의 혼 안에서 새롭게 된다. 우리 존재의 속부분들이 모두 새롭게 되어야 한다. 자신의 타고난 옛사람에 따라 생각하거나 느끼거나 결정해서는 안 된다. 우리는 그리스도인이므로 모든 것에서 새롭게 되어야 한다. 심지어 머리를 빗는 방식에서도 새롭게 되어야 한다. 방을 정리하고 정돈하는 방식에서도 새롭게 되어야 한다. 신발을 고르거나 광을 낼 때에도 새롭게 되어야 한다. 우리는 새롭게 되었기 때문에 생활의 모든 것에서 하나님의 자녀라는 표시를 지녀야 한다. 생각하고 사랑하고 미워하고 결심하는 모든 것에서 새롭게 되어야 한다.

믿는 이들을 변화시키심

그 영은 또한 믿는 이들을 변화시키는 기능을 발휘하신다(고후 3:18). 우리는 어떤 형태에서 다른 형태로 변화되어야 한다. 외적으로만 바뀌는 것은 변화가 아니다. 변화는 새로운 요소가 더해짐으로 내적이고 신진대사적으로 바뀌는 것이다. 공자 또한 새로워짐에 대해 가르쳤지만, 그가 가르친 새로워짐은 외적인 것이며 새로운 요소가 더해지는 것이 아니었다. 장의사들은 화장품을 사용하여 외적으로 시신의 얼굴을 화사하게 하지만, 이것은 변화가 아니다. 우리가 자연식품으로 영양분을 공급받을 때 우리 안에서 일종의 신진대사적인 변화가 일어나 건강한 외모를 갖게 된다. 변화는 신진대사적으로 바뀌는 것이다.

나는 우리 모두가 신진대사적으로 바뀌기를 소망한다. 우리는 유기적인 변화로 말미암아 신진대사적으로 아름다워져야 한다. '변화되다'라는 단어는 신약의 고린도후서 3장 18절과 로마서 12장 2절에서만 두 번 사용된다. 고린도후서 3장 18절은 "변화되어 영광에서 영광에 이릅니다. 이것은 주 영에게서 비롯됩니다."라고 말한다. 그 영은 요소이신 그리스도로 우리 존재를 신진대사적으로 바꾸셔서 우리 안에서 변화를 성취하신다. 로마서 12장 2절은 이 시대를 본받지 말고 오직 생각이 새로워짐으로 변화되라고 명령한다. 나는 여러분이 〈회복역 성경〉의 각주에서 도움을 받아 이 놀라운 절들을 연구하도록 격려하고 싶다. 고린도후서 3장 18절과 로마서 12장 2절과 두 절의 각주를 모두 읽는다면 많은 도움을 받을 것이다. 우리 모두는 변화시키시는 영을 체험할 필요가 있다.

믿는 이들에게 도장 찍으심

에베소서 1장 13절은 그 영께서 믿는 이들에게 도장 찍는 기능을 발휘하시는 것을 보여 준다. 도장은 도장 찍는 먹이 필요하다. 한 장의 종이에 도장을 찍으면 도장 찍는 먹이 종이를 적신다. 그럴 때 도장이 찍힌 종이는 도장의 모양과 형상을 지니게 된다. 더욱이 도장 찍는 것은 먹의 요소를 종이에 주입한다. 그럴 때 도장 찍는 먹과 종이는 함께 하나로 연합된다.

그 영께서 도장 찍으시는 것은 모든 것을 포함하신 영의 기능의 섬세한 면이다. 오늘날 성령은 우리 위에 도장으로 계시면서 계속 우리에게 도장을 찍고 계신다. 우리는 도장이신 성령의 도장 찍는 요소를 마치 종이처럼 우리 안에 흡수하고 있다. 우리는 도장이 찍혔기 때문에 자신이 하나님께 속하며 하나님의 유업이라는 표시를 지니고 있다. 우리가 어떤 책에 도장을 찍으면 그 도장 표시는 그 책이 우리의 것임을 나타낸다. 하나님께서 그분의 도장이신 그분의 영을 우리에게 찍으시는 것은 우리가 그분의 소유임을 나타낸다.

믿는 이들 안에서 보증이 되심

그 영은 또한 믿는 이들 안에서 보증이 되는 기능을 발휘하신다(엡 1:14, 고후 1:22하). 보증은 일종의 보장이다. 우리 안에서 보증이 되시는 그 영은 하나님께서 우리의 유업이심을 보장하신다. 도장 찍으심은 우리가 하나님의 유업임을 나타내고, 보증이 되심은 하나님께서 우리의 유업이심을 보장한다. 이것은 에베소서 1장 13절과 14절에서 분명하게 계시된다. 13절에서 중요한 표현은 '도장 찍혔습니다'이고, 14절에서 중요한 표현은 '보증'이다.

믿는 이들 안에 내주하심

모든 것을 포함하신 영은 믿는 이들 안에 내주하신다(롬 8:11). 그 영은 우리 안에 거하실 뿐 아니라 우리 안에 내주하신다. 내주하는 것은 거처를 정하는 것 혹은 거주하는 것이다(비교 엡 3:17). 오늘날 그 영은 우리 안에 계시며, 또한 우리 안에 내주하는 기능을 발휘하고 계신다.

모든 것을 포함하신 영의 모든 기능은 매우 비밀스럽고 추상적이다. 이 모든 기능이 각각의 믿는 이 안에서 날마다 발휘되고 있다. 세상은 이것을 보지 못하지만, 우리 믿는 이들은 그 영의 기능들을 인식할 수 있다. 왜냐하면 이런 기능들은 활동이기 때문이다. 그 영은 매일 심지어 매 순간 우리 안에서 움직이고 계신다.

믿는 이들을 인도하심

이 내주하시는 영은 인도하시는 영이시다. 그분은 믿는 이들을 인도하신다(롬 8:14, 갈 5:18). 로마서 8장 14절은 누구든지 하나님의 영의 인도를 받는 사람들이 하나님의 아들들이라고 말한다. 우리는 항상 특별한 방식으로 우리를 인도하시는 특별한 안내자가 계시기 때문에 하나님의 아들들이다. 그 영께서 우리를 인도하시면서 우리에게 말씀하시는 것은 무엇이든 참되다. 우리는 그분의 말씀을 들어야 한다.

증언하심

그 영은 또한 증언하는 기능을 발휘하신다. 첫째로, 그분은 그리스도에 관하여 증언하신다(요 15:26, 요일 5:6). 복음 전파가 계속되는 동안, 그 영은 복음을 듣는 이들 안에서 증언하는 방식으로 일하신다. 어떤 복음 전파자들은 사람들을 완전히 압도한다. 많은 불신자가 그들이 어떻게 그렇게 할 수 있는지를 궁금해하는데, 이는 그 영께서 듣는 이들 안에서 증언하시기 때문이다. 사실은 복음 전파자들이 압도하는 것이 아니다. 그들이 말씀을 전하는 동안 또 다른 분께서, 곧 증언하는 분이신 증언하시는 영께서 듣는 이들 안에서 일하고 계시는 것이다. 실지로는 듣는 이들 안에서 증언하시는 영께서 그리스도에 관해 증언하고 있는 전파자보다 더 많이 말씀하신다. 그러지 않으면, 어떻게 그같이 보수적인 중국인들이 예수님을 믿을 수 있었겠는가? 논리적으로 불가능하다. 그러나 그리스도의 어떤 증인이 그리스도에 관해 말씀을 전하고 있을 때마다, 또 다른 증인이신 그 영께서 듣는 이들 안에서 그리스도에 관해 증언하는 일을 하신다.

또한 그 영은 믿는 이들의 영과 함께 그들이 하나님의 자녀들임을 증언하신다(롬 8:16). 어떻게 우리가 하나님의 자녀들임을 아는가? 내적인 증언이 있기 때문에 안다. 그 증언은 그 영께서 우리의 영과 함께 증언하시는 것이다. 두 영은 함께 일한다. 어떤 이들은 그리스도인의 생활에서 타락하고 실패하여, 죄악된 장소에 갈지도 모른다. 그러나 그들이 죄악된 장소에 갈 때, 그들 안에는 "하나님의 자녀가 여기에 있어도 되느냐?"라고 점검하는 것이 있다. 우리의 영과 함께 증언하시는 영은 언제나 증언하시지만, 많은 그리스도인이 이 내적 증인의 말을 듣는 데 익숙하지 않다. 우리가 물건을 사러 갈 때마다, 하나님의 자녀라면 어떤 것을 사서는 안 된다고 하는 내적인 점검, 내적인 증언이 있다. 우리가 하는 모든 일에서, 증언하시는 영은 우리 안에서 기능을 발휘하신다.

그리스도의 실재이심

그 영은 그리스도의 실재이시다(요 15:26, 요일 5:6). 그 영은 그리스도의 죽음의 실재이시고, 그리스도의 부활의 실재이시며, 그리스도의 모든 신성한 속성의 실재이시다. 그 영을 얻으면 그리스도의 겸손과 사랑을 얻는다. 그리스도의 온 존재와 모든 소유와 심지어 그리스도께서 성취하신 모든 것의 실재가 바로 그 영이다.

교회들을 위로하심

사도행전 9장 31절은 교회가 성령의 위로를 받는 가운데 전진했다고 말한다. 교회들은 그 영의 위로를 받았을 뿐 아니라 위로를 받는 가운데 있었다. 성경에서 '위로'라는 단어는 만족과 안식과 빛 비춤을 함축한다. 만족할 때 목마름이 해소되고 안식을 얻는다. 또한 어둠 속에 있지 않게 된다. 어둠 속에 있는 사람은 누구도 위로를 받을 수 없다. 어둠 자체가 바로 어려움이다. 빛이 있을 때 우리는 위로를 받는다. 빛이 사라질 때 우리는 어려움을 겪는다. 교회는 만족과 안식과 빛 비춤을 포함하는 그 영의 위로가 필요하다.

믿는 이들 안에서
하나님의 왕국을 위한 기쁨이 되심

모든 것을 포함하신 영은 믿는 이들 안에서 하나님의 왕국을 위한 기쁨이 되신다(롬 14:17, 행 13:52). 로마서 14장 17절은 하나님의 왕국이 의와 화평 그리고 성령 안에 있는 기쁨이라고 말한다. 사도행전 13장 52절은 제자들이 기쁨과 성령으로 충만했다고 말한다. 그러므로 그 영의 기능 중 하나는 우리를 기쁘게 하는 것이다. 그분은 우리의 기쁨이시다.

지금까지 언급한 열다섯 항목은 그 영의 기능들에 대한 조망을 제시해 줄 것이다. 이 항목들은 그 영께서 어떻게 기능을 발휘하시어 그리스도의 존재와 그리스도께서 소유하시고 성취하신 것과 심지어 행하실 것까지 우리에게 적용하시는지를 보여 준다. 즉 기능을 발휘하시는 영은 삼일 하나님의 존재와 삼일 하나님께서 소유하시고 성취하신 것과 성취하실 것을 우리와 하나 되게 하고 계신다. 그러므로 그리스도인의 생활은 모든 것을 포함하신 영에 의한 생활이다.

5

모든 것을 포함하신 영의 기능들(2)

The Functions
of the All-inclusive Spirit (2)

제5장

모든 것을 포함하신 영의 기능들(2)

성경: 엡 3:16, 빌 1:19, 고전 12:4, 7-11, 행 6:3, 5, 7:55, 11:24, 13:52, 2:4상, 4:31, 9:17, 13:9, 마 12:28, 엡 4:3-4상, 고전 2:10, 롬 8:13하, 11, 고전 6:17, 갈 5:16, 25, 22-23, 6:8하, 고후 13:14, 엡 4:4, 16, 계 2:7, 11, 17, 29, 3:6, 13, 22, 4:5하, 5:6하, 22:17상

이번 장에서는 모든 것을 포함하신 영의 기능들에 관하여 계속 교통하고자 한다. 앞 장에서는 모든 것을 포함하신 영의 기능 중 열다섯 가지 기능을 보았고, 이번 장에서는 스무 가지 기능을 더 볼 것이다. 그 영은 추상적이시고 감추어져 계시지만 성경에 자주 언급되신다. 그러나 애석하게도 근본주의적인 기독교 안에서는 많은 사람이 이것을 분명하게 보지 못했다.

앞 장과 이번 장에서 우리는 모든 것을 포함하신 영의 서른다섯 가지 기능을 지적하고 있다. 이것들은 그 영의 많은 기능 중 일부에 불과하다. 요한계시록 22장은 하나님과 어린양의 보좌, 그리고 그 보좌에서 흘러나오는 생명수의 강이신 그 영을 보여 준다(1절).

하나님과 어린양께서 보좌에 앉아 계신다. 우리는 한 보좌에 어떻게 두 분께서 앉으실 수 있는지 의아해할지도 모른다. 요한계시록 21장과

22장의 새 예루살렘에 대한 묘사에서 그 설명을 발견할 수 있다. 21장 23절은 새 예루살렘 안에서 등이 어린양이라고 말한다. 어린양은 등이시고 하나님은 등 안의 빛이시다(계 22:5). 등이신 어린양은 어린양 안의 빛이신 하나님과 함께 보좌에 앉아 계시는 분이시다. 하나님과 어린양 두 분을 위한 한 보좌는 하나님과 어린양이 하나이심을 가리킨다.

이 하나에게서 생명수의 강이 흘러나온다. 요한계시록 21장과 22장은 새 예루살렘에 대한 궁극적이고도 완결된 계시를 제시한다. 이렇게 제시하는 것에서 우리는 아버지와 아들(그리스도)과 영을 볼 수 있다. 빛은 아버지를 상징하는 그림이다(계 22:5). 이 장들에서 '그리스도'라는 단어는 언급되지 않지만 그리스도께서 어린양과 등으로 계시되신다. 어린양과 등은 물질적인 것이 아니라, 하나님의 아들 곧 그리스도를 상징하는 그림이다. 그다음으로 하나의 강이 있다. 이 강은 물질적인 강이 아니라 그 영을 상징하는 그림이다.

강의 흐름은 그 영의 최고의 기능이자 총체적인 기능이다. 강의 흐름은 성 전체의 목마름을 해소하기 위해 영적인 생명수를 성 전체에 공급한다. 그러므로 목마름을 해소하는 것은 그 영의 또 다른 기능이다. 그 영께서 목마름을 해소해 주시는 것은 적시시는 것이고, 적시시는 것은 옮겨 부으시는 것이며, 옮겨 부으시는 것은 주입하시는 것이다. 이것들은 그 영의 추가적인 기능들이다. 또한 요한계시록 22장은 강이 생명나무를 자라게 하는 것을 계시한다. 22장에 따르면 생명나무는 땅이 아니라 물에서 자란다. 생명나무를 자라게 하는 것은 물이다. 이것은 그 영의 또 다른 기능이다. 그 영의 많은 기능이 성경 전체에 걸쳐 계시된다.

성경 전체는 그 영에 관한 책이며 그 영의 책이다. 창세기 1장 1절은 "태초에 하나님께서"라고 말한다. 여기서 '하나님'에 해당하는 히브리어 단어는 복수형인 '엘로힘'이다. 그러므로 성경의 첫 번째 절은 삼일 하나님을 언급하고 있다. 다음으로 두 번째 절은 하나님의 영을 언급하면서 "하나님의 영은 수면을 품고 계셨다."라고 말한다. 그리고 성경의 끝부분인 요한계시록 22장 17절에는 그 영과 신부께서 계신다.

하나님의 영이 한 방면이고, 신부와 함께하시는 그 영이 또 다른 방면이다. 하나님의 영은 여전히 완결되지 않으신 영이셨다. 완결되지 않으신 하나님의 영은 아직 결혼할 준비가 되어 있지 않으셨다. 그러나 성경의 끝에는 그 영과 신부께서 계신다. 이것은 그 영께서 결혼하셨음을 의미한다. 요한계시록 22장에서 그분은 완결되신 영으로서 신랑이시다. 신부는 신랑이 필요하다. 신랑은 완결되신 영이시고, 완결되신 영은 완결되신 삼일 하나님이시다.

모든 것을 포함하신 영에 대한 계시와 이 영의 기능들은 사실상 무한하다. 이 메시지들에서 나는 여러분에게 작은 조망을 제시하여 그 영께서 하시는 일을 밝히고 있다. 사실 우리는 모든 것을 포함하신 영의 기능들을 전부 다룰 수가 없다.

믿는 이들을 강하게 하심

그 영은 믿는 이들을 강하게 하는 기능을 발휘하신다. 에베소서 3장 16절에서 바울은 아버지께서 성도들을 '그분의 영을 통하여 능력으로 속사람에 이르도록 강하게 해 주시기를' 기도했다. 아버지는 그 영을 통하여 우리를 강하게 하신다. 그러므로 아버지께서 우리를 강하게 하시는 수단은 그 영이다. 그리스도께서 우리 마음에 그분의 거처를 정하시려면 우리가 강하게 될 필요가 있다. 하나님의 영 외에는 아무도 우리를 강하게 할 수 없다. 에베소서 3장에서 하나님의 영은 강하게 하는 영이시다. 그 영은 해소하시고 적시시고 옮겨 부으시고 자라게 하실 뿐 아니라 강하게 하신다.

믿는 이들에게 공급하심

우리는 그 영께서 믿는 이들에게 공급하는 기능을 발휘하신다는 것을 안다. 왜냐하면 빌립보서 1장 19절이 '예수 그리스도의 영의 넘치는 공급'에 대해 말하기 때문이다. 하나님의 영은 과정을 거치시고 완결되시어 예수 그리스도의 영이 되셔야 했다.

영원 과거에 삼일 하나님은 신성만 소유하셨다. 이런 의미에서 우리는 그분께서 '원래 그대로'이셨거나 과정을 거치지 않으셨다고 말할 수 있다. 그 후에 그분은 우주를 창조하셨고, 사람 안으로 들어오시기 위해 아담이라는 이름을 가진 사람을 창조하셨다. 그러나 사람은 창조된 후에 타락하였다. 나중에 삼일 하나님께서 오셔서 자신을 인성에 연결하셨다. 그분은 신성하고도 인간적인 사람이 되셨다. 그분은 이 땅에서 삼십삼 년 반 동안 인성 안에서 사셨다. 그러한 인간 생활을 통과하시고 나서, 그분은 모든 것을 포함한 죽음을 죽으실 자격을 갖추셨다. 그분은 모든 것을 포함한 죽음을 죽으시기 위해 하나님-사람 곧 하나님과 연합된 사람이 되시고, 삼십삼 년 반 동안 인간 생활을 통과하셔야 했다. 그러한 자격이 없으셨다면 그분은 놀라운 죽음을 죽으실 수 없었을 것이다.

그분은 이 죽음 안에 들어가셔서 삼 일 동안 머무셨다. 그런 다음 죽음에서 나오시고 부활 안으로 들어가심으로 생명 주시는 영이 되셨다(고전 15:45하). 이 생명 주시는 영은 이제 신성과 인성과 인간 생활과 그리스도의 모든 것을 포함한 죽음과 놀라운 부활로 구성되신다. 생명 주시는 영은 삼일 하나님께서 육체 되심부터 부활까지 거치신 과정의 결과이시다. 이제 이 생명 주시는 영은 하나님의 영만이 아니라 예수 그리스도의 영이시다. 이러한 영은 넘치는 공급이 있으시다.

풍성하신 영에 대한 예시로 레몬차를 들 수 있다. 처음에는 순수한 물만 있다. 그러나 차와 레몬을 물에 첨가하면 세 요소로 된 구성물이 된다. 우리는 그것을 마실 때 물과 차와 레몬의 요소를 받아들인다. 이것은 '넘치는 공급이 있는 음료'로 여겨질 수 있다. 예수 그리스도의 영은 그처럼 모든 것을 포함하는 풍성한 음료로서, 삼일 하나님의 인격과 과정의 모든 요소를 가지고 계시며 이 모든 것을 우리에게 공급하신다.

그 영은 우리를 강하게 하실 뿐 아니라 우리에게 공급하신다. 그 영께서 어떻게 우리를 강하게 하시고 우리에게 공급하시는지를 설명하기란 어렵다. 우리는 음식을 먹을 때 강해지고 공급을 받지만 어떻게 이런 일이 일어나는지를 말하기란 어렵다. 의사들조차 영양 공급을 받는다는 의미를 완전하게 설명하지 못한다. 오래전에는 비타민이 무엇인지 아는 사람이 없었다. 심지어 사전에도 비타민이라는 말이 없었다. 그러나 우리 조상들은 비타민에 대해 알지 못하면서도 많은 비타민들로 영양을 공급받았다.

낮 시간에 우리는 어느 순간 피곤함을 느끼지만 식사를 하고 나면 영양분을 얻고 강해지며 공급을 받는다. 우리는 이것을 설명하지 못할지라도 체험하고 누릴 수 있다. 마찬가지로, 우리는 그 영께서 어떻게 우리를 강하게 하시고 우리에게 공급하시는지를 설명하지 못할지라도 그분의 강하게 하심과 공급하심을 체험할 수 있다.

우리 가운데 어떤 사람들은 집회에 올 때 피곤할 수 있다. 우리는 '식사'함으로써, 즉 모든 것을 포함하신 영을 누림으로써 영양분을 얻고 강해지고 공급을 받을 필요가 있다. 물질적인 식사를 하려면 이십오 분에서 삼십 분이 걸릴 것이다. 그러나 영적인 식사는 이 분 삼십 초밖에 걸리지 않을지도 모른다. 몇 분을 들여 기도할 때, 우리는 기능을 발휘하시는 영에 의해 강해지고 공급을 받는다.

믿는 이들에게 은사들을 나누어 주심

그 영은 또한 믿는 이들에게 은사들을 나누어 주신다(고전 12:4, 7-11). 섬기는 은사들을 받으려면 매일 기도를 통해 그 영을 접촉해야 한다. 우리는 봉사를 위해 어떤 종류의 은사나 재능이나 역량을 받게 될지 알 필요가 없다. 우리가 기도하며 그 영을 접촉하면 그 영께서 우리에게 은사들을 나누어 주실 것이다. 우리는 이 은사들이 무엇인지 모를 수도 있지만, 교회 집회에 오면 특별한 역량을 가지고 기능을 발휘할 것이다. 인체에는 사람의 생명에서 비롯된 걷는 역량과 말하는 역량이 있다. 많이 기도하여 그 영을 접촉한 후에 우리는 어떤 영적인 역량을 얻게 될 것이다. 그 역량이 은사가 되고 그 은사는 어떤 기능을 가져온다.

믿는 이들을 내적으로 충만하게 하심

모든 것을 포함하신 영은 믿는 이들을 내적으로 충만하게 하신다(행 6:3, 5, 7:55, 11:24, 13:52). 나는 말씀을 전하러 오기 전에, 주님께서 그 영이신 그분 자신으로 나를 충만하게 해 주시기를 구해야 한다. 그 영, 곧 프뉴마(pneuma)로 충만되지 않는다면 우리는 바람 빠진 타이어와 같을 것이다. 기도하며 주님과 시간을 보낼 때 우리는 내적으로 그 영으로 충만되는 것을 체험할 수 있다.

믿는 이들을 외적으로 충일하게 하심

모든 것을 포함하신 영은 믿는 이들을 외적으로 충일하게 하신다(행 2:4상, 4:31, 9:17, 13:9). 그 영께서 외적으로 충일하게 하시는 것은 그 영께서 부어지시는 것이다. 오순절 날에 그 영께서 부어지셨다. 주 예수님은 오순절 오십 일 전인 부활의 날에 제자들에게 오셔서 그들 안으로 그 영을 불어 넣으셨다(요 20:22). 그때 그 영은 내적인 영이 되셨다. 부활의 날에 그분은 그 영을 제자들 안에 프뉴마로서, 호흡으로서, 생명의 영으로서 불어 넣으셨다. 그리고 오십 일 후에, 승천하신 주님께서 그 영을 능력의 영으로 믿는 이들 위에 부으셨다. 생명의 영은 우리의 생명과 생활을 위한 본질적인 영이시다. 우리 위에 부어지신 그 영은 우리의 움직임과 일을 위한 경륜적인 영이시다. 경륜적인 영은 우리가 하나님의 경륜에 따라 일을 성취하도록 우리에게 권위를 주기 위한 것이다.

귀신들을 쫓아내심

마태복음 12장 28절에서 주님은 하나님의 영에 의해 귀신을 쫓아낸다고 말씀하셨다. 우리는 귀신들과 귀신 들리는 일이 실지로 있음을 알아야 한다. 장로회 선교사였던 네비우스(Nevius) 박사는 약 백 년 전에 미국에서 중국으로 왔다. 그는 〈귀신 들림 및 관련 주제들(Demon Possession and Allied Themes)〉이라는 제목의 책을 썼는데, 그 책은 귀신 들린 사례들을 하나씩 이야기하고 있다.

오늘날 미국에서는 귀신 들린 사례를 보기가 어렵다. 오순절주의자들이 말하는 귀신 들린 일은 믿을 만하지 못하다. 그들이 말하는 귀신 들린 사례는 실지로는 정신 질환이다.

1948년에 나는 중국의 난징(南京)에 있었다. 거기에는 갑자기 정신이 이상해진 한 소년이 있었다. 어떤 성도들은 그가 귀신 들렸다고 생각했다. 그들은 함께 모여서 '귀신'을 쫓아내려고 기도했지만, 기도하면 할수록 그 소년은 더 날뛰었다. 따라서 그들은 그 상황을 의아해했다. 그들에게는 주님의 이름이 그렇게 능력 있거나 강력하지 않은 것 같았다. 그들은 '귀신'이 떠나가게 해 달라고 주 예수님의 이름으로 기도했지만 효과가 없었다. 그때 그들은 이 일을 내게 언급하면서 어떤 상황인지도 말해 주었다. 나는 이 일이 귀신 들린 사례가 아니라 정신 질환 중 하나라고 말해 주었다. 나는 이 소년을 한동안 병원에 보내 치료받게 하라고 그들에게 말했다. 결국 그 소년은 병원에 입원하여 상태가 좋아졌다.

오늘날 귀신 들린 사례는 대부분 매우 미개하고 가난한 후진국에서 발생한다. 이런 후진국들은 많은 사람이 교육을 많이 받지 못했거나 무지하다. 그들은 매우 가난하고 각종 우울증을 앓는다. 귀신들은 그런 사람들을 점유할 기회를 얻을 수 있다. 현대화된 나라들은 많은 사람이 교육을 받았다. 그래서 귀신들이 사람들을 점유할 기회가 거의 없다. 그러나 현대화된 나라들은 정신 질환에 걸린 사람으로 가득하다. 너무 많은 지식과 교육이 정신 질환의 원인이 될 수 있다. 미개한 나라는 몸에 귀신 들린 사례가 비교적 많은 반면, 교육 수준이 높은 나라는 정신에 문제가 있는 사람이 비교적 많다. 어쨌든 그 영은 우리가 귀신들을 쫓아낼 수 있는 수단이시다.

그리스도의 몸을 위해
믿는 이들 안에서 하나를 지키심

그 영은 그리스도의 몸을 위해 믿는 이들 안에서 하나를 지키는 기능을 발휘하신다(엡 4:3-4상). 우리는 그 영의 하나 곧 몸의 하나를 힘써 지켜야 한다. 우리가 하나를 지키기를 훈련할 때 그 영께서 우리 안에서 하나를 지키신다.

전부는 아니더라도 오늘날 기독교의 가르침 대부분은 기능들을 지니신 모든 것을 포함하신 영의 노선을 다루지 못한다. 그 가르침들은 대개 윤리적이며 사람의 물질적인 행복과 정신적인 행복에 관한 것이다. 사람들은 어떤 이가 선한 그리스도인이라면 안팎으로 평안을 얻게 되고, 복을 받아서 좋은 결혼 생활과 가정생활을 하게 된다고 가르친다. 이것은 인간적이고 천연적인 관념에 따른 것이다. 그리스도께서 우리 마음에 그분의 거처를 정하시는 것에 대해 가르치는 이를 찾기가 어렵다.

그 누가 기독교 안에서 그리스도의 유기적인 몸을 보거나 말하는가? 비교적 좋은 교사들은 그리스도께서 우리의 죄들 때문에 죽으셨으므로 이제는 우리가 그분을 믿어야 한다고 말한다. 그들은 그리스도께서 십자가에서 죽으심으로 하나님께서 우리의 죄들을 용서하셨기 때문에 어느 날 우리가 하늘나라로 갈 것이라고 말한다. 그들은 이보다 더 전진된 것을 다루지 않는다. 그런데 우리가 시편에서 계시되시고 예표되신 그리스도와 교회에 관해 말한다면, 이것에 관심을 갖는 기독교인은 거의 없을 것이다.

나는 오늘날의 기독교와 비교하면 우리가 또 다른 행성인 '그리스도 행성'에 있음을 보여 주려고 이런 것을 말한다. 나는 과거에 우리의 증가율이 너무 낮다고 생각했다. 최근에 주님과 함께 시간을 보내고 있을 때, 주님은 이 문제에 대한 나의 이해를 만지셨다. 주님을 따르기 위해 지금 우리가 취하고 있는 길로는 높은 증가율을 얻을 수 없음을 깨달아야 한다. 우리가 취하고 있는 길은 참으로 좁은 길이다. 이 사역에서 주어지는 메시지들은 전적으로 또 다른 범주, 또 다른 행성에 있다.

다른 그리스도인 무리들은 사람들을 끌어모으기 위해 천연적이고 세상적인 방법을 사용한다. 그들은 사교적인 방법이나, 록 음악이나, 화려한 옷을 입은 성가대를 사용한다. 그들은 사람들을 얻으려고 이런 방법들을 사용하지만 우리는 그럴 수 없다. 사람들은 구원받고 우리 집회에 들어올 때 하나님의 순수한 말씀을 듣는다. 최근에 우리는 땅을 하늘들에 연결하고 하늘들을 땅으로 이끌어 땅과 하늘들을 하나로 만드는 것이 시편 8편의 목표임을 교통했다. 이것을 들을 때, 어떤 사람은 이것이 자신의 이득이나 이익과 무슨 상관이 있는지 의아해할 것이다. 그러나 우리의 사역에서는 개인적인 이익에 관해 많이 말하지 않는다. 매년 우리는 모든 메시지에서 그리스도를 말했고 또한 말한다. 주님의 회복에 있는 우리 중 많은 사람이 하나님의 마음의 갈망을 위하여 하나님의 경륜의 중심과 전부이신 그리스도에 대한 것들을 지금도 간절히 듣고 싶어 한다. 나는 이것에 대해 주님께 참으로 감사드린다. 내가 다시 말하는데, 이 가르침은 또 다른 행성에 있다. 따라서 우리는 아주 높은 증가율을 기대할 수 없다.

믿는 이들에게 하나님의 깊이들을 계시하심

그 영은 믿는 이들에게 하나님의 깊이들을 계시하신다(고전 2:10). 하나님의 깊이들은 세세한 부분까지 전부 그리스도이다. 그리스도는 매우 깊으시며 우리 메시지들의 내용과 구성 요소는 바로 그리스도에 관한 것이다.

고린도전서 1장에서 바울은 그리스도께서 하나님의 능력이시며 하나님의 지혜이시라고 가르친다(24절). 그리스도는 하나님에게서 나오셔서 우리에게 지혜, 곧 의와 거룩하게 함과 구속이 되신다(고전 1:30). 그리스도의 이런 방면들이 하나님의 깊이들이다. 그 영께서 하나님의 깊이들이신 그리스도를 계시하실 때, 우리는 새롭게 되고 거룩하게 되며 변화되고 같은 형상을 이루게 되며 영광스럽게 된다. 오직 그 영만이 하나님의 깊이들을 우리에게 계시하실 수 있다.

믿는 이들에게 그리스도의 죽음을 적용하심

그 영은 믿는 이들에게 그리스도의 죽음을 적용하신다(롬 8:13하). 나는 어린 그리스도인이었을 때, 성경에 따르면 내가 그리스도와 함께 십자가에 못 박혔다(갈 2:20상)는 것을 들었다. 그런데 나는 어떻게 그리스도와 함께 십자가에 못 박힐 수 있었는지가 궁금했다. 그분은 공간적으로 팔레스타인에 계셨고 시간적으로 거의 이천 년 전에 죽으셨다. 나는 어떻게 그분과 함께 동시에 십자가에 못 박힐 수 있었는지를 이해할 수 없었다. 나중에야, 그리스도께서 십자가에 못 박히실 때 우리가 하나님의 경륜에 따라 그분 안에 포함되어 있었음을 깨닫게 되었다. 이것은 성취된 사실이다.

그러나 나는 여전히 그리스도의 죽음을 체험하는 법을 알지 못했다. 로마서 6장 11절에 있는 바울의 말에 따라 나 자신을 그리스도와 함께 십자가에 못 박혔다고 여겨야 한다는 것을 들었지만, 여기는 것은 효과가 없었다. 나 자신이 그리스도와 함께 죽었다고 여길수록 더욱더 내가 살아 있는 것 같았다. 결국 워치만 니 형제님은 6장에 계시된 바로 그 죽음이 8장에 나오는 그 영에 의해서만 적용될 수 있다는 결론에 이르렀다. 8장 13절 하반절은 "그 영으로써 몸의 행실을 죽이면 살 것입니다."라고 말한다. 이것은 그 영께서 그리스도의 죽음을 우리의 죽을 몸의 행실에 적용하신다는 의미이다. 우리 안에 내주하시는 그 영은 죽이는 요소인 그리스도의 죽음을 적용하셔서, 골칫거리인 우리 몸의 모든 행실을 죽이도록 일하신다. 여기는 것은 효과가 없지만 그 영의 적용하심은 효과가 있다.

믿는 이들에게 그리스도의 부활을 적용하심

모든 것을 포함하신 영은 믿는 이들에게 그리스도의 부활을 적용하신다(롬 8:11). 그 영께서 우리에게 그리스도의 부활을 적용하시는 것을 누리려면, 우리는 매일 아침 부흥되어야 한다. 내가 말할 수밖에 없는 것은 매일 이것을 실행한다면 사실상 십 분이나 이십 분으로는 충분하지 않다는 것이다. 더 많은 시간이 필요하다. 여러분은 직장에 다니기 때문에 많은 시간을 할애할 수 없다고 말할지도 모른다. 한편으로 나는 여러분에게 동의한다. 그러나 한편으로 여러분은 아침에 주님과 더 긴 시간을 보내도록 힘을 다해야 한다. 체험에 비추어 보면 나에게는 더 긴 시간이 필요하다. 더 긴 시간을 들여 삼십 분이나 사십오 분 심지어 한 시간 동안 주님을 접촉하고 그분과 교통하면서 아침 부흥을 할 때, 나는 그리스도의 부활에 대한 누림으로 더욱더 충만해진다.

부활 안에 있는 것은 우리에게 많은 유익을 가져다준다. 부활 안에서 우리는 평안과 기쁨과 안식과 힘과 긍정적인 모든 것을 얻는다. 그 영은 부활의 총합이시다. 더욱이 부활은 생명 주시는 영, 곧 예수 그리스도의 영에 의해서만 우리에게 적용될 수 있다. 부활의 실재는 오직 적용하시는 그 영을 통해서만 우리의 것이 될 수 있다. 이것이 모든 것을 포함하신 영의 위대한 기능이다.

믿는 이들의 영과 연합하시어 두 영을 한 영이 되게 하심

하나님의 모든 것을 포함하신 영은 믿는 이들의 영과 연합하시어 두 영을 한 영이 되게 하신다(고전 6:17). 우리 영은, 지금 우리 안에 계시며(고전 6:19) 우리 영과 하나이신(롬 8:16) 하나님의 영에 의해 거듭났다(요 3:6).

믿는 이들이 살고 행하도록 하는 신성한 생명의 본질이심

그 영은 믿는 이들이 살고 행하도록 하는 신성한 생명의 본질이시다. 본질적인 면에서 말하자면 신성한 생명은 그 영이다. 갈라디아서 5장 16절과 25절 모두는 신성한 생명의 본질이신 그 영을 따르는 우리의 생활과 행함을 언급한다.

믿는 이들의 미덕들이라는 열매를 산출하심

그 영은 믿는 이들의 미덕들이라는 열매를 산출하신다(갈 5:22-23). 우리 믿는 이들에게는 미덕들이 필요하지만, 그것들은 우리의 타고난 성격이나 행위에 따른 것이 아니다. 우리에게는 그 영에게서 난 그리스도인의 미덕들이라는 열매가 필요하다. 그 영은 우리 안에서 움직이시고 사시면서 그리스도인의 미덕들이라는 열매를 맺으신다. 그것들은 타고난 미덕들이 아니라 그리스도의 미덕들이며 우리의 영적인 생활 안에서 표현된다.

믿는 이들이 씨를 뿌리는 목표이심

그 영은 믿는 이들이 씨를 뿌리는 목표이시다(갈 6:8하). 우리가 하는 모든 것은 씨를 뿌리는 것과 같다. 우리가 사람들을 미워한다면, 육체를 위하여 증오라는 씨를 뿌리는 것이다. 그러면 다른 이들에게서 증오를 거두게 될 것이다. 우리는 육체가 아니라 그 영을 위하여 씨를 뿌려야 한다. 그 영께 이르도록 씨를 뿌리는 것은 그 영의 갈망과 목표를 위해 그 영께서 갈망하시는 것을 성취하도록 씨를 뿌리는 것이다.

믿는 이들의 누림을 위해
아버지 하나님의 사랑과 아들 그리스도의 은혜를
그분의 교통에 의해
믿는 이들 안에 순환되게 하심

그 영은 믿는 이들 안에 무언가를 그분의 교통에 의해 순환되게 하신다. 그분은 소문이나 오늘날의 뉴스를 퍼뜨리지 않으신다. 그분은 우리의 누림을 위해 아버지 하나님의 사랑과 아들 그리스도의 은혜를 우리 안에 순환되게 하신다(고후 13:14). 이렇게 순환되게 하는 것이 그 영의 교통이다. 하나님의 사랑은 그리스도의 은혜를 통하여 그 영의 교통에 의해 순환되어 우리의 누림이 된다.

그리스도의 몸의
유기적인 건축을 위한 본질이심

그 영은 그리스도의 몸의 유기적인 건축을 위한 본질이시다(엡 4:4, 16). 그리스도의 몸의 유기적인 건축은 전적으로 우리 모두 안에서의 그 영의 총체적인 기능이다. 에베소서 4장 4절 상반절은 “몸이 하나요, 성령도 한 분이십니다.”라고 말한다. 12절은 성도들을 온전하게 하는 것에 대해 말한다. 15절은 우리의 생명이 자라는 것에 대해 말한다. 그다음 16절은 그 영께서 몸 안에서 각 지체를 통하여, 즉 몸의 각 부분을 통하여 그리고 공급을 해 주는 각 마디를 통하여 몸을 건축하고 계심을 계시한다. 이 모든 것이 그 영의 기능과 관계된다.

그 영께서 이 지체 안에서 움직이시면 이 기능이 산출되고 저 지체 안에서 움직이시면 저 기능이 산출된다. 그 영은 몸 안에서 여러 종류의 기능을 산출하신다. 모든 것을 포함하신 영께서 기능을 발휘하신 결과로, 각 지체가 분량에 따라 기능을 발휘하고 또한 공급을 해 주는 모든 마디가 각자의 일을 한다. 그러므로 나는 모든 것을 포함하신 영의 기능이 아주 많다고 말한다. 이러한 영이 없다면 그리스도의 몸은 유기적으로 건축될 수 없다.

주님으로서 말씀하심

그 영은 주님으로서 말씀하신다. 요한계시록 2장과 3장의 일곱 서신에서, 각 서신의 시작에서는 주님께서 말씀하시는 분이시지만(2:1, 8, 12, 18, 3:1, 7, 14) 각 서신의 끝에서는 그 영께서 교회들에게 말씀하신다(2:7, 11, 17, 29, 3:6, 13, 22). 그러므로 그 영은 말씀하심에서 주님과 하나이시며, 주님으로서 말씀하신다. 말씀하심은 모든 것을 포함하신 영의 위대한 기능이다.

하나님의 보좌 앞에서 일곱 등불로서 비추시고 타오르심

그 영은 하나님의 보좌 앞에서 일곱 등불로서 비추시고 타오르신다(계

4:5하). 일곱 등불이 하나님의 보좌 앞에 있다는 것은, 등들 안에 있는 불이 하나님의 신성하고 영적인 행정을 수행하기 위해 비추며 타오르고 있다는 의미이다.

하나님의 일곱 눈으로서 감찰하시고 옮겨 부으심

그 영은 하나님의 일곱 눈으로서 감찰하시고 옮겨 부으신다(계 5:6하). 일곱 등불이신 그 영은 또한 하나님의 일곱 눈이시고 그리스도의 일곱 눈이시다. 그리스도는 일곱 눈으로 우리를 바라보심으로 감찰하시며, 우리를 감찰하실 때 그분 자신과 그분의 모든 느낌과 정서를 우리 안으로 옮겨 부으신다. 이것이 그 영의 기능이다. 우리가 그분을 바라봄으로 그분께서 우리를 바라보시도록 허락해 드릴 때, 그분은 우리를 감찰하시고 또 말씀하시려는 것이나 행하시려는 것을 우리에게 옮겨 부으신다.

신부인 교회와 함께 말씀하심

모든 것을 포함하신 영은 신부인 교회와 함께 말씀하신다(계 22:17상). 하나님의 완결되신 영은 완결되신 하나님으로서, 신랑이 되시어 신부인 교회와 결혼하신다. 이 결혼은 과정을 거치시고 완결되신 삼일 하나님과, 변화되고 영광스럽게 된 세 부분으로 된 사람의 연결이다. 과정을 거치시고 완결되신 삼일 하나님과 신부인 교회가 한 쌍의 우주적인 부부가 된다.

요한계시록 2장과 3장에서는 교회들에게 말씀하시는 분이 그 영이셨다. 요한계시록 끝에서는 그 영과 신부 곧 교회가 하나로 함께 말씀하고 계신다. 이것은 그 영에 대한 교회의 체험이, 교회가 삼일 하나님의 최종 완결이신 그 영과 하나 될 정도로 진보했음을 시사한다.

6

그리스도의 모든 것을 포함한 죽음

The All-inclusive Death of Christ

제6장

그리스도의 모든 것을 포함한 죽음

성경: 롬 5:12, 고전 15:22상, 히 9:27, 롬 5:10, 고후 5:14-15, 히 9:26, 롬 8:3하, 히 9:28, 고전 15:3, 마 26:28, 요 1:29, 히 2:14, 요 12:31, 갈 6:14-15, 골 2:15, 롬 6:6상, 고후 4:10상, 11상, 12상, 16상, 갈 5:24, 롬 6:6하, 엡 2:15, 골 2:14, 엡 2:16, 요 12:24, 롬 12:5, 고전 10:17, 요 19:34

우리는 이번 장을 위해 서른한 절을 참고 절로 선정했다. 이 모든 절은 그리스도의 모든 것을 포함한 죽음의 계시에 관한 절들로서, 마치 조각 그림 맞추기의 조각들과 같다. 이 절들은 성경 전체에 흩어져 있다. 성경은 그 영의 영감 아래에서 이런 방식으로 기록되었다. 진리들이 성경 전체에 여기저기 흩어져 있다. 이러한 진리 조각들을 맞추려면 시간과 통찰력과 기술이 필요하다. 그것들이 있을 때 우리는 온전한 그림을 얻을 수 있다. 이번 장에서 우리는 그리스도의 모든 것을 포함한 죽음에 대한 진리의 조각들을 맞추어 봄으로 그분의 죽음에 대한 온전한 그림을 얻을 수 있기를 원한다.

젊었을 때 나는 몇 권의 영적 서적을 읽고서 그리스도의 죽음에 객관적인 방면과 주관적인 방면이라는 두 방면이 있음을 발견했다. 객관적인 방면은 그리스도께서 나의 죄들 때문에 죽으셨다는 것이고(고전 15:3),

주관적인 방면은 그리스도께서 십자가에 못 박히실 때 내가 그분과 함께 십자가에 못 박혔다는 것이다(갈 2:20상). 나는 육십여 년 동안 성경을 읽으면서 그리스도의 모든 것을 포함한 죽음에 대한 진리의 흩어진 조각들을 수집했다.

성경은 우리가 생각하는 것처럼 체계적으로 기록되지 않았다. 성경은 이사야서 28장 13절에서 이사야가 말한 것처럼 기록되었는데, 이 절은 이렇게 말한다. "여호와의 말씀이 그들에게는 / '명령에 명령, 명령에 명령 / 줄에 줄, 줄에 줄 / 여기서 조금, 저기서 조금'이 되어 / 그들은 가다가 뒤로 넘어져 / 부러지고 올무에 걸려 잡히게 되리라." 어떤 진리의 모든 조각을 맞추려면 안목과 통찰력이 필요하다. 나는 많은 시간을 들여서 그리스도의 죽음에 대한 진리의 조각들을 맞추었다. 내가 성경에서 수집한 모든 절은 그리스도의 놀랍고도 뛰어나며 모든 것을 포함한 죽음에 대한 놀라운 그림을 제시한다.

그리스도의 모든 것을 포함한 죽음을 모르거나 일상생활에서 그분의 죽음을 체험하지 못한다면 그리스도인의 생활을 할 수 없다. 그분의 죽음을 체험하지 못한다면 기껏해야 윤리적인 생활을 할 수 있을 뿐이다. 우리는 문화에 따라 중국식 혹은 미국식으로 윤리적인 생활을 할 것이다. 윤리는 나라마다 항상 다르다. 우리는 사람들이 보기에 좋은 생활을 할지도 모르지만 그런 생활은 그리스도인의 생활과 전혀 무관하다.

그리스도인의 생활은 그리스도를 사는 것이고, 그리스도를 살기 위해서는 반드시 죽어야 한다. 자신이 태어나기도 전에 그리스도와 함께 십자가에 못 박혔음을 알지 못한다면 결코 그리스도인의 생활을 할 수 없을 것이다. 우리는 많은 부정적인 것들뿐 아니라 많은 타고난 긍정적인 것들도 그리스도의 십자가에 의해 주관적으로 처리될 필요가 있음을 깨달아야 한다. 예를 들면, 우리는 늘 다른 이들에 관한 한담을 할지도 모른다.

어떤 성도들은 '교회 정보통'이다. 이 '정보통'에게 오기만 하면, 교회 안의 성도들에 대한 모든 정보를 알아낼 수 있다. 이것은 부정적인 것이다. 이 같은 것들은 육체에 속하므로 십자가에 의해 처리되어야 한다. 또한 우리의 타고난 생명으로 말미암은 선한 것들과 윤리적인 것들이 긍정적인 것일지라도, 마찬가지로 그리스도의 십자가에 의해 처리되어야 한다. 왜냐하면 그것들은 그리스도로 말미암은 것이 아니며 그리스도인의 생활에 속한 것으로 여겨질 수 없기 때문이다. 그리스도인의 생활을 하려면, 우리 자신을 죽이는 그리스도의 십자가 아래서 그리스도의 모든 것을 포함한 죽음을 주관적으로 체험해야 한다.

그리스도의 죽음은 아담의 죽음과 다름

그리스도의 죽음은 아담의 죽음과 다르다. 아담의 죽음은 우리 각 사람을 죽음 안으로 이끌어 모두를 죽어 있게 만든다.

아담의 죽음은 죄를 통해 들어옴

아담의 죽음은 죄를 통해 들어왔고, 모든 사람이 그의 죽음 때문에 고통을 겪는다(롬 5:12, 고전 15:22상, 히 9:27). 죽음은 아담의 죄가 있기도 전에 창세기에 언급되었다. 하나님은 아담에게 선과 악의 지식나무에 참여한다면 반드시 죽을 것이라고 경고하셨다(창 2:17). 하나님은 사람을 창조하신 후에, 동산에 있는 두 나무 곧 생명나무와 선과 악의 지식나무 앞에 두셨다. 성경은 죽음나무라고 불리는 나무가 있다고 말하지 않는다. 죽음나무는 선과 악의 지식나무라고 불린다. 긍정적인 면에서는 생명나무라 불리는 나무가 있다. 부정적인 면에서는 우리가 생각하기에 죽음나무로 불려야 할 나무가 있다. 그러나 성경에서는 죽음나무를 '선과 악의 지식나무'라고 부른다. 지식과 선과 악을 더하면 죽음이다.

오늘날 우리가 지식을 수집하는 데 힘쓰거나 선을 행하려고 노력한다면 죽음의 요소에 연루될 것이다. 우리는 항상 악을 죽음이라고 생각하는 반면 지식이나 선은 죽음이라고 생각하지 않는다. 예를 들면 그리스도와 교회에 대한 지식은 긍정적인 것이다. 그러나 하나님의 경륜의 실재와 무관한 지식은 부정적인 것이며 죽음의 범주인 선과 악의 범주와 같은 범주이다.

우리는 죽음이 아담의 타락 이전에는 존재하지 않았다고 생각해서는 안 된다. 아담의 타락 이전에도 죽음은 사탄과 함께 있었다. 히브리서 2장 14절은 마귀를 죽음의 세력을 가진 자라고 말한다. 죽음은 사탄의 세력이다. 하나님께서 생명의 근원이신 것처럼 사탄은 죽음의 근원이다.

간교한 사탄은 여자를 먼저 접촉했다. 사탄은 여자를 통해 아담에게 접근했고 아담은 사탄의 제안을 받아들였다. 우리가 다른 사람의 제안을 받아들이는 것은 제안한 그 사람을 받아들이는 것을 의미한다. 이렇게 하여 그 제안자는 아담 안으로 들어갔다. 아담의 타락의 결과는 죽음이었다. 그러므로 로마서 5장 12절은 한 사람 아담을 통하여 죄가 세상 곧 인류에게 들어왔음을 매우 분명히 말해 준다. 그리고 이 죄는 결과와 결말인 죽음을 이끌어 왔다. 아담의 죽음은 완전히 부정적인 것이다. 아담의 죽음은 그의 후손들인 우리 모두를 죽음 안에 있게 만들었다. 우리는 죄 안에서 태어났을 뿐 아니라 죽음 안에서 태어났다. 죄와 죽음은 우리가 출생할 때 얻은 유업이었다.

그리스도의 죽음이 그분을 믿는 이들에게 그분의 구속을 통해 도달함

그리스도의 죽음은 그분을 믿는 이들에게 그분의 구속을 통해 도달하고, 그분을 믿는 모든 이는 구속받음으로써 그분의 생명의 구원을 누린다(롬 5:10, 고후 5:14-15). 그리스도는 십자가에서 구속을 성취하셨다. 그리스도의 죽음은 구속하는 죽음이었다. 긍정적이고 놀랍고 선하고 뛰어난 죽음이 우리에게 도달했다. 우리가 이 죽음을 거절한다면, 아담 안에 있는 부정적인 죽음을 겪게 될 것이다.

그리스도의 죽음의 목적은 우리를 하늘로 가게 하는 것이 아니다. 하늘들도 그리스도의 죽음에 의해 구속받았다. 골로새서 1장 20절은 그리스도의 죽음이 하늘들에 있는 것들을 포함한 만물을 화목하게 했다고 말한다. 사탄의 반역이 하늘들도 오염시켰기 때문에 심지어 하늘들까지 하나님과 화목할 필요가 있었다. 화목은 원수에 대한 것이다. 하늘들을 포함하여 창조된 모든 것은 하나님께 원수들이었다. 그리스도는 구속하는 죽음을 통해 만물을 그분 자신과 화목하게 하셨다. 그분을 믿는 모든 이는 구속받음으로써 그분의 생명의 구원을 누린다. 아담의 죽음은 우리를 죽음 안으로 이끌었다. 그러나 그리스도의 죽음은 우리를 생명 안으로 이끌었다.

그리스도의 죽음은 구속하고 생명을 해방하며 생명을 분배하는 죽음임

그리스도의 죽음은 구속하고 생명을 해방하며 생명을 분배하는 죽음이다. 구속하는 죽음은 부정적인 것과 관련된다. 생명을 해방하며 생명을 분배하는 죽음은 긍정적인 것과 관련된다. 따라서 그리스도의 죽음은 모든 것을 포함한다.

부정적인 면에서

그리스도의 구속하는 죽음에는 부정적인 것과 관련된 면이 있다.

죄를 처리함

그리스도의 죽음은 죄를 처리했다. 그분께서 죄를 처리하신 것에는 세 방면이 있다.

우리의 본성 안에 있는 죄를 없애심

그리스도는 죽음 안에서 죄를 처리하심으로 우리의 본성 안에 있는 죄를 없애셨다(히 9:26, 롬 8:3하). 사람이 죄인인 것은 사람의 본성 안에 죄가 있기 때문이다. 유실수는 열매 맺는 법을 배우지 않는다. 그것은 본성에 따라 자연스럽게 열매를 산출한다. 마찬가지로, 죄가 사람의 본성 안에 있기 때문에 사람은 늘 거짓말을 한다. 거짓말하는 법을 전문적으로 가르치는 학교는 없다. 부모는 거짓말을 하지 말라고 자녀들에게 주의를 주지만, 자녀들은 자연스럽게 갖가지 방식으로 거짓말을 한다. 거짓말하기를 배운 것이 아니다. 죄가 그들 안에 있기 때문에 그들은 선천적으로 거짓말을 한다.

히브리서 9장 26절은 그리스도께서 '자신을 희생 제물로 드리시어 죄를 없애시려고' 했음을 말한다. 이것은 우리의 본성 안에 있는 죄를 없애는 것을 가리킨다. 로마서 8장 3절은 그리스도께서 십자가에서 죽으심으로 '육체 안에서 죄에 대해 유죄판결' 하셨다고 말한다. 로마서 8장 3절에 따르면 그리스도는 육체가 되실 때 죄의 육체의 모양을 지니셨지만 육체의 죄는 없으셨다(고후 5:21, 히 4:15). 그러나 우리의 육체는 죄의 육체이고 죄로 조성되어 있으며 죄 있는 육체이다. 그리스도께서 육체 안에서 십자가에 못 박히신 것을 통하여 하나님은 사탄이 사람의 육체와 본성 안으로 가져온 죄를 유죄판결 하셨다.

우리의 죄들을 짊어지심

그리스도는 우리의 죄들을 짊어지시고 십자가에서 죽으셨다(히 9:28, 고전 15:3, 마 26:28). 이 죄들은 우리의 행동과 행위로 지은 죄들이지 우리의 본성 안에 있는 죄가 아니다. 히브리서 9장 26절은 그리스도의 죽음이 우리의 본성 안에 있는 죄를 처리한 것에 대해 말한다. 이에 비해 28절은 그리스도의 죽음이 우리의 행동이나 행위로 지은 죄들을 처리한 것에 대해 말한다. 고린도전서 15장 3절은 그리스도께서 우리 죄들 때문에 죽으셨다고 말하고, 마태복음 26장 28절은 죄들이 용서받을 수 있도록 쏟은 그분의 피에 대해 말한다.

총체적으로 죄를 없애심

요한복음 1장 29절은 "보십시오, 세상의 죄를 없애시는 하나님의 어린양이십니다."라고 말한다. 이것은 죄 전체를 말한다. 그리스도는 죽으심으로써 총체적으로 죄를 없애셨다.

죄를 처리하는 그리스도의 죽음을 정의하려면 앞의 세 항목을 성경의 모든 관련 절과 함께 다루어야 한다.

사탄을 처리함

그리스도의 죽음은 또한 부정적인 면에서 사탄을 처리했다.

죽음의 세력을 가진 자 곧 마귀를 멸망시키심

그리스도는 죽으심으로써 죽음의 세력을 가진 자 곧 마귀를 멸망시키셨다(히 2:14). 사탄은 죽음의 근원으로서 죽음의 세력을 가지고 있다.

*세상을 심판하시고
세상의 통치자를 쫓아내심*

그리스도는 십자가에서 죽으심으로 사탄의 세상을 심판하시고 세상의 통치자인 사탄을 쫓아내셨다(요 12:31, 갈 6:14). 세상은 사탄에게 속했다. 세상은 사탄의 왕국이며 사탄의 소유이다. 그리스도는 십자가에서 죽으심으로 사탄적인 세상을 심판하시고 세상의 통치자인 사탄을 쫓아내셨다.

*반역한 천사들인
통치자들과 권세자들을 벗기심*

골로새서 2장 15절은 "하나님께서 통치자들과 권세자들을 벗기시어 공개적으로 드러내시고, 십자가로 그들을 이기셨습니다."라고 말한다. 이것은 그리스도의 죽음에 관해 매우 심오한 말씀이다. 십자가에서 죽어 가시는 동안, 그리스도는 반역한 천사들인 악한 천사 통치자들과 권세자들을 공개적으로 드러내시고 십자가로 그들을 이기셨다.

그리스도께서 십자가에 못 박혀 계시는 동안, 그곳에는 보이는 광경과 보이지 않는 광경이 있었다. 제자들은 로마 군인들이 그리스도의 물질적인 몸을 십자가에 못 박는 것을 보았다. 그리스도는 십자가에서 고난받으시고 죽으셨다. 이것은 보이는 광경이었다. 이 보이는 광경의 이면에는 보이지 않는 광경이 있었다. 사람은 그것을 볼 수 없었지만 천사들은 볼 수 있었다. 이 보이지 않는 광경 안에서 그리스도는 반역한 천사들, 즉 그분을 괴롭히려고 오는 공중에 있는 통치자들과 권세자들을 벗기고 계셨다. 십자가에 못 박히실 때 그리스도는 눈에 보이는 로마 제국 군인들에게 상처를 입으셨다. 그뿐 아니라, 보이지 않는 광경에서는 통치자들과 권세자들 즉 공중에 있는 타락한 천사들이 와서 그분을 괴롭혔다. 그리스도는 마치 사람이 겉옷을 벗어 버리듯이 그들을 벗기셨다.

그리스도는 죄의 육체의 모양 안에 계시기는 했지만 여전히 육체를 지니고 계셨다. 반역한 천사들인 통치자들과 권세자들이 와서 그 육체를 차지하려 했고 그 육체 위에 머물려고 했다. 따라서 그분은 그들을 벗기셔야 했는데, 이는 그것이 전쟁이었음을 시사한다. 그것은 어떤 사람이 겉옷을 벗으려 하는데 누군가가 그 겉옷을 계속 입혀 주려고 하는 것에 비유될 수 있다. 그러나 그리스도는 십자가에서 이 반역한 천사들을 벗기시어 공개적으로 드러내심으로써 그들을 이기셨다. 이것은 그분께서 그들을 공개적으로 수치당하게 하셨음을 의미한다. 이 보이지 않는 광경을 사람은 볼 수 없었지만, 모든 천사들 곧 선한 천사와 악한 천사 모두가 보았다. 그리스도는 십자가에서 이 반역한 천사들에게 승리하셨다.

골로새서 2장 15절은 그리스도의 죽음이라는 커다란 조각 그림 맞추기의 한 조각이지만, 누가 이 조각을 수집했는가? 우리는 그리스도께서 십자가에 못 박혀 계시는 동안 모든 악한 천사 통치자들과 권세자들과 싸우고 계셨음을 보아야 한다. 그리스도는 십자가에서 죄와 사탄만 처리하신 것이 아니다. 사탄은 그렇게 간단하지 않다. 그에게는 많은 추종자가 있다. 요한계시록 12장 4절에 의하면 천사들 중 삼분의 일이 반역한 사탄을 따랐다. 그를 따르는 큰 무리가 있었으며, 이 반역한 천사들 중에는 공중에 있는 통치자들과 권세자들도 있었다.

사탄은 공중과 땅과 물을 포함하는 영역에 왕국을 갖고 있다. 사탄은 공중에서는 천사들을, 땅에서는 타락한 사람들을, 물에서는 귀신들을 가지고 있다(엡 2:1-2, 마 8:31-32, 12:43-44). 사탄은 그 자신이 통치자와 왕인 왕국을 소유하고 있다. 사탄은 공중에는 부하들을 두고, 땅에는 신하들과 백성들을 두고, 물속에는 악한 종들인 귀신들을 두고 있다. 이것은 보이는 광경 이면에 보이지 않는 광경이 있음을 다시 한번 보여 준다. 이것이 바로 나이트클럽과 죄악된 유흥업소가 타락한 사람의 마음을 몹시 유혹하는 이유이다. 그런 것들 이면에는 보이지 않는 타락한 천사들과 귀신들의 세계가 있다.

옛사람을 처리함

그리스도의 죽음은 또한 옛사람을 처리했다. 우리 모두는 자신 안에서 옛사람이다. 왜냐하면 우리가 옛사람에 속하기 때문이다. 옛사람은 본래의 창조된 사람이 아니라 타락한 창조된 사람이다.

우리 옛사람을 십자가에 못 박음

로마서 6장 6절 상반절은 우리 옛사람이 그리스도와 함께 십자가에 못 박혔다고 말한다. 이것은 우리 옛사람에 관계된 모든 것, 즉 우리의 생각과 선호와 좋은 성질과 나쁜 성질 등을 포함한다.

세상과 관련된 옛 창조물을 끝냄

그리스도의 죽음은 세상과 관련된 옛 창조물을 끝냈다. 갈라디아서 6장 14절은 세상이 십자가에 못 박혔다고 말한다. 그다음으로 15절은 "이것은 할례나 무할례가 아무것도 아니며 중요한 것은 새 창조물뿐이기 때문입니다."라고 말한다. 이것은 세상을 십자가에 못 박는 것이 새 창조물과 관계됨을 보여 준다. 십자가를 통과하지 않는다면 우리는 새 창조물이 될 수 없다. 십자가의 이편에는 옛 창조물이 있고 저편에는 새 창조물이 있다. 십자가를 통과할 때 옛 창조물이 새 창조물이 된다.

〈다니엘서 라이프 스타디〉에서 나는 메시아, 곧 기름부음 받은 분이신 그리스도께서 십자가에 못 박히신 것이(단 9:26) 옛 창조물과 새 창조물의 경계표임을 지적했다. 옛 창조물은 그리스도께서 십자가에서 죽으실 때 끝났다. 그러므로 그리스도의 죽음은 옛 창조물과 새 창조물의 경계표가 된다. 우리는 옛 창조물이었지만 모두 십자가로 이끌렸다. 우리는 십자가에서 끝났고, 이렇게 끝났을 때 그리스도의 부활 안으로 이끌려 이 부활 안에서 모두가 새 창조물이 되도록 발아되었다. 옛 창조물이 끝나야만 새 창조물이 있다.

타고난 생명과 능력을 죽임

십자가는 타고난 생명과 능력을 죽임으로 옛사람을 처리했다(고후 4:10상, 11상, 12상, 16상). 매우 역량 있는 사람은 자신의 타고난 능력으로 많은 일을 할 수 있다. 그러나 그 능력은 파쇄되어야 한다. 사도 베드로는 타고난 힘과 능력이 있었다. 그래서 자신이 다른 제자들보다 강하다고 생각했다. 그는 다른 사람은 다 실족할지라도 자신은 결코 실족하지 않을 것이라고 주 예수님께 말씀드렸다(마 26:33). 그때 주님은 "닭 울기 전에, 그대가 세 번 나를 부인할 것입니다."라고 말씀하셨다(마 26:34). 주님은 베드로의 타고난 힘과 자기 과신이 처리될 수 있도록, 그가 주님의 면전에서 주님을 세 번이나 부인하여 철저히 실패하게 하셨다(요 18:17, 25, 27). 그런 다음 주님은 부활하신 후에 베드로에게 다시 오셔서 주님을 사랑하는지 세 번 물으셨다(요 21:15-17). 주님을 사랑하려는 의도는 옳지만, 우리의 힘과 능력으로 주님을 사랑하려는 것은 잘못이다.

그것은 타고난 것이며, 타고난 것은 반드시 십자가에 못 박혀야 한다.

고린도후서 4장은 주님의 죽음이 사도 바울을 지속적으로 죽게 했음을 보여 준다. 오늘날의 의약품을 예로 들어, 어떻게 그런 죽음을 체험할 수 있는지를 설명해 보겠다. 항생제는 안에 죽이는 요소가 있어서 세균들을 죽인다. 오늘날 모든 것을 포함하신 영은 우리의 신성한 항생제이시다. 모든 것을 포함하신 영 안에는 그리스도의 죽음의 죽이는 요소가 있다. 바울은 고린도후서 4장에서 항상 그리스도의 죽음이 자신을 죽게 한다고 말했다. 이 죽음은 우리의 육체와 타고난 사람을 죽인다.

고린도후서 4장 16절에서 바울은 자신의 겉사람이 썩어 가고 소멸되고 소모되고 마모되고 있다고 말했다. 우리의 겉사람은 소멸되고 있다. 어떤 형제는 결혼하기 전에 별로 소멸되지 않았을지도 모른다. 많은 경우, 형제를 소멸하는 요소는 주로 아내와 자녀들이다. 아내는 그에게 큰 '십자가'이고 자녀들은 작은 '십자가들'이다. 십자가로 제해지는 것이 바로 소멸되는 것이다. 부모들은 자녀들에 의해 십자가로 제해지고 소멸될 필요가 있다. 그리스도의 죽임은 소멸되게 하는 것이다.

워치만 니 형제님은 〈자아의 파쇄와 영의 해방〉이라는 책에서 이 소멸됨을 겉사람의 파쇄라고 말했다. 겉사람이 파쇄되지 않는다면, 속에 있는 영이 해방될 수 없다. 사역의 끝 무렵에 니 형제님은 그리스도의 죽음이 우리를 죽게 하는 것, 즉 겉사람의 파쇄에 대해 늘 말했다.

*육체를 그 정욕과 욕망과 함께
십자가에 못 박음*

갈라디아서 5장 24절은 그리스도 예수님께 속한 사람들이 '육체를 그 정욕과 욕망과 함께 십자가에 못 박았다'고 말한다. 육체는 그 정욕과 욕망과 함께 십자가에 못 박혔다.

죄의 몸이 무력하게 됨

그리스도의 십자가에서의 죽음을 통해 죄의 몸이 무력하고 효력이 없게 되었으므로 우리는 더 이상 죄의 노예로서 섬기지 않아도 된다(롬 6:6하). 니 형제님은 그리스도의 죽음이 죄의 몸을 해고하여 실직하게 만들었다고 말했다. 육체가 하는 일은 죄를 짓는 것이다. 이제 그리스도의 십자가에 못 박히심은 우리 죄의 몸을 실직하게 하고 효력이 없게 만들었다. 그리하여 우리는 더 이상 죄의 노예로서 섬기지 않는다. 육체는 실직했다. 이 모든 것이 옛사람을 처리하는 그리스도의 죽음과 관계된다.

계명의 율법을 처리함

그리스도의 죽음은 또한 계명의 율법을 처리했다.

규례들로 된 계명의 율법을 없애 버리심

그리스도는 죽음을 통하여 규례들을 없애 버리심으로써 이스라엘과 이방인 이 둘을 그리스도 안에서 한 새사람으로 창조하시어 화평을 이루셨다(엡 2:15, 골 2:14). 유대인들 가운데 주된 규례들은 안식일을 지키는 것과 할례와 음식 규정이다. 유대교는 이 세 기둥 위에 세워졌다. 이것들은 유대인들을 모든 이방인에게서 분리하는 강력한 요인이 되었다.

더욱이 모든 문화에는 나름의 규례가 있다. 일본인과 중국인도 그들만의 독특한 규례가 있다. 텍사스 사람도 그들만의 규례가 있고 양키도 그들만의 규례가 있다. 그러나 이 모든 규례가 십자가에 못 박혔다. 그리스도의 죽음은 중간에 막힌 담, 곧 분리하는 담을 헐어 버렸다. 이제 우리 모두는 인종이나 문화와 상관없이 그리스도 안에서 하나가 될 수 있다.

우리는 온갖 규례 때문에 절대로 한 새사람이 될 수 없었다. 어떻게 중국인과 일본인, 백인과 흑인이 한 새사람이 될 수 있겠는가? 그들이 한 새사람이 될 수 있는 것은 그리스도께서 모든 규례를 소멸하시고 모든 타고난 사람을 십자가에 못 박으셨기 때문이다. 이제 새사람 안에는 오직 그리스도를 위한 여지만 있다. 새사람 안에서 그리스도는 모든 것이시며 모든 것 안에 계신다(골 3:11).

이스라엘과 이방인 사이의 적대감을 소멸하심

그리스도는 모든 것을 포함한 죽음을 통해 이스라엘과 이방인 사이의 적대감을 소멸하셔서 이 둘을 한 몸 안에서 하나님과 화목하게 하신다(엡 2:16). 그리스도는 이 둘을 한 새사람으로 창조하시고 한 몸 안에서 화목하게 하셨다. 한 새사람은 한 몸이다. 그리스도의 몸으로서 교회는 교회의 생명이신 그리스도가 필요한 데 비해, 새사람으로서 교회는 교회의 인격이신 그리스도가 필요하다. 새사람과 관련하여 인격은 그리스도이고, 몸과 관련하여 생명은 그 영이다. 그리스도와 그 영은 하나이고, 새사람과 몸 또한 하나이다. 모든 분리하는 것이 십자가에 못 박혔고 우리는 한 몸 안에서 하나님과 화목하게 되었다.

긍정적인 면에서

이제 그리스도의 죽음의 긍정적인 두 방면을 보기 원한다.

신성한 생명을 해방함

그리스도의 모든 것을 포함한 죽음은 그분의 인성의 껍질에서 신성한 생명을 해방했다(요 12:24). 그리스도께서 육체 되심으로 인성을 입으실 때 그 인성은 신성한 생명을 감추는 껍질이 되었다. 신성한 생명이 그리스도의 인성 안에 감추어지고 숨겨졌기 때문에 이 인성은 십자가에서 부서져야 했다. 그리스도의 죽음은 그분의 인성의 껍질에서 신성한 생명을 해방하였다. 그분은 한 알의 밀로 땅에 떨어져 죽으심으로써 그분의 생명을 해방하셨다.

해방된 신성한 생명을 믿는 이들 안으로 분배하심

죽음을 통해 그리스도는 해방된 신성한 생명을 믿는 이들 안으로 분배하시어, 그들을 그리스도의 몸의 조성을 위한 많은 밀알로 만드셨다(요 12:24, 롬 12:5, 고전 10:17). 이것은 그리스도의 죽음의 긍정적인 방면이다. 한 알의 밀이신 그분 자신에게서 신성한 생명이 해방되고, 신성한 생명이 많은 밀알 안으로 분배됨으로써 그리스도의 배필을 위한 몸이 조성될 수 있다.

그리스도의 모든 것을 포함한 죽음의 두 방면의 상징

이제 우리는 그리스도의 모든 것을 포함한 죽음의 두 방면의 상징을 볼 필요가 있다. 이 두 상징은 요한복음 19장 34절에 있는 피와 물이다.

피는 그리스도의 구속하는 죽음을 상징함

피는 그리스도의 구속하는 죽음을 상징한다. 피는 구속을 위한 것이다. 이런 의미에서 그리스도의 죽음은 구속하는 죽음이다.

물은 생명을 해방하고 분배하는 그리스도의 죽음을 상징함

물은 생명을 해방하고 분배하는 그리스도의 죽음을 상징한다. 이러한 죽음의 목적은 그리스도의 몸을 산출하는 것이다.

우리는 이 메시지의 모든 중점 안으로 들어가 그리스도의 모든 것을 포함한 죽음을 알아야 한다. 온 우주 가운데 모든 부정적인 것들은 그리스도의 죽음에 의해 일소되었다. 오늘날 우리가 그리스도인의 생활을 하려면 반드시 그리스도의 죽음을 통하여 그리스도인의 생활을 해야 한다. '죽음 없이는 생명이 없다'(찬송가 464장 후렴).

7

그리스도의 모든 것을 포함한 부활

The All-inclusive Resurrection of Christ

제7장

그리스도의 모든 것을 포함한 부활

성경: 요 11:25, 10:17-18, 행 10:41, 2:24, 3:15,
막 2:8, 눅 23:46, 히 2:14, 골 2:15, 벧전
3:18하-19, 빌 3:10상, 롬 6:9, 엡 2:6, 고전
15:45하, 행 13:33, 롬 8:29하, 벧전 1:3, 롬
8:9-11, 출 30:23-25, 엡 3:8, 롬 8:13하, 요
일 2:20, 27, 빌 3:10

사람인 우리는 건강한 몸을 유지하기 위해 합당한 음식과 약을 먹어야 한다. 건강을 가꾸고 유지하도록 돕는 음식과 약에 대해 오늘날 많은 과학적인 연구가 진행되고 있다. 성경은 우리 그리스도인의 생활에서 하나님의 말씀이 우리에게 음식(마 4:4, 렘 15:16)이자 치료제(잠 4:20-22)라고 말한다. 디모데전서와 디모데후서와 디도서에서 바울은 건강한 가르침(딤전 1:10, 딤후 4:3, 딛 1:9, 2:1)과 건강한 말씀(딤전 6:3, 딤후 1:13)과 건강한 말(딛 2:8)에 대해 말한다. '건강한'이라는 표현은 생명의 문제를 암시한다. 건강한 가르침과 말씀과 말은 생명 공급이 되는 말씀을 공급하여 사람들을 양육하거나 치료한다. 말씀이 우리의 음식이자 치료제이므로, 우리가 그리스도인의 생활에서 건강을 가꾸고 유지하는 데 도움을 받으려면 말씀을 과학적으로 연구해야 한다. 특별히 우리는 모든 것을 포함하신 영을 과학적으로 연구해야 한다. 모든 것을 포함하신 영은 그리

스도의 모든 것을 포함한 죽음의 요소와 모든 것을 포함한 부활의 요소로 복합되셨다.

우리는 모든 것을 포함하신 영께서 출애굽기 30장 23절부터 25절까지에 언급된 복합된 관유로 예표되신 것을 보았다. 이 관유는 다섯 요소가 복합된 것이다. 올리브기름은 기본 요소로서, 유일하신 하나님을 상징한다. 이 요소는 다른 네 요소와 복합되는데, 이 네 요소는 그리스도의 죽음과 부활의 다양한 방면을 예표한다. 출애굽기는 예표의 책이다. 예표들을 이해하지 못한다면 출애굽기를 이해할 수 없다. 파라오가 예표이고 이집트가 예표이다. 심지어 하나님께서 파라오에게 벌을 주시려고 사용하신 모든 재앙도 예표이다. 우리는 이런 예표들을 통하여 성경에 있는 진리를 이해해야 한다.

성경의 위대한 예표 중 하나는 출애굽기 30장에 언급된 복합된 관유이다. 우리는 모든 것을 포함하신 영의 이 놀라운 예표를 과학적으로 연구해야 한다. 음식과 치료제에 대한 과학적인 연구 덕분에, 현대 사람들은 더 건강하고 더 오래 산다. 오늘날 미국에서는 거의 모든 치료제에 대한 과학적인 연구가 이루어지고 있다. 그리스도의 죽음과 부활의 요소를 지니신 모든 것을 포함하신 영을 과학적으로 연구하는 것은 그리스도인의 생활이 건강해지는 데 실지로 도움이 된다. 우리는 말씀을 과학적으로 연구하면서 찾아낸 모든 것을 그리스도인의 생활에 관한 이 일련의 메시지에서 제시하고자 한다.

사실상, 유기적인 것들은 전적으로 비밀스러우며 우리의 타고난 이해를 초월한다. 우리의 물질적인 생명에 관계된 것은 비밀스럽다. 그러나 우리의 물질적인 생명에 속한 것들을 연구하는 것은 우리가 건강해지는 데 도움이 된다. 식물의 생명도 마찬가지이다. 식물의 생명을 연구한다면 우리는 식물이 건강한 상태를 유지하는 데 필요한 일을 할 수 있을 것이다. 우리는 신성한 생명에 속한 것들을 과학적으로 연구하기 원한다. 그럴 때 그리스도인의 생활이 건강해질 수 있을 것이다. 이 장에서 우리는 그리스도의 모든 것을 포함한 부활과 관련하여 중요한 것들을 보기 원한다.

부활은 죽음을 정복함

생명은 죽음에 굴복당할 수 있었지만, 부활은 죽음을 정복한다. 그러므로 부활이 생명보다 강하다. 우리는 이 말을 살펴보아야 한다. 주 예수님의 생명이 굴복당했는가? 여러분이 "예."라고 말한다면 나는 "아니오." 라고 말할 것이고, 여러분이 "아니오."라고 말한다면 나는 "예."라고 말할 것이다. 그분의 생명이 굴복당하지 않았는데, 어떻게 그분께서 죽음당하실 수 있었는가? 사도행전 3장 15절에서 베드로는 이스라엘 사람들이 생명의 창시자를 죽였다고 말했다. 주 예수님께서 죽음당하셨기 때문에 그분의 생명은 굴복될 수 있었다. 그러나 결국 그분은 굴복당하지 않으셨다. 그분은 삼 일 동안 일시적으로 굴복당하셨을 뿐, 삼 일째에는 굴복당하지 않으셨다. 물질적인 면에서 겉으로 보기에 그분은 굴복당하셨다. 그러나 내재적이고 보이지 않는 면에서 영적으로 보기에 그분은 굴복당하지 않으셨다.

골로새서 2장 15절이 말했듯이, 그분은 십자가에 못 박히셨을 때 모든 통치자와 권세자를 벗기고 계셨다. 더욱이 그분의 육체가 무덤에 장사되었을 때 그분의 영은 매우 활동적이었다. 그리스도는 육체 안에서 죽으시고 난 뒤에도 영 안에서는 활동적이셔서, 하나님께서 그리스도를 통해 사탄에게 승리하신 것을 감옥에 있는 영들 즉 반역한 천사들에게 선포하셨다(벧전 3:18하-19). 그리스도의 몸이 무덤에 장사되어 있는 동안, 음부에 계시던 그분은 영 안에서 활동적이셨다. 그러므로 그분은 굴복당하신 것이 아니다. 결국 그분은 죽음을 정복하셨고 죽음이 굴복당했다. 그분은 죽음에서 걸어 나오셨다. 따라서 그분은 한 면에서는 죽음에 굴복당하셨지만 한 면에서는 죽음에 굴복당하지 않으셨다.

그리스도는 죽으시기 전에도 생명이실 뿐 아니라 부활이심

그리스도는 죽으시기 전에도 생명이셨을 뿐 아니라 부활이셨다. 그분은 죽으시기 전에도 마르다에게 "나는 부활이요 생명이니"라고 말씀하셨다(요 11:25). 그리스도는 죽으시기 전에도 부활이셨다. 이것은 우리의 이해를 초월하지만 신성한 사실이다.

그리스도는 자신의 목숨을 버릴 권위도 있고 다시 얻을 권위도 있으심

그리스도는 자신의 목숨을 버릴 권위도 있고 다시 얻을 권위도 있으시다(요 10:17-18). 여기서 목숨에 해당하는 헬라어 단어는 영원한 생명이 아니라 혼생명 곧 프쉬케(psuche)이다. 겉보기에 그리스도는 다른 이들에게 붙잡혀 죽음당하셨지만, 실지로는 자신의 혼 곧 자신의 사람 목숨을 버려 우리를 위해 구속을 성취하셨다. 삼 일 만에 그분은 권위를 사용하시어 부활 안에서 자신의 목숨을 다시 얻으셨다.

이런 의미에서 그리스도의 부활은 그분께서 죽은 사람들 가운데서 스스로 살아나신 것임

그리스도께 자신의 목숨을 버릴 권위도 있고 다시 얻을 권위도 있으시다는 의미에서, 그분의 부활은 그분께서 죽은 사람들 가운데서 스스로 살아나신 것이었다(행 10:41). 이것은 능동적인 방면이다. 그리스도는 자신의 목숨을 다시 얻을 권위도 있으셨기 때문에 살아나셨다. 성경은 그분께서 죽은 사람들 가운데서 살아나셨다고 말한다(살전 4:14상). 이것은 그분께서 승리를 거두셨음을 의미한다.

그러나 그분께서 불법자들에게 죽음당하셨다는 의미에서 그분의 부활은 하나님께서 그분을 살리신 것임

그리스도께서 불법자들에게 죽음당하셨다는 의미에서, 그분의 부활은 하나님께서 그분을 살리신 것이었다(행 2:24, 3:15). 살아나는 것은 능동적이고, 살려지는 것은 수동적이다. 한 면에서 그분은 죽은 사람들 가운데서 스스로 살아나셨다. 다른 한 면에서는 하나님에 의해 살려지셨다.

그리스도는 타락한 천사들에게 가시어 하나님께서 십자가에서 그리스도의 죽음을 통해 성취하신 승리를 선포하심

베드로전서 3장 18절 하반절과 19절은 그리스도의 몸이 무덤에 장사되어 있는 동안, 그분께서 생명의 새로운 능력으로 살아나 활기 있게 된 그분의 영 곧 그분의 영적인 본성(막 2:8, 눅 23:46) 안에서 활동적이셔서, 타락한 천사들에게 가시어 하나님께서 십자가에서 그리스도의 죽음을 통해 성취하신 승리를 선포하셨음(히 2:14, 골 2:15)을 계시한다. 사람들이 외적이고 눈에 보이게 예수님을 십자가에 못 박아 죽이고 있을 때, 하나님도 생명의 새로운 능력으로 그리스도를 살리시려고 무언가를 하고 계셨다. 베드로전서 3장 18절 하반절은 한 면에서 그분은 육체 안에서 죽으셨지만 또 다른 면에서는 영 안에서 살아나셨다고 말한다. 그리스도께서 십자가에 못 박혀 계실 때 하나님은 그분의 영을 살리셨다. 그리고 이렇게 강하게 된 영 안에서, 그리스도는 육체 안에서 죽으신 후 부활하시기 전에 타락한 천사들에게 선포하셨다. 이것은 그분의 부활의 징조였다. 죽은 사람들 가운데서 살아나시기 전에 그분은 그분의 영 안에서, 음부에 있는 죽은 사람들 가운데서 매우 활동적이셨다.

그리스도는 부활 능력으로 죽음을 정복하셨고 죽음에서 나오셨으며 다시 죽지 않으심

그리스도는 부활 능력(빌 3:10상)으로 죽음을 정복하셨고 죽음에서 나오셨으며 다시 죽지 않으신다(롬 6:9). 부활하신 날부터 그리스도는 더 이상 죽음에 복종하지 않으신다.

그리스도를 믿는 이들이 그리스도의 부활 안에서 그리스도와 함께 일으켜짐

그리스도를 믿는 이들은 그리스도의 부활 안에서 그리스도와 함께 일으켜졌다(엡 2:6). 우리는 그리스도의 부활에 두 방면이 있음을 보았다. 첫째로, 그분은 죽은 사람들 가운데서 스스로 살아나셨다. 여기서의 동사는 능동태이다. 둘째로, 그분은 하나님에 의해 죽은 사람들 가운데서 살려지셨다. 여기서의 동사는 수동태이다. 그러나 우리의 부활에는 두 방면이나 두 형태가 없다. 우리는 죽은 사람들 가운데서 능동적으로 살아난 것이 아니다. 오히려 하나님에 의해 수동적으로 살아났다.

이러한 부활 안에서 세 가지 경이로운 일이 일어남

마지막 아담이신 그리스도께서 생명 주시는 영이 되심

이러한 부활 안에서 세 가지 경이로운 일이 일어났다. 첫 번째 일은 마지막 아담, 곧 육체 안에 있는 마지막 사람이셨던 그리스도께서 생명 주시는 영이 되신 것이다(고전 15:45하). 이것은 성경 안에 있는 위대한 진리이다!

1977년에 우리는 삼일 하나님에 대한 진리를 위해 싸웠다. 우리는 〈신성한 아버지가 둘이시고, 생명 주시는 영이 둘이시며, 하나님이 셋이라니, 이 어떠한 이단인가 — 두 신성한 아버지, 두 생명 주시는 영, 세 하나님〉이라는 제목의 소책자를 발간했다. 당시에 어떤 이들은 복음서들에 언급되신 아버지와 이사야서 9장 6절에 '영원하신 아버지'라고 언급된 아버지, 즉 두 아버지가 있다고 말했다. 그들은 이사야서 9장 6절에 언급된 아버지는 삼일성 안에서의 거룩하신 아버지가 아니라고 말했다. 그들의 말에 따르면, '영원하신 아버지'라고 말하는 것은 에디슨을 전기의 아버지라고 말하는 것과 비슷하다. 그러나 신격의 아버지 외에는 다른 아버지가 없다. 신격의 아버지 외에 다른 아버지가 있다고 말하는 것은 이단이다. 그들은 또한 고린도전서 15장 45절 하반절의 생명 주시는 영은 성령을 가리키는 것이 아니라고 말했다. 그러나 생명을 주시는 성령 외에 생명을 주는 또 다른 영이 있는가? 물론 없다. 성령께서 바로 생명을 주시는 그 영(고후 3:6하) 곧 생명 주시는 영이시다.

우리는 여러 메시지에서 그리스도께서 그 영이시라는 진리를 말했다. 나는 성도들이 주님의 상에서 주님께서 생명 주시는 영이 되신 것을 찬양하는 소리를 들을 때 기쁘다. 이것은 우리가 이 신성한 진리에 대해 영적인 교육을 받았음을 나타낸다. 우리 찬송가에는 그리스도께서 그 영이시라고 말하는 찬송이 많이 있다(찬송가 368장, 369장, 371장, 400장).

인성을 지니신 그리스도께서 부활 안에서 하나님에 의해 태어나시어 하나님의 맏아들이 되심

인성을 지니신 그리스도는 부활 안에서 하나님에 의해 태어나시어 하나님의 맏아들이 되셨다(행 13:33, 롬 8:29하). 요한복음 1장 18절은 그리스도께서 아버지의 품속에 계시는 독생자이셨다고 말한다. 영원 과거에 그분은 자신의 영광 안에서 하나님의 독생자이셨다. 하나님의 아들이신 그분께서 왜 하나님에 의해 태어나셔야 했는가? 그것은 하나님께 맏아들이 필요하셨기 때문이다.

그리스도는 영원 과거에 하나님의 아들이셨지만 육체가 되셨다(요 1:14). 그분의 육체는 인성에 속한 것이었고 신성한 것이 아니었다. 확실히 이 인성의 부분은 신성한 아들의 자격과 관련이 없었다. 그분의 인성의 부분은 하나님에게서 태어나야 했다. 이것을 위해 나는 '아들화'라는 새로운 단어를 만들었다. 그리스도의 인성은 부활 안에서 아들화되어야 했다. 그분은 부활 안에서 그분의 인성을 신성 안으로 이끄셔서 이 인성을 신성한 것이 되게 하셨다. 인성을 지니신 그리스도는 부활 안에서 하나님에 의해 태어나시어 아들화되셨다.

그리스도를 믿는 모든 이가 그리스도의 부활을 통해 아버지 하나님에 의해 거듭남

그리스도를 믿는 모든 이는 그리스도의 부활을 통해 아버지 하나님에 의해 거듭났다(벧전 1:3). 그리스도의 부활 안에서 우리 모두는 하나님에게서 나서 하나님의 많은 아들들이 되었다. 하나님의 맏아들과 하나님의 수많은 아들들이 한 번의 '출산'으로 동시에 태어났다. 언젠가 나는 한 번의 출산으로 일곱 아이를 낳은 여자에 대한 기사를 읽은 적이 있다. 그런데 그리스도의 부활이라는 출산은 하나님의 무수히 많은 아들들을 출산하였다.

우리는 그리스도의 부활이 생명 주시는 영과 하나님의 맏아들과 하나님의 많은 아들들이라는 세 가지 위대한 것을 산출했음을 기억해야 한다. 생명 주시는 영과 하나님의 맏아들과 하나님의 많은 아들들은 전적으로, 신성한 삼일성의 유기체인 그리스도의 몸을 위한 것이다.

생명 주시는 영은 부활하시고 공기 같은 영이신 그리스도로서, 그리스도의 부활의 실재이심

생명 주시는 영은 부활하시고 공기 같은 영이신 그리스도로서, 그리스도의 부활의 실재이시다(롬 8:9-11). 그리스도는 부활 안에서 전적으로 공기 같은 영이 되셨다. 그리스도는 육체 안에 계실 때 눈에 보이는 분이셨다. 그러나 그분은 부활 안에서 생명 주시는 영이 되셨고 지금은 보이지 않는 분이시다. 주 예수님은 우리 안에 계시며, 우리가 모일 때 우리 가운데 계시지만 보이지 않으신다. 그분은 공기 같은 영이시다.

나는 자동차 타이어에서 '뉴매틱(pneumatic)'이라는 영어 단어를 본 뒤에 그 뜻을 알게 되었다. '공기 같은 영이신'을 뜻하는 이 영어 단어에는 '공기가 가득한'이라는 의미도 있다. 우리 그리스도인에게 '공기가 가득하다'는 것은 우리가 '그 영으로 충만하다', '신성한 공기로 가득하다'는 것이다. 육체 안에 계셨던 그리스도는 이제 부활 안에서 완전히 공기 같은 영이시며 보이지 않으신다. 그분은 오늘날 보이지 않으시고 공기 같은 영이시지만, 영적인 몸 곧 영광의 몸을 여전히 가지고 계신다(고전 15:44, 빌 3:21).

그리스도의 부활은 복합된 관유이신 복합되시고 모든 것을 포함하신 영의 요소임

그리스도의 부활은 복합된 관유이신 복합되시고 모든 것을 포함하신 영의 요소이다(출 30:23-25). 이것은 그리스도의 부활이 그리스도의 모든 풍성을 포함하게 한다(엡 3:8). 우리가 생명 주시는 영을 모든 것을 포함하신 영이라고 부르는 이유는 그분께서 지금 복합되신 영이시기 때문이다. 출애굽기 30장 23절부터 25절까지에서 우리는 복합되신 영의 예표인 복합된 관유를 본다. 이 관유는 기름에 네 향료, 곧 몰약과 육계와 창포와 계피가 복합되어 이루어진다. 몰약은 그리스도의 죽음을 상징한다.

육계는 그리스도의 죽음의 달콤함과 효능을 상징한다. 창포는 늪에서 위를 향해 자라는 식물로서 그리스도의 부활을 상징한다. 계피는 고대에 뱀과 곤충을 쫓는 방충제로 사용되었다. 이것은 그리스도의 부활의 쫓아내는 능력을 상징한다. 오늘날 복합되신 영은 그리스도의 죽음과 부활의 모든 요소로 복합되셨다.

출애굽기에 언급되어 있는 복합된 관유와 연관된 숫자들 역시 의미심장하다. 한 단위의 올리브기름이 있고 네 가지 향료가 있다. 이 네 가지 향료는 오백 세겔씩 세 단위로 나뉜다. 숫자 1은 유일하신 하나님을 가리키고, 숫자 3은 삼일성을 가리키고, 숫자 4는 피조물을 가리킨다. 이 영 안에는 그리스도께서 계시는데, 그리스도는 신성한 분이시자 인간적인 분 곧 하나님이시자 사람이시다. 이 영은 또한 그리스도의 모든 것을 포함한 죽음과 모든 것을 포함한 부활에 속한 모든 요소를 갖고 계신다. 그러므로 이 영은 모든 것을 포함한 약이시다.

하나님을 누리고자 한다면 반드시 이 복합되신 영을 누려야 한다. 오늘날 우리의 하나님은 완결되시어 복합되신 영이 되셨다. 나는 어린 그리스도인일 때 하나님께서 그리스도 안에 계신다는 말을 들었다. 하나님께서 그리스도 안에 계시기 때문에 그리스도 밖에서는 하나님을 발견할 수 없다. 그렇다면 그리스도는 어떤 분이신가? 오늘날 그리스도는 모든 것을 포함하신 영이시다(고후 3:17). 모든 것을 포함하신 이 영 안에서 우리는 그리스도의 온 존재를 소유한다. 우리는 가장 높은 인성인 그리스도의 부활한 인성을 갖는다. 그리스도의 죽음과 부활 또한 이 복합되신 영 안에 있다. 우리 위에서와 우리 안에서 일하시는 영은 이렇게 모든 것을 포함하신 복합되신 영이시다.

복합되신 영은 그리스도의 부활의 실재이시며, 신성한 기름바름의 분배를 통해 그리스도의 지체들에게 그리스도의 부활을 적용하심

복합되신 영은 그리스도의 부활의 실재이시며, 신성한 기름바름의 분배를 통해 그리스도의 지체들에게 그리스도의 부활을 적용하신다(롬 8:11, 13하, 요일 2:20, 27). 모든 것을 포함하시고 생명 주시는 영은 그리스도의 부활의 실재이시다. 우리에게 이 영이 있다면 우리는 그리스도의 부활 안에 있는 것이다. 우리에게 이 영이 없다면 그리스도의 부활은 우리와 아무 관계가 없다.

그리스도를 믿는 이들은 그리스도의 부활 능력을 체험함을 통해 그리스도를 앎

그리스도를 믿는 이들은 그분의 부활 능력을 체험함을 통해 그분을 알아야 한다. 그들은 그리스도의 부활 능력으로 그분의 고난의 교통 안에서 그분의 죽음과 같은 형상을 이룬다(빌 3:10).

앞에서 열거한, 그리스도의 모든 것을 포함한 부활에 관한 모든 유기적인 항목들은 비밀스럽고 눈에 보이지 않지만 실지적이다. 예를 들면, 우리 신체의 생명은 실지적이고 항상 작용하지만 우리는 그것을 의식하지 못한다. 우리가 건강하다면 신체의 유기적인 생명은 활동적이고 온종일 작용하겠지만, 우리는 그것이 작용하고 있는지를 의식하지 못한다. 반대로, 우리가 아프다면 무언가가 잘못되었다는 느낌이 가득하다. 우리 안에 있는 유기적이고 신성한 생명의 작용도 마찬가지이다. 그리스도는 우리 안에서 공기 같은 영이신 분이시며 복합되신 분으로서, 하나님의 신성과 그리스도의 인성 및 그리스도의 인격에 속한 모든 요소와 그리스도의 죽음과 부활에 속한 모든 요소를 지니고 계신다. 우리는 우리 안에 일어나고 있는 유기적인 일을 완전히 이해하지는 못하지만, 그것은 매우 실지적이다. 이것은 전적으로, 공기 같은 영이신 그리스도의 움직임이고 활동이며 작용이다. 공기 같은 영이신 그리스도는 모든 것을 포함하시고 생명 주시는 복합되신 영이시다. 우리는 그리스도의 모든 것을 포함한 부활의 능력을 체험하여 그리스도를 알아야 한다. 그리스도의 모든 것을 포함한 부활은 모든 것을 포함하신 영께 이미 복합되어 있다.

8

그 영의 복합되심

The Compounding of the Spirit

제8장

그 영의 복합되심

성경: 창 1:2하, 삿 3:10상, 시 51:11, 사 63:10-11,
눅 1:15, 31-35, 마 1:18, 20, 요 7:39, 롬 8:2,
9, 행 16:7하, 빌 1:19, 고후 3:17하, 18하,
출 30:23-30, 요일 2:20, 27

이 장에서 우리는 그 영의 복합되심을 보려고 한다. 나는 이 진리가 우리 존재 안에 주입될 수 있기를 바란다. 그리스도인의 생활은 전적으로 그 영께 속한 문제이다. '그 영이 없으면 그리스도인의 생활이 없다'. 요한복음 4장 24절은 하나님께서 영이시라고 말한다. 그 영을 모른다면 하나님과의 관계는 끊어진다. 하나님과의 관계가 끊어진다면 우리 그리스도인의 생활은 끝난 것이다. 성경에 있는 그 영에 대한 계시는 중요하다. 나의 부담은 신학이나 성경 교리를 가르치는 것이 아니라 참된 그리스도인의 생활에 관한 건강한 가르침을 공급하는 것이다. 참된 그리스도인의 생활은 전적으로 그 영에 속한 문제이다.

20세기 전반에 유명하고 영향력 있는 속생명파 교사 두 사람이 있었다. 그들은 제시 펜 루이스(Jessie Penn-Lewis)와 오스틴 스팍스(T. Austin-Sparks)였다. 그들은 속생명 운동의 끝 무렵에 들어온 이들이라고 할 수 있다.

속생명 운동은 17세기에 귀용(Guyon) 부인과 페넬롱(Fenelon) 신부 등에게서 시작되었다. 그들은 신비주의자라고 알려져 있고 그들의 가르침은 신비주의라고 알려져 있다. 귀용 부인과 페넬롱 신부는 가톨릭교회를 떠난 적은 없지만 속생명이 매우 강했다. 그러나 그들이 말하는 속생명은 너무 신비스러웠고 사람들이 참여하거나 이해하기에 어려운 것이 되어 버렸다.

18세기에 영국인 학자 윌리엄 로(William Law)는 신비주의자들의 저서를 개선했는데 이것은 다른 이들에게 도움이 되었다. 그 후에, 남아프리카에 있던 네덜란드인 개신교 사역자 앤드루 머리(Andrew Murray)는 윌리엄 로의 저서를 한층 더 개선했다. 앤드루 머리는 케직 사경회에서 말씀을 전하는 사람이었다. 그의 저서는 매우 영적이었다. 그가 쓴 가장 두꺼운 책은 〈지성소(The Holiest of All)〉라는 제목의 히브리서 강해서이다. 그의 대표작은 〈그리스도의 영(The Spirit of Christ)〉이라는 제목의 책이다.

앤드루 머리 이후에 제시 펜 루이스가 일으켜졌다. 그녀는 앤드루 머리에게서 도움을 받고 매우 영향력 있는 사람이 되었다. 그녀는 그리스도의 주관적인 죽음을 강조했다. 그녀의 메시지는 객관적인 십자가가 아니라 주관적인 십자가에 관한 것이었다. 워치만 니 형제님의 책인 〈영에 속한 사람〉에서 십자가에 관한 몇몇 부분은 펜 루이스의 저서를 번역한 것이다. 펜 루이스는 또한 영적 전쟁에 관한 가르침에 있어 매우 강했다. 이 가르침은 〈성도들의 영적 전쟁〉이라는 책에 실려 있다. 〈영에 속한 사람〉에서 영적 전쟁에 관한 부분은 모두 이 책을 번역한 것이다. 이처럼 펜 루이스는 그리스도의 주관적인 죽음과 영적 전쟁이라는 두 가지로 매우 유명했다.

뒤이어 그녀의 동역자들 중 하나인 오스틴 스팍스라는 사람이 주님에 의해 일으켜졌다. 그는 그리스도의 부활의 원칙과 그리스도의 부활 생명에 대한 가르침에서 매우 영향력 있는 사람이 되었다. 이처럼 20세기에는 펜 루이스가 처음 이십오 년 동안 그리스도의 죽음을 강조했고 오스틴 스팍스가 그다음 이십오 년 동안 그리스도의 부활을 강조했다. 두 사람은 오순절 운동에 강하게 반대했다. 니 형제님의 〈영에 속한 사람〉을 주의 깊게 읽어 보면, 이 책에서 영적 전쟁에 관한 부분을 쓴 사람이 오순절주의를 강하게 반대함을 알 수 있을 것이다. 펜 루이스는 오순절 운동을 완전히 귀신적인 일이라고 여겼다. 오스틴 스팍스 역시 절대적으로 오순절 운동에 반대했다.

이 두 사람은 오순절 운동을 반대하고 그 영을 매우 강조했다. 오스틴 스팍스는 집회가 시작될 때 누군가가 그 영의 인도를 위해 길게 기도하지 않으면 그 집회를 교회 집회로 인정하지 않았다. 그는 각지의 모든 교회가 많은 기도를 통하여 그 영의 인도하심으로 세워져야 한다고 나에게 말했다.

그 영은 추상적이시고 비밀스러우시기 때문에, 많은 사람이 그 영에 대한 진리와 체험을 무시하고 간과한다. 미국에서 가장 크고 근본주의적인 교파인 남침례교는 소속된 설교자들이 그 영에 관해 말하지 못하게 한다. 그들은 그 영을 강조하지 않고 말씀을 강조한다.

이로써 우리는 진실하고 근본주의적이며 참되게 그리스도를 추구하는 사람 모두가 그 영에 대해 문제가 있음을 볼 수 있다. 근본주의적이고 영적이며 추구하는 그리스도인들 가운데 있는 분열의 요인은 대부분 교리와 관련이 없다. 분열의 요인은 주로 그 영에 대한 깨달음과 이해와 인식의 차이에서 비롯된다.

그 영에 관하여 서로 다른 관념들이 있다. 왜냐하면 그 영은 매우 비밀스럽고 깊은 분이시기 때문이다. 하나님은 비밀이시고, 하나님의 비밀은 그리스도이며(골 2:2), 그리스도의 비밀은 교회이다(엡 3:4). 그 영 또한 위대한 비밀이시다. 복합되신 영에 관한 이 메시지를 이해하고 인식하며 깨달을 수 있다면, 그 영에 대한 문제들이 자연스럽게 해결될 것이다. 이 장에서 교통한 것을 합당하게 받아들이려면 우리의 영을 사용해야 할 뿐 아니라 맑은 생각을 사용해야 한다.

구약에 언급된 그 영의 신성한 칭호들

구약에 언급된 그 영의 첫 번째 칭호는 '하나님의 영'이다. 이 칭호는 창세기 1장 2절에 언급된다. 창세기 1장 1절은 태초에 하나님께서 하늘들과 땅을 창조하셨다고 말한다. 그다음으로 2절은 하나님의 영께서 죽음의 물을 품고 계셨다고 말한다.

구약에 언급된 그 영의 두 번째 신성한 칭호는 '여호와의 영'이다(삿 3:10상). 창세기 1장에는 '하나님'이라는 칭호가 언급되지만 2장에는 또 다른 칭호인 '여호와'가 언급된다. 그 이유는 하나님께서 그분이 창조하신 사람을 2장에서 접촉하기 시작하시기 때문이다. 그러므로 '여호와'는 하나님께서 사람을 접촉하실 때 사용되는 칭호이다. 이 칭호는 하나님과 사람의 관계를 의미한다. 하나님은 구약에서 사람을 접촉하러 오실 때마다 여호와의 영이셨다.

시편 51편 11절과 이사야서 63장 10절과 11절에는 '거룩하신 영'이 언급되지만, 이것은 그 영의 신성한 칭호가 아니다. 〈흠정역 성경(King James Version)〉은 '거룩하신 영'을 '성령'으로 번역했는데 이것은 잘못된 번역이다. 히브리어에 따르면, 시편 51편 11절에서 '주님의 성령'은 '주님의 거룩하신 영'으로 번역되어야 하고, 이사야서 63장 10절과 11절의 '그분의 성령'은 '그분의 거룩하신 영'으로 번역되어야 한다. 시편 51편 11절과 이사야서 63장 10절과 11절의 '거룩하신 영'은 칭호가 아니고 일종의 묘사이다. 그것은 삼일성의 셋째 위격을 의미하지 않는다. '거룩하신 영'은 하나님의 본성과 본질을 가리킨다. 앤드루 머리는 이것을 분명하게 지적했다. '거룩하신 영'은 하나님의 존재를 묘사한 것이다.

하나님의 신약 경륜의 시작과 관련하여 성령은 침례자 요한의 잉태됨과 주 예수님의 잉태되심에 관계되심

'성령'이라는 칭호는 구약에서 사용되지 않는다. 이 칭호는 특별히 신약 경륜이 시작될 때 사용되었다. 즉 침례자 요한이 왔을 때 첫 번째로, 주 예수님께서 오셨을 때 두 번째로 사용되었다. 침례자 요한과 주 예수님이 옴으로써 사실상 신약 경륜이 시작되었다. 신약 경륜은 침례자 요한의 잉태됨과 주 예수님의 잉태되심으로 시작되었다. 이 두 잉태됨과 관련하여 성경은 새로운 신성한 칭호인 '성령'을 사용하기 시작한다.

헬라어에 따르면, '성령'이라는 칭호는 문자 그대로 '그 영 거룩하신 분(the Spirit the Holy)'이라고 번역될 수 있다. 하나님의 영과 여호와의 영은 '그 영 거룩하신 분'이시다. 거룩하신 분은 분별되신 분, 거룩하게 되신 분을 가리킨다. 신약 경륜 안에서는 모든 것이 하나님께 분별되고 거룩하게 되며 하나님을 향하여 거룩해져야 한다. 지금 하나님의 영은 그 영 거룩하신 분, 곧 성령이시다. 하나님의 신약 경륜의 시작과 관련하여 성령은 침례자 요한의 잉태됨과 주 예수님의 잉태되심에 관계되신다(눅 1:15, 31–35, 마 1:18, 20). 신약 시대가 시작될 때 성경은 하나님의 영을 지칭하는 특별한 이름을 사용했다. 하나님의 영은 그 영 거룩하신 분, 곧 성령이시다.

그리스도께서 부활하시기 전에는 그 영께서 아직 계시지 않음

요한복음 7장 39절은 그리스도께서 부활하시기 전에는 그 영께서 아직 계시지 않았음을 계시한다. 〈흠정역 성경〉은 이 절에서, 그 영께서 아직 '주어지지' 않으셨다고 말한다. 여기서 '주어지지'에 대한 영어 단어는 이탤릭체로 표기되어 있는데, 그것은 헬라어 원문에 이 단어가 없다는 뜻이다. 헬라어 원문은 "그 영께서 아직 계시지 않았다."라고 말한다. 하나님의 영은 태초부터 계셨다(창 1:1-2). 그러나 요한복음 7장에서 주 예수님께서 말씀하실 때, 그리스도의 영(롬 8:9)이시고 예수 그리스도의 영(빌 1:19)이신 그 영은 아직 계시지 않았다.

요한복음 7장 39절에 따르면, '예수님께서 아직 영광스럽게 되지 않으셨기 때문에' 그 영께서 아직 계시지 않았다. 이것은 예수님께서 영광스럽게 되신 것이 모두 그 영께서 존재하시는 것과 관련됨을 암시한다. 누가복음 24장 26절에 따르면 예수님은 부활하실 때 영광스럽게 되셨다. 그리스도의 부활은 그분의 영광스럽게 되심이며 꽃이 활짝 핀 것과 같다. 꽃이 활짝 필 때, 그것은 꽃의 부활이며 꽃의 영광스럽게 됨이다. 그리스도의 부활은 그리스도의 '꽃 핌'이었고, 그 꽃 핌이 바로 그분의 영광스럽게 되심이었다.

요한복음 7장 39절은 그리스도께서 부활하시기 전에는 그 영께서 아직 계시지 않았음을 분명하게 지적한다. 하나님의 영도 계셨고 여호와의 영도 계셨고 심지어 성령도 계셨다. 침례자 요한의 잉태됨과 그리스도의 잉태되심부터 '성령'이라는 용어가 사용되기 시작했다. 그러나 그리스도께서 사역하러 나오셨을 때, 성경은 그분께서 부활하시기 전 곧 영광스럽게 되시기 전에는 '그 영께서 아직 계시지 않았다'고 말한다.

그 영은 요한복음 14장부터 16장까지의 주요 주제이다. 주님은 실재의 영이신 또 다른 보혜사를 제자들에게 보내 주시기를 아버지께 구하겠다고 말씀하셨다(요 14:16-17, 15:26, 16:13). 14장부터 16장까지의 주님의 말씀은 그분께서 붙잡히시던 날 저녁에 하신 말씀이다. 이튿날 그분은 십자가에 못 박히셨고 삼 일 만에 부활하셨다. 부활 안에서 그분은 생명 주시는 영이 되셨다(고전 15:45하). 그분은 부활하신 날 저녁에 제자들에게 돌아오셔서 그들 안으로 숨을 불어 넣으시며 "성령을 받으십시오."라고 말씀하셨다(요 20:22). 바로 그때 실재의 영이신 '그 영'께서 존재하기 시작하셨다. 이것은 신약에 분명하게 기록되어 있지만, 기독교에서는 앤드루 머리만이 이것에 주의를 기울였다.

〈그리스도의 영〉이라는 책의 5장에서 앤드루 머리는 영광스럽게 되신 예수님의 영, 즉 육체 되시고 십자가에 못 박히시고 영광스럽게 되신 그리스도의 영에 대해 말한다. 영원 과거에 그리스도는 하나님이시고 신성하셨으며 전혀 인간적이지 않으셨다. 영원 과거에는 그분 안에 사람의 요소가 없었다. 그분은 유일하게 한 가지 요소 곧 그분의 신성만 있으셨다. 그러나 육체가 되실 때 그분은 육체 곧 인성을 취하셨다. 육체 되심 안에서 그분은 하나님-사람이 되셨다. 이것은 그분께서 신성한 본성과 사람의 본성이라는 두 본성을 지닌 분이 되셨음을 의미한다. 그분은 하나님으로서 신성을 지니시고 사람으로서 인성을 지니신다. 육체가 되신 뒤에 그분은 하나님 곧 신성한 요소와, 사람 곧 인간적인 요소라는 두 요소를 지닌 한 인격이시다. 따라서 그분은 두 본성을 지닌 하나님-사람으로서 신성하시고도 인간적이시다. 그분은 신성과 인성을 모두 소유하고 계신다.

그분은 이 땅에 사시는 동안 예수님이라고 불리셨다. 그분은 부활하시기 전에 신성하셨지만 그분의 인성은 신성하지도 영적이지도 않았다. 예수님의 육체의 몸은 그분께서 부활하시기 전에는 영광스럽거나 신성하거나 영적이거나 매력적이거나 경이롭지 않았고 광채나 위엄도 없었으며 뛰어나지도 않았다. 오히려 이사야서 53장에 따르면 예수님은 매력도 없고 전혀 멋있거나 아름답지 않은 비천한 사람이셨다(2-3절, 52:14). 그러나 그분의 질그릇, 즉 그분의 인성 안에는 신성한 분 곧 하나님께서 계셨다. 그분의 신성은 인성 안에 감추어져 있었다. 그분의 신성한 존재는 모두 그분의 인성이라는 질그릇 안에 담겨 있었다. 따라서 그분께서 인간 생활을 하신 삼십삼 년 반 동안, 그분의 인성의 부분은 신성하지 않았고 영광스럽지도 않았다.

인간 생활을 하실 때 그분은 나사렛에 있는 한 목수의 집에서 삼십 년 동안 사셨고 삼 년 반 동안 사역하셨다. 그분은 전혀 영광스럽지 않고 심지어 매우 비천하기까지 한 사람이셨다. 그러므로 그분은 많은 사람에게 조롱과 멸시를 받으셨다. 그분을 멸시하는 어떤 사람들은 "이 사람은 … 그 목수가 아닙니까?"라고 말했다(막 6:3). 그분은 영광스럽고 신성한 목수가 아니셨다. 그분께서 영광스럽고 신성한 목수이셨다면 사람들의 마음을 완전히 사로잡으셨을 것이다. 모든 유대인이 나사렛에 있는 그분께 몰려들었을 것이다. 그러나 공개적으로 나오셨을 때 그분은 사람들이 주목할 만한 멋진 모양이나 외적인 아름다움이 없으셨다.

그분의 인성의 껍질은 그분의 신성을 감추고 있었다. 이 껍질은 전혀 잘생기거나 멋지거나 아름답지 않았다. 이것은 그분께서 신성한 본성과 사람의 본성이라는 두 본성을 지닌 한 인격이셨음을 의미한다. 신성한 본성은 영광스러웠다. 언젠가 그분은 높은 산에서 짧은 시간 동안 변형되셨다(마 17:1-2). 그분의 신성은 그 짧은 시간을 제외하고 삼십삼 년 반 동안 그분의 인성 안에 감추어져 있었다. 그러나 그분께서 산에서 변형되실 때, 그분 안에 있던 내면의 영광이 외면의 인성을 삼켰다. 그러자 그분께서 영광스럽게 되셨다. 이것은 그분의 부활의 예시였다.

그분은 삼십삼 년 반 동안 영광스럽고도 신성한 본성 안에, 그리고 매우 비천한 사람의 본성 안에 계셨다. 그런 다음 그분께서 죽으셨을 때, 그분의 죽음은 그분의 인성의 껍질을 깨뜨리고 내면의 영광스러운 신성한 생명을 해방했다(요 12:24). 삼 일 만에 그분은 부활 안으로 들어가셨다. 그분은 육체가 되실 때 인성을 입으셨다. 그 후에 부활하실 때 그분은 그분의 인성을 신성 안으로 이끄셨다.

앤드루 머리는 그리스도께서 부활하셨을 때 그분의 육체를 거룩하게 하셨다고 말했다. 이것은 그분께서 그분의 인성을 신성하게 만드셨다는 뜻이다. 그분은 사람의 본성을 높아지게 하셨다. 그리스도는 육체가 되실 때 하나님을 인성 안으로 이끄셨고 부활 안에서 인성을 신성 안으로 이끄셨다. 앤드루 머리는 '교차하여 짜다'라는 표현으로 이를 묘사했다. 그리스도는 육체 되시고 부활하심으로, 교차하여 짜는 일을 하셨다. 그분은 신성을 인성 안으로, 인성을 신성 안으로 교차하여 짜 넣으셨다. 이것은 두 종류의 재료를 교차하여 짜는 것과 비슷하다. 명주실과 무명실은 교차되어 짜여서 하나의 직물이 될 수 있다. 우리는 이 직물을 비단이나 순면이라고 말할 수 없다. 그것은 명주실과 무명실의 교직물이다. 마찬가지로 그리스도는 하나님과 사람이 교차되어 짜인 분이시다. 육체 되시기 전에 그분은 다만 하나님이셨다. 그러나 그분은 육체가 되시어 부활을 통하여 하나님-사람이 되셨다. 이제 하나님께서 인성 안에 계시고 사람이 신성 안에 있다. 이것은 교차되어 짜인 것이다. 신성이 인성 안으로 짜였고 인성이 신성 안으로 짜였다. 이렇게 해서 신성과 인성은 교차되어 짜인 한 벌의 옷이 되었다. 할렐루야, 오늘날 우리는 이 옷을 입고 있다!

그리스도의 부활에 관한 참조 절들 중 고린도전서 15장 45절 하반절은 마지막 아담께서 생명 주시는 영이 되셨다고 말한다. 이 영께서 바로 부활하신 그리스도의 본질과 요소와 실재이시다. 오늘날 부활하신 그리스도는 그 영이시다(고후 3:17). 이런 이유로, 우리는 그리스도께서 공기 같은 영이신 그리스도라고 말한다. 공기 같은 영이신 그리스도는 프뉴마이신 그리스도이시고, 프뉴마는 바로 그 영이다.

우리는 그리스도께서 부활하시기 전인 구약에서는 하나님의 영과 여호와의 영이 계셨고 복음서에서는 성령이 계셨음을 깨달아야 한다. 그러나 그리스도께서 부활하신 후에, 사도행전 16장 7절 하반절은 예수님의 영에 대해 말하고 로마서 8장 9절은 그리스도의 영에 대해 말한다. 그리고 빌립보서 1장 19절은 예수 그리스도의 영에 대해 말한다. 예수 그리스도의 영은 요한복음 7장 39절에 언급된 '그 영', 즉 육체 되시고 십자가에 못 박히시고 부활하신 예수 그리스도의 영이시다.

그 영은 특별히 생명의 영, 그리스도의 영, 예수님의 영, 예수 그리스도의 영, 주님의 영, 주 영이라고 불리심

생명의 영(롬 8:2), 그리스도의 영(롬 8:9), 예수님의 영(행 16:7하), 예수 그리스도의 영(빌 1:19), 주님의 영(고후 3:17하), 주 영(고후 3:18하)은 신약에 언급된 그 영에 대한 새로운 용어들이다. '주 영'은 '아버지 하나님'이나 '주 그리스도'와 같은 복합적인 칭호이다. 그 영은 삼일 하나님의 완결이시다. 그 영은 완결되신 삼일 하나님이시다.

삼일 하나님은 과정을 거치심으로 모든 것을 포함하신 영이 되셨다. 삼일 하나님께서 거치신 과정의 첫 번째 단계는 육체 되심이다. 두 번째 단계는 인간 생활이고 세 번째 단계는 죽음이다. 네 번째 단계는 부활이다. 이러한 과정의 '터널'을 통과하여 그분은 생명 주시는 영이 되셨다(고전 15:45하). 생명 주시는 영은 과정을 거치시고 완결되신 삼일 하나님이시다. 이 영, 곧 과정을 거치시고 완결되신 영은 삼일 하나님의 완결로서, 하나님이시자 사람이시며 신성한 본성과 인간의 본성을 모두 지니신 분이시다. 그분 안에는 신성의 요소가 있다. 또한 거룩하게 되고 높아진 인성의 요소가 있다.

그 영은 복합된 관유로 예표된 복합되신 영이심

그리스도의 부활 이후에 그 영은 복합된 관유로 예표된 복합되신 영이시다. 출애굽기 30장 23절부터 25절까지는 이렇게 말한다. "너는 또 가장 좋은 향료를 가져오되 액체 몰약 오백 세겔, 향기로운 육계를 그 절반인 이백오십 세겔, 향기로운 창포 이백오십 세겔, 계피 오백 세겔을 성소 세겔에 따라 가져오고 올리브기름 한 힌도 가져오너라. 너는 그것들로 바르는 거룩한 기름을 만들되, 향 만드는 사람의 제조법에 따라 잘 복합된 향기로운 관유를 만들어라. 이것이 바르는 거룩한 기름이 될 것이다." 이 절들에 언급된 복합된 바르는 관유는 모든 것을 포함하신 영의 유일한 예표이다.

성경의 처음 다섯 권인 모세오경은 예표로 가득하다. 번제물과 소제물과 화목제물과 속죄제물과 속건제물은 예표이다(레 1-7장). 성막 역시 위대한 예표이다(출 25:8-9, 40:1-2). 또한 출애굽기 30장에는 복합된 관유라는 놀랍고 비밀스러운 예표가 있다. 우리는 이 예표의 의미에 인상을 받아야 한다.

올리브기름 한 힌은 복합된 관유의 주성분이며 네 향료 즉 몰약, 육계, 창포, 계피와 복합된다. 이 다섯 가지 요소가 함께 복합되어 관유가 된다. 관유는 페인트에 비유될 수 있다. 페인트는 그냥 기름이 아니라 다른 요소들이 복합된 기름이다. 출애굽기 30장의 관유는 다섯 가지 요소가 복합된 것이다. 하나님은 모세에게 이 다섯 가지 요소를 함께 복합하여 '관유 복합체'를 만들라고 말씀하셨다.

그 영은 하나님께서 육체 되시기 전에는 신성한 요소만 있으셨다. 그러나 이분은 육체 되심과 인간 생활과 죽음을 통하여 부활 안에서 생명 주시는 영이 되셨다(고전 15:45하). 그분의 신성과 인성과 인간 생활과 모든 것을 포함한 죽음과 놀라운 부활이 그 영께 복합되었다. 나는 젊은 그리스도인 시절에 형제회에 있었는데, 복합된 관유가 그 영의 예표라는 말을 그들에게서 들었다. 그러나 형제회는 세부 항목 안으로 들어가지 않았다. 1954년에 이르러서야 나는 모든 것을 포함하신 영께서 복합된 관유로 상징되신다는 것에 대해 빛을 받았다. 나는 앤드루 머리의 책인 〈그리스도의 영〉에서 많은 도움을 받았다. 1954년 이래로 주님은 복합된 관유의 세부 항목에 관해 우리에게 더 많은 것을 보여 주셨다.

올리브기름 한 힌은 유일하신 하나님의 예표이다. 따라서 복합되신 영은 올리브기름 한 힌으로 예표된 하나님의 신성이 복합되어 있다. 이것이 주성분이다. 더욱이 네 가지 향료는 모두 식물의 생명에 속한다. 성경에서 식물은 인성을 상징한다. 또한 숫자 4는 피조물을 상징한다. 하나님 한 분과 그분의 피조물인 사람이 관유 안에 있다. 이처럼, 복합되신 영은 네 종류의 향료로 예표된 그리스도의 인성이 복합되어 있다.

그 영은 또한 몰약으로 예표된 그리스도의 죽음이 복합되어 있고, 육계로 예표된 그리스도의 죽음의 향기와 효능이 복합되어 있으며, 창포로 예표된 그리스도의 부활이 복합되어 있고, 계피로 예표된 그리스도의 부활의 향기와 (특히 저항하고 쫓아내는 의미에서의) 능력이 복합되어 있다.

모든 것을 포함하신 영은 또한 오백 세겔의 단위 셋으로 예표되신 삼일 하나님이 복합되어 있는데, 오백 세겔의 두 번째 단위는 나누어져 있었다. 두 번째 오백 세겔이 나누어진 것은 신성한 삼일성의 둘째이신 그리스도께서 십자가에서 '나누어지시고' 못 박히신 것을 예표한다. 올리브기름 한 힌과 오백 세겔의 단위 셋으로 상징되시는 유일하신 삼일 하나님께서 식물의 생명으로 만든 네 향료로 상징되는 창조된 사람과 복합되셨다.

다섯 가지 요소와 오백 세겔의 단위 셋에서, 숫자 5는 복합되신 영께서 우리가 신성한 것들에 대한 책임을 짊어질 수 있게 하심을 상징한다. 십계명은 다섯 계명씩 두 부분으로 나누어져 두 판에 새겨졌다. 마태복음 25장의 열 처녀는 현명한 다섯 처녀와 어리석은 다섯 처녀로 나누어진다. 이렇게 각 부분이 다섯인 것은 책임을 가리킨다.

사람으로서 우리는 날마다 책임을 져야 한다. 우리가 본분을 다하고 일하고 행동하려면 열 손가락과 열 발가락이 필요하다. 우리는 열 발가락으로 걷고 열 손가락으로 일한다. 열 발가락과 열 손가락은 다섯 개씩 나누어져 있다. 손은 하나의 엄지손가락과 네 손가락으로 되어 있다. 하나의 엄지손가락은 올리브기름 한 힌에 비유될 수 있고, 네 손가락은 복합된 관유의 네 향료에 비유될 수 있다. 엄지손가락으로 묘사되시는 하나님께서 네 손가락으로 묘사되는 사람인 우리에게 더해지실 때, 우리는 책임을 질 수 있게 된다. 네 손가락만 있고 엄지손가락이 없다면 우리는 사물을 집어 올리지 못해 책임을 짊어질 수 없을 것이다. 마찬가지로 사람은 하나님 없이 아무것도 할 수 없다. 네 손가락에 엄지손가락이 더해져서 손이 책임을 짊어질 수 있는 것처럼, 사람은 하나님께서 더해지시는 것이 필요하다. 복합되신 영은 신성한 일들에 대한 모든 책임을 짊어지는 분이시다.

성막과 성막의 기구들과 섬기는 제사장들로 예표되는 것에, 즉 하나님께 경배하는 것과 그분을 섬기는 것과 하나님을 섬기는 이들과 관련된 것에 기름 바르기 위해

출애굽기 30장의 복합된 관유는 성막과 성막의 모든 기구와 섬기는 제사장들에게 바르는 데 사용되어, 하나님의 신성한 목적을 위하여 그 모든 것을 하나님께 분별되고 거룩하게 하였다(26-30절). 이것은 신성한 영역과 관련된 모든 것에 복합되신 영이 발라져야 한다는 것을 시사한다. 복합된 관유로 예표된 복합되신 영은 하나님께 경배하는 것과 그분을 섬기는 것과 하나님을 섬기는 제사장과 관련된 것에 기름 바르기 위한 분이시다(요일 2:20, 27). 그 영의 기름바름 아래 있을 때, 우리는 자신의 본분을 다함으로써 주님의 권익을 위해 책임을 짊어질 수 있다.

우리는 구원받았을 때, 복합되신 영께서 기름 바르시는 것을 체험하기 시작했다. 가장 먼저 그 영께서 오셔서 우리를 감동시키시어 회개하게 하셨다. 그분은 우리를 속된 사람들에게서 분별하셔서 예수님께 나아오게 하셨다. 우리는 예수님께 매혹되고 그분의 이름을 부르고 그분 안으로 믿어 들어감으로써 그 영에 의해 거듭나게 되었다. 거듭난 후에 우리는 거룩하게 됨, 새롭게 됨, 변화됨, 같은 형상을 이룸이라는 단계들을 통과하여 마침내 영광스럽게 됨에 이르게 된다. 이 모든 것이 기름바름의 단계들이다.

요한일서 2장 20절과 27절은 우리가 주님의 기름바름을 받았다고 말한다. 이제 우리는 이 기름바름을 따라 주님 안에 거해야 한다. 이 기름바름을 따라 행하고 활동하며 일하고 처신해야 한다. 이 기름바름은 그 영께서 일하시고 움직이시는 것이다. 따라서 로마서 8장 4절은 우리가 영을 따라 행해야 한다고 말한다. 또한 갈라디아서 5장에서는 그 영을 따라 살고 행하라는 말씀을 본다(16, 25절). 이 영을 모른다면 어떻게 그리스도인의 생활을 할 수 있겠는가? 그것은 불가능할 것이다.

이제 우리 모두는 이 복합되신 영께서 오늘날 어디에 계시는지를 질문해야 한다. 신약은 이 완결되신 영께서 바로 우리의 영 안에 계심을 분명하게 계시하고 매우 강조한다. 로마서 8장 16절은 그 영께서 우리의 영과 함께 우리가 하나님의 자녀들인 것을 증언하신다고 말한다. 디모데후서 4장 22절은 그 영이신 주님께서 우리의 영과 함께 계심을 계시한다. 우리가 그리스도인의 생활을 하려면 반드시 우리의 영으로 돌이켜서 그 안에 머물러야 한다.

그리스도인의 생활을 할 때 우리는 하늘에서 들려오는 음성을 기다릴 필요가 없다. 복합되신 영을 체험하는 것은 비밀스럽지만 매우 정상적인 일이다. 그분은 우리 안에 계시지만, 때로 우리는 그분께서 우리 안에 계신다는 것을 느끼지 못한다. 그러나 우리가 그분을 느끼든 느끼지 못하든 그분은 우리의 영 안에 계신다. 따라서 우리의 영 안에 머무르고 남아 있어야 한다. 그럴 때 영을 따라 행하고 활동하고 일하고 말하게 될 것이다. 로마서 8장에 언급된 영은 사실상 연합된 영, 즉 복합되신 영과 우리 사람의 영이 연합된 영이다.

그리스도의 죽음은 이 복합되신 영에 의해 우리에게 적용된다. 그리스도의 부활도 이 복합되신 영에 의해 우리에게 적용된다. 우리는 영을 따라 행하고 살고 움직이고 활동하고 말할수록 더욱더 그리스도인의 생활을 하게 된다. 어떤 이들은 그리스도께서 생명이시라고 말할지도 모른다. 그러나 어떻게 그리스도께서 그들에게 생명이 되실 수 있는지를 다른 이들에게 말하지 못한다. 그리스도인의 생활에 관한 이 일련의 메시지는 생명이신 그리스도께서 어떻게 적용되실 수 있는지를 우리에게 보여 준다.

우리 모두는 복합되신 영의 예표인 복합된 관유의 의미를 분명하게 이해해야 한다. 그 영에 대한 분명한 계시를 얻으려면 반드시 이 예표를 분명하게 이해해야 한다. 이것은 이 땅에 있는 인간 정부에 대한 우리의 이상과 비슷하다. 이 땅에 있는 인간 정부의 실상을 신성한 관점에서 보려면 다니엘서 2장의 거대한 인간 형상의 의미를 분명하게 이해해야 한다. 그 인간 형상의 의미를 이해하지 못한다면 인간 정부의 성경적인 의미를 이해할 수 없다. 출애굽기 30장에는 복합되신 영의 예표가 있다. 이것은 특별하고 유일한 예표이다. 이 예표는 우리 사람의 생각과 이해를 초월하는 것이지만 반드시 해석되어야 한다.

하나님의 자녀들인 우리는 복합된 관유의 예표를 의무적으로라도 이해해야 한다. 그 영을 이해하려면 반드시 이 예표를 이해해야 한다. 이것은 하나님의 경륜 안에서 이 땅에 있는 정부에 관한 예언을 이해하려면 다니엘서 2장에 언급된 그 거대한 인간 형상을 이해해야 하는 것과 같다. 출애굽기 30장에 언급되어 있는 복합된 관유라는 예표의 의미는 우주의 창조보다 더 위대하다. 이 예표는 우리 삼일 하나님께서 모든 과정을 거치신 후에 마침내 이 관유가 되셨음을 보여 준다. 과정을 거치시고 완결되신 우리 삼일 하나님께서 바로 이러한 관유이시다.

이 관유는 매일 매 순간 우리 안에서 일하고 움직이고 활동하고 말하고 있다. 이 관유의 움직임, 곧 이 기름바름은 모든 것에 관하여 우리를 가르친다. 기름바름은 관유가 일하고 움직이고 활동하고 말하는 것이며, 관유는 우리 삼일 하나님의 완결이다. 이제 우리는 출애굽기 30장에 언급된 복합된 관유라는 이 예표가 놀라운 것임을 알 수 있다.

그리스도인의 생활이란 무엇인가? 그리스도인의 생활은 복합된 관유로 예표된 완결되신 하나님께서 활동하시고 움직이시고 일하시고 말씀하시는 것이다. 이러한 생활에서 하나님과 사람이 모두 우리에게 적용된다. 우리는 가련하고 비천한 사람들이다. 그러나 이 기름바름 안에서 우리는 높아진 사람, 신성한 수준에 이른 사람을 갖는다. 또한 그리스도의 죽음과 그 효능을 갖는다. 그리스도의 죽음의 효능은 매우 달콤하다. 우리는 그리스도의 죽음을 통해 용서받고 의롭다 함을 받고 하나님과 화목하게 됨으로, 하나님의 아들들로 거듭날 수 있었다. 육계로 예표되는 그리스도의 죽음의 효능은 얼마나 달콤한지!

그리고 이 기름바름 안에서 우리는 우리에게 적용되는 그리스도의 부활을 갖는다. 그리스도의 부활은 특히 원수와 모든 부정적인 것들을 대항하고 쫓아내는 데 매우 능력이 있다. 이것은 고대에 곤충과 뱀을 쫓는 데에 사용된 계피로 예표된다. 그리스도의 부활은 원수에게서 오는 모든 반대와 공격에 대항하고 모든 악한 '곤충'과 '뱀'을 쫓아낸다. 그리스도의 부활은 모든 귀신과 악한 영을 쫓아내고 있으며 특히 그들의 인도자인 뱀, 곧 옛 뱀인 마귀를 쫓아내고 있다.

그리스도인의 생활은 우리의 타고난 인간 미덕을 살아 내는 것이 아니다. 그러한 선한 것들은 악한 것들과 함께 선과 악의 지식나무에 속한다. 성경에 계시된 그리스도인의 생활은 내주하시고 복합되신 영의 움직이심과 일하심이다. 이와 같은 그리스도인의 생활만이 생명나무에 속한다. 나는 이 메시지에서의 교통이 우리에게 그리스도인의 생활에 대한 분명한 그림을 제시해 주기를 바란다.

9

그 영께서 그리스도의 죽음과 그 효능을 적용하심

The Spirit's Application of Christ's Death and Its Effectiveness

제9장

그 영께서 그리스도의 죽음과 그 효능을 적용하심

성경: 롬 8:9-10, 고후 4:10-12상, 롬 6:6, 갈 2:20상, 5:24, 롬 8:13하, 마 16:24, 롬 8:6하, 갈 5:16, 25, 롬 8:4하, 고전 15:36, 요 12:24

이 장에서 우리는 그 영께서 그리스도의 죽음과 그 효능을 적용하시는 것을 보고자 한다. 이것은 매우 비밀스럽지만 성경에 명확하게 계시되어 있다. 인격이신 그리스도와 그분의 죽음과 부활은 하나의 실체이다. 이것은 논리적이지만 이해하기가 쉽지 않다. 어째서 그리스도의 부활과 죽음이 그분과 하나란 말인가?

우리가 그리스도의 죽음과 부활 없이 그리스도만 얻는다면, 그리스도가 있어도 적용할 길이 없을 것이다. 그리스도의 풍성 곧 내용은 전적으로 그분의 죽음과 부활에 관계된다. 앞 장에서 우리는 그리스도와 그분의 죽음과 부활이 그 영 안에 함께 복합되어 있음을 보았다. 이렇게 복합되는 것에 의해 그리스도와 그분의 죽음과 부활은 한 실체가 되었다.

우주의 실제 역사

복합되신 영과 그분의 적용되심이 대단히 중요하다는 것을 보려면 우주 역사의 주요 항목들을 보아야 한다. 제일 먼저 우주에는 하나님, 곧 삼일 하나님께서 계셨다. 심지어 영원 과거에도 하나님은 삼일이셨다. 아버지와 아들과 영은 영원히 동시 존재하신다. 성경은 아버지와 아들과 영께서 한 분 하나님이시고 이 셋은 영원히 동시 존재하신다는 것을 보여 준다.

영원하신 삼일 하나님께서 우주를 창조하셨지만, 우주는 완전히 하나님 밖에 있었다. 하나님은 그분의 신성 안에서 계속 홀로 계셨다. 하나님과 우주는 완전히 분리되어 있었다. 하나님은 우주 안에 계셨지만 홀로 떨어져 계셨고 우주 또한 홀로 떨어져 있도록 두셨다.

그 후에 하나님은 사람을 창조하셨다. 사람은 하나님의 형상대로 하나님의 모양에 따라 만들어졌다(창 1:26). 그러나 하나님은 사람을 창조하신 후에도 우주와 사람 밖에 존재하셨다. 사람이 하나님의 형상과 모양을 지니고 있기는 했지만 하나님은 계속해서 홀로 계셨다. 하나님과 사람은 분리되어 있었다. 사람은 하나님 밖에서 살았고 하나님께 연결되지 않았다.

사람이 창조되고 약 사천 년이 지났을 때 하나님께서 사람이 되셨다. 그분은 처녀의 태에 잉태되셨다. 잉태됨은 연합 곧 섞임이다. 오랜 시간 존재하시던 유일하신 하나님께서 약 이천 년 전에 사람 안으로 들어오셨다. 그것이 바로 육체 되심이었다. 육체 되심은 신성을 인성 안으로 이끌었다. 육체 되심을 통하여 삼일 하나님은 사람과 연합되셨을 뿐 아니라 섞이셨다. 이 섞임의 결과로 우주 안에 하나님과 사람의 연합인 우주 안의 한 사람이 있었으며 그분의 이름은 예수이다. 예수님은 완전한 하나님이시자 온전한 사람이시다. 그분은 하나님과 사람이 함께 연합된 분이시다. 그리스도 안에서 하나님은 사람과 연합되셨다.

우주의 역사에서 첫 번째 항목은 하나님이고 두 번째 항목은 창조된 우주이며 세 번째 항목은 사람이다. 네 번째 항목은 첫 번째와 세 번째의 연합이다. 예수 그리스도는 하나님과 사람의 연합이시다. 성경은 이사야서 9장 6절에서 그분께서 놀라우시다고 말한다. 또한 이 절은 한 아기가 우리에게 태어났고 한 아들께서 우리에게 주어지셨는데 그분의 이름은 영원하신 아버지라고 말한다. 이사야서 7장 14절은 "처녀가 잉태하여 아들을 낳을 것이며, 그 이름을 임마누엘이라 부를 것입니다."라고 말한다. 이 절들은 아들께서 아버지이시고 이 아기가 하나님이시라는 것을 보여준다. '임마누엘'은 '우리와 함께 계시는 하나님'이라는 뜻이다. 예수님은 우리와 함께 계시는 하나님이시다. 그분은 하나님이실 뿐 아니라 우리 가운데 거하시려고 육체 되신 하나님이시다.

이분은 하나님 곧 아버지와 아들과 영이시고 또한 사람이시다. 이 사람의 어떠하심과 존재는 놀랍다. 예수님은 우주 안에서 경이로운 분이신데, 아버지 하나님과 아들 하나님과 영 하나님이시며 또한 사람이시기 때문이다. 그분은 경이로운 분이 아니신가? 바로 그분이 우주 역사의 네 번째 주요 항목이시다.

다섯 번째 항목은 그리스도의 죽음이다. 그분의 죽음은 합작품이었다. 아버지 하나님과 아들 하나님과 영 하나님과 사람이 모두 그리스도의 죽음에 관련되었다. 그들 모두가 구속의 성취를 위한 합작 사업에 참여했다. 우주에는 십자가 모양을 이루는 별자리가 있는데, 남십자성이라고 불린다. 제시 펜 루이스는 그리스도의 십자가에 대해 말할 때 이 별자리를 언급했다. 이것은 그리스도의 죽음이 우주 가운데서 위대한 일임을 보여준다.

우주 역사의 여섯 번째 주요 항목은 그리스도의 부활이다. 부활의 원칙은 살아 있는 모든 것과 관계된다. 이사야서에서 다윗 왕가는 한 그루의 큰 나무에 비유되었다. 어느 날 이 큰 나무가 뿌리 외에는 거의 다 잘리고 작은 그루터기만 남겨졌다. 이사야서 11장 1절은 이렇게 말한다. "이새의 그루터기에서 한 싹이 나오고 / 그의 뿌리에서 한 가지가 나와 열매를 맺으리라." 그리스도는 한 싹으로서 이새의 그루터기에서 나오셨다. 이 싹은 결국 한 가지가 되었다. 여기서 우리는 부활의 원칙을 볼 수 있다. 그리스도께서 오신 것은 다윗 왕가의 부활이었다. 부활의 원칙은 자연에서도 볼 수 있다. 씨는 땅에 뿌려지면 죽은 다음 살아난다. 이것이 부활이다. 신약은 그리스도께서 죽은 사람들 가운데서 살아나셨다고 말한다.

우주의 역사에서 일곱 번째 주요 항목은 그리스도께서 부활 안에서, 부활을 통하여, 생명 주시는 영이 되셨다는 것이다(고전 15:45하). 앞 장에서 우리는 생명 주시는 영께서 출애굽기 30장 23절부터 25절까지에 언급된 복합된 관유가 예표하는 것처럼 복합체이심을 보았다. 생명 주시는 영은 올리브기름 한 힌으로 예표되시는 주성분이신 하나님과, 네 향료로 예표된 사람이 복합되어 있다. 모든 것을 포함하시는 이 영은 하나님께서 거치신 과정의 모든 요소가 복합되어 있다. 이 복합체에는 몰약으로 상징된 그리스도의 죽음이 있고, 창포로 상징된 그리스도의 부활이 있다. 거기에는 또한 육계로 상징된 그리스도의 죽음의 효능이 있고, 계피로 상징된 그리스도의 부활의 쫓아내는 능력이 있다.

기름 한 힌과 각각 오백 세겔로 이루어진 향료 세 단위는 유일하신 삼일 하나님을 상징한다. 두 번째 단위가 둘로 나누어졌는데, 이것은 신성한 삼일성의 둘째께서 십자가에서 나누어지셨음을 상징한다. 복합되신 영 안에서 우리는 하나님과 아버지와 아들과 영과 높아진 사람을 얻는다. 복합되신 영 안에서 우리는 또한 그리스도의 죽음과 그 효능, 그리스도의 부활과 그 쫓아내는 능력을 얻는다. 복합되신 영은 이 모든 항목의 총체이시다. 하나님, 아버지 하나님, 아들 하나님, 영 하나님, 높아진 사람, 그리스도의 죽음과 그 효능, 그리스도의 부활과 그 능력이 함께 복합되고 섞여, 복합되신 생명 주시는 영이 되었다.

오늘날 하나님은 어디에 계시는가? 우리는 "그 영 안에 계신다."라고 말해야 한다. 아버지는 어디에 계시는가? "그 영 안에 계신다." 아들은 어디에 계시는가? "그 영 안에 계신다." 영은 어디에 계시는가? "그 영 안에 계신다." 높아진 사람은 어디에 계시는가? "그 영 안에 계신다." 그리스도의 죽음은 어디에 있는가? "그 영 안에 있다." 그리스도의 죽음의 효능은 어디에 있는가? "그 영 안에 있다." 그리스도의 부활은 어디에 있는가? "그 영 안에 있다." 그리스도의 부활 능력은 어디에 있는가? "그 영 안에 있다." 따라서 그 영을 얻으면 모든 것을 얻는다.

하나님께서 우리와 함께 계신다는 느낌이 있다면 우리는 그 영을 감지하고 있는 것이다. 아내와 다투려 할 때 남편은 자신 안에 있는 무언가가 멈추라고 강권하는 것을 체험한다. 이 순간 그는 그 영께서 그리스도의 죽음을 지니고 계신 것을 감지한다. 그 영 없이는 그리스도의 죽음을 체험할 수 없다. 왜냐하면 그리스도의 죽음이 그 영 안에 있기 때문이다.

우리는 그 영 없이는 하나님의 경륜 안에 있는 어떤 것도 체험할 수 없음을 깨달아야 한다. 그 영이 없으면 아버지 하나님도 없다. 그 영이 없으면 아들 하나님도 없다. 그 영이 없으면 영 하나님도 없다. 그 영이 없으면 높아지고 영광스럽게 된 사람도 없다. 그 영이 없으면 그리스도의 죽음도 없다. 그 영이 없으면 그리스도의 죽음의 효능도 없다. 그 영이 없으면 그리스도의 죽음은 시간적으로나 공간적으로 우리에게서 멀리 떨어져 있다. 그러나 그 영이 있으면, 우리를 죽이고 우리의 옛사람을 못 박는 그리스도의 죽음이 바로 여기에 있다. 그 영이 없으면 부활도 없다. 그 영이 없으면 구원도 없다. 그 영이 없으면 거듭남도 없다. 그 영이 없으면 새롭게 함도 없다. 그 영이 없으면 거룩하게 함도 없다. 그 영이 없으면 변화도 없다. 그 영이 없으면 같은 형상을 이루는 것도 없다. 그 영이 없으면 영광스럽게 됨도 없다. 하나님의 경륜에 속한 우주 안의 모든 긍정적인 것들이 이 영 안에 복합되어 있다. 오늘날 하나님께서 빛을 비추어 주심으로 우리는 그 영께서 모든 것을 포함하신 것을 볼 수 있다.

그 영은 하나님, 삼일 하나님, 높아진 사람, 그리스도의 죽음과 그 효능, 그리스도의 부활과 그 능력의 총체이시다. 그러므로 신약은 우리에게 그 영을 따라 살고 그 영을 따라 행하며(갈 5:16, 25) 영을 따라 모든 것을 하라고(롬 8:4) 명령한다. 그리스도를 높이고 표현하고 나타내고 사는 유일한 길은 영을 따라 살고 행하고 일하는 것이다. 우리가 스스로 다른 이들을 사랑한다면 우리 자신을 높일 것이다. 그러나 그리스도께서 우리 안에서 우리를 통하여 다른 이들을 사랑하신다면 바로 그분께서 높아지실 것이다.

존 웨슬리(John Wesley)는 거룩함이 죄 없는 온전함이라고 생각했다. 그러나 성경의 원칙에 따르면, 우리가 심지어 죄 없는 온전함에 이를 수 있을지라도 그것은 그리스도가 아니라 우리 자신을 높인다. 그것은 그리스도가 아니라 우리 자신을 표현한다. 그 영을 따라 살고 행하고 일하는 것은 그리스도를 살고 확대하며 나타내고 표현하며 높이고 영광스럽게 하는 것이다.

복합되신 영 안에서, 우리는 그리스도의 죽음이 우리를 죽이는 것을 체험한다. 우리가 그 영을 따라 살고 행할 때, 그 영은 우리의 혼과 타고난 사람과 몸과 몸의 행실을 죽이신다. 그 영은, 우리를 보양하면서 우리 존재 안에 있는 부정적인 것들을 죽이는 모든 것을 포함한 약이시다. 심지어 우리가 먹는 물질적인 음식도 우리를 보양하며, 우리 존재 안에 있는 세균들을 죽이는 데 도움이 된다. 오늘날 공기 같은 영이신 그리스도,

곧 모든 것을 포함하신 영께서 우리의 생명과 빛과 음식과 음료와 공기가 되신다. 따라서 우리는 영적으로 보양을 받고 우리 안에 있는 세균들은 죽게 된다. 오늘날 공기 같은 영이신 그리스도, 곧 생명 주시고 복합되신 영을 우리는 먹고 마시고 들이쉬어야 한다. 나는 생명 주시는 영을 우주 역사의 일곱 번째 주된 항목으로 여긴다.

여덟 번째 항목은 교회이고 아홉 번째 항목은 새 예루살렘이다. 우리가 복합되신 영을 누린 결과는 먼저 교회이고 결국 새 예루살렘일 것이다. 이 아홉 항목이 우주의 실제 역사이다.

그리스도의 죽음과 그 효능은 그 영 안에 복합되어 있고 그 영 안에서 효력이 있음

이제 그 영께서 그리스도의 죽음과 그 효능을 적용하시는 것을 보고자 한다. 그리스도의 죽음과 그 효능은 그 영 안에 복합되어 있고 그 영 안에서 효력이 있다. 만일 그리스도의 죽음이 그 영 안에 있지 않다면 효력이 없을 것이다. 우리가 그 영을 누리고 체험한다면 그리스도의 죽음이 우리 안에서 효력이 있게 될 것이다. 그리스도의 죽음은 그 영 안에 있다.

우리의 영 안에 거하시는 복합되신 영은 그리스도의 죽음과 그 효능을 우리의 영에서 혼으로 심지어 죽을 몸에까지 분배하심

우리의 영 안에 거하시는 복합되신 영은 그리스도의 죽음과 그 효능을 우리의 영에서 혼으로 심지어 죽을 몸에까지 분배하신다(롬 8:6, 9-10). 이러한 분배는 기름바름이며(요일 2:20, 27), 이 기름바름은 내주하시는 영의 움직임이다. 주님을 사랑하고 주님과 교통을 유지하는 그리스도인들은 자신 안에서 항상 무언가가 움직인다는 느낌과 감각이 있다. 이 움직임이 바로 기름바름이며, 이 기름바름은 삼일 하나님께서 그리스도의 죽음과 부활을 분배하시는 것이다. 이러한 분배에는 신성과 그리스도의 인성, 그리스도의 죽음과 그 효능, 그리스도의 부활과 그 능력이라는 모든 요소가 포함되어 있다.

우리가 이런 분배 아래 있을 때, 타고난 생명이 죽음당하고 육체가 십자가에 못 박힌다. 이 분배, 이 기름바름, 내주하시는 영의 이 움직임 아래 있을 때 우리는 그리스도의 죽음을 체험한다. 화를 내려고 할 때 우리는 자신을 멈추고 기도할 수 있다. 기도하고 나면 화가 사라진다. 이것은 우리의 기도가 내주하시는 영의 움직임을 활발하게 하고, 이 내주하시는 영의 움직임 안에 죽이는 능력이 있기 때문이다.

우리의 환경 안에서 예수님을 죽게 한 것이 내주하시는 영과 협력하여 우리의 타고난 사람을 죽임

우리의 환경 안에서 예수님을 죽게 한 것이 내주하시는 영과 협력하여 우리의 혼과 몸을 포함하는 우리의 타고난 사람(우리의 겉사람)을 죽인다. 이것은 고린도후서 4장 10절부터 12절까지에서 강조된다. 바울은 예수님을 죽게 한 것을 항상 몸에 지니고 다니는 것은 예수님의 생명도 자신의 몸에서 나타나게 하려는 것이라고 말했다.

우리 안에는 내주하시는 영께서 계신다. 그러나 때로 우리가 목이 곧

고 고집이 세기 때문에 하나님은 환경을 일으키셔서 우리를 다루신다. 생활 가운데 모든 환경이 우리를 대적하려고 일어나 내주하시는 영을 돕는다. 내주하시는 영은 우리를 죽이는 일을 하신다. 그 영은 우리를 죽이는 분이시며 우리를 죽이는 도구인 '칼'이 필요하시다. 그 '칼'은 형제의 경우에는 아내나 자녀일 수 있다. 혹은 교회의 어떤 형제들이나 자매들일 수 있다. 그 영께서 우리를 죽이시려고 사용하시는 '칼'이 어떤 성도일지도 모른다.

우리 모두는 좋은 환경에서 만사가 순조롭고 평안하고 달콤하고 유쾌하게 이루어지는 것을 좋아한다. 사람들이 "어떻게 지내십니까?"라고 물을 때 항상 우리는 "잘 지냅니다."라고 말한다. 그러나 이것은 대개 거짓말이다. 우리가 정말 솔직하다면 "잘 지내지 못합니다."라고 대답할 것이다. 왜냐하면 우리의 타고난 사람을 죽이시는 그 영과 함께 일하는, 고난과 압력의 환경 안에 있기 때문이다. 니 형제님은 이런 종류의 환경을 성령의 징계라고 말했다. 고린도후서 4장의 죽게 한 것 곧 죽이는 것은 환경에 의한 것이다. 그리스도의 죽음을 적용하는 것에 대해 말할 때, 로마서 8장은 내주하시는 영을 언급하고 고린도후서 4장은 밖의 환경을 언급한다. 밖의 환경은 안에 계시는 그 영과 협력하여 우리의 타고난 사람을 죽이는 일을 수행한다.

고린도후서 4장 16절은 "우리의 겉사람은 썩어 가고 있지만, 우리의 속사람은 나날이 새로워지고 있습니다."라고 말한다. '썩어 가다'에 해당하는 헬라어 단어는 '소멸되다', '소모되다', '마모되다'를 의미한다. 중국어 성경에 따르면, 이 단어는 '멸망당하다'를 의미할 수도 있다. 죽음이 죽이는 일을 하여 우리의 겉사람이 소멸되는 동시에, 우리의 속사람은 부활 생명의 신선한 공급으로 새로워지고 있다.

우리의 영과 혼과 몸 안에서, 운행하시는 영과 협력하고 환경을 받아들임

영과 혼과 몸 안에서 우리는 운행하시는 영과 협력하고 환경을 받아들여야 한다. 우리 존재의 모든 부분 안에서, 우리는 내주하시는 영과 협력하고 밖의 환경을 기꺼이 받아들여야 한다. 그럴 때 우리는 그리스도의 죽이심 아래 행동하게 된다. 이런 죽이심은 내주하시는 영과 죽이는 무기인 환경에 의해 수행된다.

운행하시는 영과 협력하고 밖의 환경을 받아들이려면, 우리는 자신이 그리스도와 함께 십자가에 못 박혔음을 인식해야 한다(롬 6:6, 갈 2:20상). 또한 우리의 육체를 그 정욕과 욕망과 함께 십자가에 못 박아야 한다(갈 5:24). 어떤 의미에서 우리는 자신을 십자가에 못 박을 수 없다. 그러나 어떤 의미에서 우리는 육체를 그 정욕과 욕망과 함께 십자가에 못 박을 수 있는데, 이는 우리에게 새사람이 있기 때문이다. 새사람은 육체를 십자가에 못 박는다. 따라서 우리의 영 곧 새사람을 사용하여, 우리의 육체 곧 우리의 겉사람을 십자가에 못 박아야 한다.

우리는 또한 그 영으로써 우리 몸의 행실을 죽여야 한다(롬 8:13하). 죽게 한다는 것은 죽이는 것을 의미한다. 우리는 우리 몸의 행실을 죽여야 한다. 우리의 죄의 몸이 행하는 것은 무엇이든지 죽여야 한다. 전화로 한담하는 것은 죽여야 할 몸의 행실이다.

우리는 십자가를 져야 한다. 즉 그리스도의 십자가에 못 박히심 안에 머물러야 한다(마 16:24). 우리는 십자가에 못 박힘에서 떠나서는 안 된다. 우리는 십자가에 못 박힘 안에 머물러야 하고 십자가를 져야 한다. 또한 우리의 영 안에 머물러야 하고, 영을 따라 곧 연합된 영을 따라 살고 행해야 한다(롬 8:6하, 갈 5:16, 25, 롬 8:4).

그리스도의 죽음에 대한 이 같은 체험은 그리스도의 부활을 이끌어 온다. 다시 말해서 죽음이 없이는 생명이 없다. 고린도전서 15장 36절에서 바울은 "그대가 뿌리는 씨가 죽지 않으면, 살아나지 못할 것이며"라고 말한다. 요한복음 12장 24절에 기록된 주님의 말씀은 이 원리를 계시한다. 밀알은 죽어야 한다. 그러지 않으면 밀알은 번성할 수 없다. 로마서 8장 13절도 이 원칙을 암시한다. 이 절은 우리가 그 영으로써 우리 몸의 행실을 죽이면 살 것이라고 말한다. 이것은 우리가 그리스도의 죽음을 체험하여 가져온 부활이다. 고린도후서 4장 10절과 11절은 십자가가 우리를 죽이는 것의 결과로 부활 생명이 나타남을 보여 준다. 이렇게 날마다 죽이는 것은 부활 안에 있는 신성한 생명을 해방하기 위한 것이다.

죽음이 없이는 생명이 없다는 것을 잊지 말아야 한다. 그리스도의 죽음은 복합되신 영 안에 있다. 그 영은 그리스도의 죽음과 그 효능의 적용이시다. 그리스도인의 생활이란 무엇인가? 그리스도인의 생활은 복합되신 영의 죽이시는 일 아래 항상 거하는 생활이다. 죽이는 일이 없으면 생명이 없다. 우리는 자신이 하는 모든 일에서 죽음당해야 한다. 물건을 사는 것에서, 이발하는 방식에서, 가정에서, 우리의 타고난 사람은 죽음당해야 한다.

교회생활에서 우리는 죽음당하는 것을 피할 수 없다. 교회에 있는 모든 성도가 우리의 겉사람을 죽이는 '칼'이다. 교회 안에 오래 머물수록, 우리는 죽이는 것과 죽음이 일하는 것과 십자가가 일하는 것을 더욱 체험하게 된다. 우리는 죽이는 것과, 죽음과, 십자가가 일하는 것 아래 머물러야 한다. 그럴 때 우리는 부활 안에서 살게 될 것이다. 이것은 영광스럽다. 이것은 심지어 우리의 행복이자 기쁨이다. 우리는 주님께서 죽이시는 것과 주님께서 우리를 죽게 하신 것을 매일 체험해야 한다. 그럴 때 그리스도의 부활 안에서 날마다 승리와 기쁨이 있을 것이다.

10

그 영께서
그리스도의 부활과
그 능력을 적용하심

The Spirit's Application
of Christ's Resurrection
and Its Power

제10장

그 영께서 그리스도의 부활과 그 능력을 적용하심

성경: 요일 5:6, 롬 8:11, 6하, 10, 고후 4:16, 11,
골 2:12, 엡 2:6상, 빌 3:10, 고후 4:10, 12:9,
13:14, 고전 15:10, 45하, 58

이 장에서 우리는 성경에서 가장 비밀스러운 것들 중 하나인 그리스도의 부활에 이르렀다. 가장 먼저 하나님 자신이 부활이시다. 따라서 주 예수님은 죽은 나사로를 부활시키려고 하실 때 마르다에게 자신이 부활이라고 말씀하셨다(요 11:25). 그분은 생명이실 뿐 아니라 부활이시다. 온 우주 가운데 하나님 외에는, 그리스도 외에는 부활이 없다. 하나님이 부활이시다. 하나님은 비밀이시며 이 비밀이 곧 부활이다. 결국 이 비밀은 완결되신 영이 되었다.

부활이란 무엇인가

여러 해 동안 나는 부활이 무엇인지를 잘 이해하지 못했다. 나는 그리스도의 죽음에 대해서는 많은 가르침을 받았지만 그리스도의 부활에 대해서는 충분한 인식이 없었다. 그러나 오늘날 나는 부활이 삼중 비밀임을 여러분에게 말할 수 있다. 하나님과 부활과 그 영은 이 삼중 비밀의 구성 성분이다. 부활은 하나님에게서 시작하여, 모든 것을 포함하시고 생명 주시며 복합되신 영으로 완결된다.

완결되신 영은 그리스도의 부활의 실재이시다. 그리스도의 부활은 그 영 안에서만 실재화되고 체험될 수 있다. 그 영 없이는 부활을 알 수 없다. 부활은 한 인격이다. 부활은 곧 하나님이다. 하나님은 육체 되심과 인간 생활과 십자가에 못 박히심과 부활의 과정을 거치시어 생명 주시는 영이 되셨다(고전 15:45하). 그 영은 부활이신 하나님의 완결이시다.

오늘날 우리에게서 그 영을 없애 버린다면 우리는 더 이상 그리스도인이 아니다(롬 8:9하). 더욱이 성경에서 그 영을 없애 버린다면 성경은 그저 죽은 문자로 이루어진 책이 될 것이다. 성경은 실재가 없는 이야기책이 되고 말 것이다. 성경의 실재는 부활의 완결이신 그 영이며, 부활은 과정을 거치신 하나님의 체현이다.

그리스도인의 체험 가운데서 우리는 그 영을 매일 체험한다. 그러나 오늘날 그리스도인들 가운데에는 합당한 가르침이 부족하기 때문에, 우리는 그 영을 체험하는 것이 그리스도의 부활을 체험하는 것임을 인식하지 못했다. 오늘날 많은 사람이 어떻게 그 영으로 충만하게 되는지에 대해 이야기한다. 그러나 그 영께서 부활이심을 인식하지 못한다면 우리는 그 영을 합당하게 체험하지 못할 것이다. 부활을 체험하는 것은 그 영을 본질적이고도 경륜적으로 참되게 체험하는 것이다.

그리스도는 제자들 안으로 그 영을 불어 넣으셨다(요 20:22). 그리고 사십 일 후에 제자들 위에 그 영을 부으셨다(행 2:1-4). 이것은 그분께서 부활하신 후의 일이었다. 그분께서 부활하시기 전에는 본질적인 영께서 우리 존재 안으로 들어오실 수 없었고 경륜적인 영께서 우리 위에 부어지실 가능성도 없었다. 부활이 완성된 사실에 근거하여 이 두 가지가 일어났다. 그 영을 사용하고 적용할 수 있게 한 것은 바로 그리스도의 부활이었다. 그분께서 본질적인 영으로서 우리 안에 들어오신 것은 생명을 위한 것이고, 경륜적인 영으로서 우리 위에 부어지신 것은 능력을 위한 것이다. 그 영의 이 두 방면은 그리스도의 부활의 실재에 속한 부분이다.

사도행전은 그리스도의 부활을 증언하는 책이다. 사도행전은 제자들이 그리스도의 부활을 증언하는 증인들이었음을 분명하게 언급한다(1:8). 오늘날 복음을 전파하는 그리스도인들은 그리스도의 죽음을 강조한다. 그러나 베드로나 바울 같은 초기 사도들은 복음을 전파할 때 그리스도의 부활을 강조했다. 물론 그들도 그리스도의 죽음에 대해 말했다. 그러나 이 죽음은 완결이 아니다. 완결은 부활이다.

부활은 그 영이며, 그 영은 과정을 거치시고 완결되신 삼일 하나님이시다. 하나님과 그리스도와 그리스도의 죽음과 부활이 이 복합되신 한 영 안으로 복합되었다. 이 복합되신 한 영은 바로 그리스도의 부활의 실재이시다.

부활은 한 인격인데, 왜냐하면 그리스도께서 자신이 부활이라고 말씀하셨기 때문이다. 생명과 빛 또한 한 인격이다. 그리스도는 자신이 생명이고(요 14:6) 빛이라고(8:12) 말씀하셨다. 사랑 또한 한 인격이다. 성경은 하나님께서 사랑이시라고 말한다(요일 4:8, 16). 그러나 어떤 절도 그리스도께서 죽음이시라고 말하지 않는다. 우리는 소유격 표현을 사용하여 '그리스도의' 죽음이라고 말할 수 있다. 왜냐하면 죽음은 완결이 아니기 때문이다. 완결은 부활이다. 삼일 하나님께서 거치신 과정은 부활로 완결되었다. 그러므로 부활은 완결되신 하나님이다.

우리는 부활에 대한 분명한 조망을 가져야 한다. 하나님은 부활이시고, 부활은 복합되신 영이며, 복합되신 영은 완결되신 하나님이시다. 부활에 대한 이러한 조망은 성경의 신성한 계시에 따른 것이다.

부활을 체험함

그리스도인의 생활은 그리스도의 부활 안에 있는 생활이다. 그 영을 알고자 한다면 부활을 알아야 한다. 부활은 삼일 하나님께서 완결되시어 생명 주시는 영이 되신 것이다. 우리는 이처럼 깊고 높은 비밀인 부활의 비밀을 이해하지는 못하지만 체험할 수 있다. 우리는 심지어 우리 사람의 생명도 이해하지 못한다. 그러나 이 생명을 날마다 체험할 수 있다. 음식을 먹을 때 우리는 자신이 섭취하는 많은 자양분들과 비타민들을 이해하지는 못하지만 누릴 수 있다. 우리는 사람의 생명이 무엇인지 알지 못하지만 분명 이 생명을 누릴 수 있다.

누가 삼일 하나님을 완전하게 이해할 수 있는가? 우리는 삼일 하나님을 이해할 수 없지만, 그분은 우리가 체험하고 누리기에 유용한 분이시다. 거의 매일 아침 나의 첫 번째 기도는 다음과 같다. "주님, 평안에 대해 감사드립니다. 안전에 대해 감사드립니다. 당신의 임재에 대해 감사드립니다. 당신의 깨끗하게 하심에 감사드립니다. 당신의 용서하심에 감사드립니다. 당신께서 저의 건강을 지켜 주심에 감사드립니다." 이것은 간단한 기도이지만, 나는 이 간단한 기도를 통해 삼일 하나님을 누리고 그 영으로 충만하게 된다. 나는 칠십 년 가까이 삼일 하나님을 누리고 있다. 부활이신 하나님을 매일 누리기 때문에, 나는 하나님께서 계신다는 것을 부인할 수 없다.

우리가 접촉하는 하나님은 부활이시다. 우리가 하나님을 접촉할 때 부활이 우리 안에서 기능을 발휘하고 모든 것이 우리의 발아래 있다. 부활이 우리 안에서 기능을 발휘할 때, 우리는 기쁨과 평안과 안식과 찬양과 즐거움으로 충만하게 된다. 우리가 부활이신 그 영을 체험할 때, 모든 부정적인 것이 십자가에 있게 되고 무덤 안에 있게 되며 우리의 발아래 있게 된다.

인생은 어려움과 염려와 온갖 슬픔으로 가득하다. 우리의 하나님에 의해서만 우리 존재에서 이런 것들을 제거할 수 있다. 우리의 하나님은 부활이시고 부활은 곧 그 영이다. 그 영은 죽이시고 또 부활하게 하신다. 이것은 우리를 죽이는 그리스도의 죽음과 우리를 높아지게 하는 그리스도의 부활이 우리가 누리는 복합되신 영 안에 복합되어 있기 때문이다. 우리는 복합되신 영을 누릴 때 우리를 내적으로 죽이는 것과 부활시키는 것을 체험한다. 이렇게 우리를 죽이는 것에 더하여 부활시키는 것이 있다면 우리에게 하나님이 있는 것이다. 죽이는 것에 부활시키는 것을 더하면 하나님이다. 하나님은 우리 안에서 움직이시고 일하시며 기능을 발휘하신다. 그분은 고난을 견딜 수 있는 인내와 평안과 능력이신 그분 자신을 우리에게 주신다. 그분은 우리가 그리스도인의 생활을 하는 데 필요한 모든 것이신 그분 자신을 우리에게 주신다.

하나님은 비밀스러우시고 부활도 비밀스러우며 복합되신 영도 비밀스러우시다. 성경이 이 세 항목에 대해 많이 말하지만 이 항목들은 극도로 비밀스럽다. 이 항목들은 매우 비밀스럽지만 우리가 그리스도인의 생활에서 일상적으로 체험할 때에는 실지적이다.

우리는 항상 그 영께서 그리스도의 부활과 그 능력을 적용하시는 것을 체험해야 한다. 전시간 훈련생들은 자신의 제한된 환경에서 이 체험 안으로 들어가야 한다. 다섯 자매가 한 아파트에서 생활할지도 모른다. 이 아파트에서 각 사람은 모든 일에 주의해야 한다. 그러지 않는다면 서로가 마음을 상하게 할 것이다. 이 아파트는 그들에게 작은 '무덤'과 같다. 전시간 훈련을 받는 것은 고난이지만 이 고난 안에 기쁨과 평안이 있다. 하나님께서 우리를 위해 안배하신 환경을 피하려 한다면 우리는 기쁨과 평안을 얻지 못할 것이다. 이렇게 제한된 환경 안에 머물 때 부활을 체험할 수 있다.

부활을 체험하려면 우리의 말 또한 제한받아야 한다. 한담을 할수록 부활이 사라진다. 한담을 할수록 그 영을 체험할 수 없다. 우리가 부활의 실재이신 그 영을 체험하려면, 우리의 영으로 돌이켜 기도하고 찬양하고 찬송을 부르고 하나님과 이야기해야 한다. 시편 18편의 제목은 이 시가 다윗과 하나님의 대화, 즉 다윗이 하나님과 이야기한 것임을 시사한다. 우리는 하나님과 이야기하고 하나님과 의논해야 한다. 하나님과 십 분간 이야기하고 나면 우리는 불타게 되고 부활의 실재이신 그 영으로 충만하게 될 것이다.

그 영은 그리스도의 부활과 그 능력의 실재이심

그 영은 그리스도의 부활과 그 능력의 실재이시고, 이것들이 복합되어 있다(요일 5:6).

그리스도의 부활과 그 능력이 복합되어 있는 그 영은 우리의 영 안에 내주하심

그리스도의 부활과 그 능력이 복합되어 있는 그 영은 우리의 영 안에 내주하시면서(롬 8:11), 우리의 영과 혼뿐만 아니라(롬 8:6하, 10, 고후 4:16) 우리의 죽을 몸에도(롬 8:11, 고후 4:11) 그리스도의 부활과 그 능력을 분배하신다.

부활시키시는 영과 협력함

우리는 그리스도와 함께 부활했음을 인식하고(골 2:12, 엡 2:6상) 그리스도의 부활 능력을 추구함으로(빌 3:10상), 부활시키시는 영과 협력해야 한다. 바울은 그리스도와 그분의 부활 능력을 알기 원한다고 말했다. 이 능력은 우리가 그리스도의 죽음과 같은 형상을 이루게 한다(빌 3:10하, 고후 4:10, 16).

우리는 죽을수록 그 영을 더욱 얻는다. 우리는 죽을수록 부활 안에 더욱 있게 된다. 우리가 죽을수록 평안, 기쁨, 빛, 생명, 사랑과 같은 신성한 속성들이 더욱 우리와 함께함으로 우리 인간 미덕들의 내용이 될 것이다. 이것이 그리스도인의 생활이며 경건의 위대한 비밀(딤전 3:16)이다. 경건은 삼일 하나님을 살아 내는 것, 그 신성한 존재가 우리의 육체로 나타나는 것이다.

우리는 삼일 하나님과 완결되신 영과 부활로 점유된 사람들이어야 한다. 우리는 내적으로도 외적으로도 그 영으로 충만한, '제정신이 아닌' 그리스도인이 되어야 한다. 우리는 온전히 부활 안에 있어야 한다. 부활이란 무엇인가? 부활은 복합되신 영으로서, 과정을 거치시고 완결되신 삼일 하나님이다.

생명 주시는 영 안에 있는 그리스도의 부활과 그 능력은 과정을 거치시고 완결되신 삼일 하나님의 충분한 은혜임

생명 주시는 영 안에 있는 그리스도의 부활과 그 능력은 과정을 거치시고 완결되신 삼일 하나님의 충분한 은혜이다(고후 12:9, 13:14, 고전 15:10, 45하, 58). 우리는 또한 그리스도의 부활과 그 능력의 실재화이신 그 영께서 충분한 은혜이시라고 말할 수 있다. 충분한 은혜는 부활의 실재이신 복합되신 영이다.

고린도전서 15장은 이것을 확증한다. 이 장은 그리스도의 부활에 관한 쉰여덟 절로 이루어진 긴 장이다. 이 장에서 바울은 부활이 없다고 말하는 사람들에게 반대 증거를 제시한다(12-19절). 또한 10절 상반절에서 바울은 "그러나 내가 지금의 내가 된 것은 하나님의 은혜로 된 것이니"라고 말했다. 여기서 은혜는 생명 주시는 영이신 부활하신 그리스도이다. 바울은 계속하여 이렇게 말했다. "나는 모든 사도들보다 더 많이 수고하였습니다. 그러나 그것은 내가 아니라, 나와 함께한 하나님의 은혜였습니다."(10하절) 바울은 자신 안에서 운행하는 은혜로 모든 사도들보다 더 많이 수고했다. 그와 함께한 하나님의 은혜는 삼일 하나님의 완결이신 완결되신 영이었다.

고린도전서 15장 58절에서 바울은 이렇게 말했다. "그러므로 내 사랑하는 형제님들, 여러분은 견고하여 흔들리지 말며, 항상 주님의 일을 더욱 많이 하십시오. 여러분이 아는 대로, 여러분의 수고가 주님 안에서 헛되지 않습니다." 우리는 낙담하거나 실망해서는 안 된다. 오히려 수고해야 한다. 우리의 자아나 능력이나 힘이나 역량으로 수고하는 것이 아니라, 신성한 부활의 실재 곧 삼일 하나님 자신이신 복합되시고 모든 것을 포함하신 영에 의해 수고해야 한다. 그럴 때 우리의 수고는 결코 헛되지 않을 것이다. 이것이 그리스도인의 생활의 행함과 일이다. 사실상 우리의 일이 우리의 행함이고 생활이다.

어떤 사람들은 내가 언제 은퇴할지를 궁금해한다. 나는 주님 품으로 가게 될 때 비로소 은퇴할 것이다. 이것은 나를 '제정신이 아니게' 하는 무언가가 내 안에 있기 때문이다. 삼일 하나님과 부활과 복합되신 영은 나의 누림이다. 이것이 바로 그리스도의 은혜와 하나님의 사랑과 그 영의 교통이 우리와 함께함을 체험하는 것이다(고후 13:14). 완결되신 하나님과 부활과 모든 것을 포함하시고 완결되신 영은 신성한 교통 안에서 우리의 몫이 된다.

11

그 영을 따라 살고 행함

Living and Walking by the Spirit

제11장

그 영을 따라 살고 행함

성경: 갈 5:25, 2:20상, 빌 1:19-21상, 갈 5:16상, 롬 6:4, 8:4, 갈 6:16, 빌 3:16

이 장에서 우리는 그 영을 따라 살고 행하는 문제를 고려할 것이다. 이 문제는 믿는 이들에게 중요할 뿐 아니라 그리스도인의 생활에도 중요하다. 우리가 그 영을 따라 살고 행하는 것은 모든 것을 포함하신 영, 그리스도의 모든 것을 포함한 죽음, 그리스도의 생명을 해방하고 산출하는 부활이라는 세 가지 주된 것을 포함한다. 표면적으로 문자에 따르면 이 세 가지는 관계가 없는 것 같다. 그러나 사실상 이 세 가지는 하나 안으로 복합되어 있다. 신약의 그 영은 복합적인 영이시고 심지어 복합되신 영이시다. 출애굽기 30장의 복합된 관유는 복합되신 영에 대한 가장 좋은 예표이다. 그 관유는 올리브기름이라는 단일 성분으로 이루어진 것이 아니라 올리브기름에 네 종류의 향료가 복합되어 만들어졌다.

우리는 그 영을 볼 수 없다. 왜냐하면 그 영께서 보이지 않는 분이시기 때문이다. 또한 우리 안에는 보이지 않는 무언가가 있는데 바로 우리의 영이다. 이 두 영, 곧 그 영과 우리의 영은 모두 보이지 않지만 훨씬 실지적이다. 체험에 따르면, 분명 우리 안에는 성경이 영이라고 부르는 부분이 있다(욥 32:8, 잠 20:27, 슥 12:1, 롬 8:16, 고전 16:18, 살전 5:23, 딤후 4:22). 더욱이 하나님은 영이시다(요 4:24). 우리는 영이 있기 때문에, 이것을 이해하지는 못할지라도 체험으로 깨달을 수 있다.

삼일 하나님은 그리스도 안에서 모든 과정을 통과하심으로 모든 것을 포함하신 복합되신 영이 되셨다. 오늘날 이 영은 놀라우시다. 이 영 안에서 우리는 삼일 하나님을 얻으며 또한 높아진 인성을 얻는다. 성경이 없다면, 우리는 높아진 인성 곧 최고 수준의 인성이 신성한 영이신 그 영 안에 있음을 이해할 수 없다. 더욱이 그 영 안에는 그리스도의 인성과 인간생활도 있다. 이 모든 항목이 그 영 안에 있다. 더 나아가 그 영 안에는 그리스도의 죽음이 있다. 이 죽음은 간단하지 않기 때문에, 모든 것을 포함한 죽음이라고 불린다. 이 죽음은 문제들을 해결하고 우주 안에 있는 부정적인 것들을 끝냈으며 신성한 생명을 해방했다. 우리는 그 영 안에 이처럼 놀라운 죽음이 있다는 것을 깨달아야 한다. 마지막으로, 그 영 안에는 또한 그리스도의 생명을 해방하고 산출하는 부활이 있다.

연합된 영을 따라 살고 행함

갈라디아서 5장 16절과 25절은 그 영을 따라 사는 것과 행하는 것, 이 두 가지에 대해 말한다. 25절은 "우리가 그 영을 따라 산다면, 또한 그 영을 따라 행합시다."라고 말한다. 이 절에 따르면, 사는 것과 행하는 것은 서로 다른 것이다. 성경을 번역한 사람들에게, 이 절에서의 영이 신성한 영을 가리키는지 사람의 영을 가리키는지 결정하는 것은 어려운 일이다. 〈회복역 신약성경〉에서 우리는 문맥에 따라 이 절을 판단했다. 갈라디아서 5장 25절을 문맥에 따라 읽으면 이 절에서의 영을 신성한 영으로 해석하게 된다. 그러나 또 다른 방식으로 이 절을 해석하고 적용하는 것도 가능하다. 사는 것에는 두 방면이 있다. 첫째로, 사는 것은 생명을 얻는 것 즉 생명을 받아들이는 것이다. 둘째로, 사는 것은 생활하는 것이다. 생명을 받아들이는 것과 생활하는 것은 서로 다른 문제이다. 로마서 1장 17절과 갈라디아서 3장 11절은 하박국서 2장 4절을 인용하면서 의인은 '믿음으로 생명을 얻고 살 것'이라고 말한다. 이 절들에 따르면 우리는 먼저 생명을 얻고 그다음에 산다. 생명을 얻는 것은 확실히 신성한 영에 의한 것이지만, 사는 것 즉 생활하는 것은 우리 사람의 영을 함축한다.

이 두 영은 영을 따라 행하는 문제에도 함축되어 있다. 행하는 것은 분명 신성한 영과 우리 사람의 영을 따르는 것이다. 신성한 영과 사람의 영, 이 두 영이 우리 안에 연합되었다. 그러므로 우리는 이 영을 '연합된 영'이라고 부른다. 로마서 8장 4절은 율법의 의로운 요구가 '육체를 따라 행하지 않고 영을 따라 행하는 우리 안에서' 이루어진다고 말한다. 여기서 우리의 행함이 신성한 영을 따라야 하는지 사람의 영을 따라야 하는지를 결정하기란 어렵다. 사실상 우리의 행함은 이 두 영 모두를 따라야 한다. 즉 연합된 영을 따라야 한다.

그리스도인의 생활은 간단하지 않다. 젊은 그리스도인이었을 때 나는 그리스도인의 생활을 단순히 선을 행하는 생활이라고 생각했다. 그러나 우리는 겸손하고 온유하며 친절하고 관대하다고 해서 자신이 거룩하다거나 그리스도인의 생활을 하고 있다고 생각해서는 안 된다. 그리스도인의 생활은 그 영을 따라 살고 그 영을 따라 행하는 것이다. 행한다는 것은 처신하는 것을 의미하며 사람의 일상생활의 모든 것을 함축한다. 만일 우리가 잠잠하다면 그 영을 따라 잠잠해야 한다. 우리 자신을 따라 잠잠하다면 그 영을 따라 살거나 행하지 않는 것이다. 잠잠한 것이 잘못은 아니지만 그 영을 따라 잠잠해야 한다. 공동묘지는 매우 잠잠한 곳이며 거기에 장사된 사람은 어떤 소리도 내지 않는다. 그 영을 따라 잠잠하다면, 우리는 무덤에 장사된 죽은 사람과 반대로 매우 활동적이고 살아 있을 것이다.

그리스도인의 생활을 하려면 많은 '뺄셈'을 해야 한다. 우리는 타고난 생명과 자아와 선함과 그 밖의 많은 것을 빼야 한다. 더 이상 우리에게서 뺄 것이 없을 때까지 모든 것을 빼야 한다. 그러면 그 영이 남게 될 것이다. 아직 빼야 할 것이 남아 있다면 여전히 그 영을 따라 살지 않는다는 것이다.

우리는 다른 이들에게 "안녕하세요."라고 말할 때 그 영을 따라 말해야 한다. 생활의 이런 세세한 항목들을 만질 때, 우리 모두는 자신이 매우 천연적임을 볼 수 있다. 우리는 누군가에게 "안녕하세요."라고 말한 후에, 아무 의식이나 의도 없이 습관적으로 "어떻게 지내십니까?"라고 말한다. 우리는 그런 것들을 우리의 영을 따라 말하지 않는다. 그러나 행하는 것과 처신하는 것은 우리 일상생활의 모든 것을 함축한다. 이것은 우리가 절대적으로 그 영을 따라 살고 그 영을 따라 행하는 사람이어야 함을 의미한다. 사도 바울은 이것을 실행한 사람이었다. 디모데전서 4장 7절에서 바울은 디모데에게 경건에 이르도록 자신을 훈련하라고 명령했다. 경건은 하나님께서 나타나시는 것이다(딤전 3:16). 따라서 우리는 하나님의 나타나심에 이르도록 자신을 훈련해야 한다. 우리는 "안녕하세요."라고 말할 때 '이것이 하나님께서 나타나시는 것인가?'라고 물어야 한다. 이에 대한 대답이 부정적이라면 그렇게 말해서는 안 된다. 어떤 사람은 이것이 너무 지나치다고 느낄지도 모른다. 그러나 우리는 경건에 이를 정도로 자신을 훈련해야 한다.

우리는 "어떻게 지내십니까?"라는 인사를 받으면 대개 "잘 지냅니다."라고 대답한다. 이런 대답은 그 영을 따르지 않은 것일 수 있다. 경건에 이르도록 자신을 훈련한다면 이 질문에 대답할 때 주저해야 한다. 주저하는 동안, 우리는 경건에 이르도록 즉 하나님의 나타나심에 이르도록 자신을 훈련하는 방식으로 대답을 고려해야 한다. 우리는 온 존재와 모든 행함과 생각과 표현과 말이 하루 종일 하나님의 표현과 나타나심이 되는 정도까지 자신을 훈련해야 한다. 물론 이것은 반드시 그 영을 따라 이루어져야 한다.

오늘날 신성한 영과 사람의 영이 모두 명확한 위치에 있음을 주님께 감사드린다. 그리스도 안의 믿는 이들인 우리 모두는 영을 갖고 있으며 우리의 영은 신성한 영에 의해 거듭났다. 이로써 이 두 영은 우리 안에 위치하게 되었다. 이것은 놀라운 일이다. 이 두 영이 모두 우리 안에 있다니! 그러므로 이 두 영은 우리가 어디에 있든지 우리와 함께 있다. 이 두 영은 우리 안에 위치하고 있다.

우리 믿는 이들은 우리의 영을 훈련함으로 그리스도인의 생활을 한다. 우리는 한 가지 실행을 배워야 하는데, 그것은 어떤 일도 조급하게 하지 않는 것이다. 우리는 누군가에게 서둘러 대답해서는 안 된다. 그 대신에 우리의 영 안에서 신성한 영을 따라 대답하고 있는지를 고려해야 한다. 우리는 모든 일을 주의 깊게 고려해야 한다. 물론 이것은 매우 어렵지만 계속해서 배워야 한다. 나는 중국인으로 태어났기 때문에 중국어가 모국어이다. 나는 영어를 배우기 시작할 때, 영어 발음에 통달하는 것이 내게 매우 어려운 일임을 깨달았다. 영어 발음에 통달하려면 오랫동안 많이 배워야 했다. 비슷한 의미에서, 우리는 사람으로 태어났고 또한 신성하게 거듭났다. 사람인 우리는 이제 신성한 생명을 따라 인간 생활을 하기를 배워야 한다. 우리는 신성한 생명을 따라 사는 법을 모르기 때문에 많이 배워야 한다.

신성한 생명을 따라 인간 생활을 하는 것을 배울 때, 기도가 큰 도움이 된다. 나는 선천적으로 빠른 사람이다. 느리고 사려 깊게 되기란 내게 어려운 일이다. 그러나 많이 기도한 후에 나는 매우 느리고 사려 깊은 사람이 되었다. 기도하는 것은 우리를 느려지게 한다. 이것은 기도하는 것이 우리를 더욱 영적으로 만든다는 의미이다. 기도하는 것은 우리가 신성한 생명을 따라 인간 생활을 하게 해 준다. 여러분이 나에게 와서 무언가를 물어본다고 하자. 내가 한나절 동안 기도하지 않았다면 여러분에게 서둘러 대답할 것이다. 그러나 아침 기도 직후에 여러분을 만난다면 나는 매우 영적일 것이다. 나는 여러분에게 서둘러 대답하지 않을 것이다. 기도가 우리를 느려지게 하는 이유는 기도하는 것이 우리의 영을 훈련하는 것이고 그렇게 할 때 자연히 우리의 감정과 의지와 생각을 제쳐 두기 때문이다. 기도하여 우리의 영을 분발시킬 때마다 우리는 매우 주의 깊은 사람이 된다.

나는 성경을 가르치기만 하는 데에는 관심이 없다. 나의 부담은 바울이 갈라디아서 5장 16절과 25절에서 그 영을 따라 살고 행함에 관하여 쓴 것을 성도들이 이해하도록 돕는 것이다. 그 영을 따라 살고 그 영을 따라 행하는 사람을 만나는 일은 매우 드물다. 우리는 갈라디아서 5장 16절과 25절과 같은 절들을 당연하게 여겨서는 안 된다. 오히려, 그 영을 따라 살고 행한다는 의미를 이해하는 데 온 힘을 다해야 한다.

그 영을 따라 삶

그 영을 따라 사는 문제는 갈라디아서 5장 25절에 언급된다. 그 영을 따라 사는 것은 그리스도께서 우리 안에 사시는 것과 같다. 우리 모두는 사람이지만 자아를 인격으로 삼아 살아서는 안 된다. 우리는 또 다른 인격을 따라 살아야 한다. 그리스도인의 생활은 우리가 또 다른 인격을 따라 사는 생활이다. 자아를 인격으로 삼아 사는 것은 그리스도인의 생활이 아니다. 그리스도인들인 우리에게는 한 인격만 있어서는 안 되고 반드시 두 인격이 있어야 한다. 한 인격은 우리의 자아이고 한 인격은 그리스도이다. 우리 안에 계시는 우리의 인격이신 이 그리스도는 공기 같은 영이시고 또한 그 영이시다(고후 3:17).

우리가 반드시 따라 살아야 하는 그 영은 바로 그리스도이시다. 생명 주시는 영이신 그리스도는(고전 15:45하) 공기 같은 영이시다. 그분은 우리의 생명이실 뿐 아니라(골 3:4) 우리의 인격이시다(고후 2:10). 우리의 생명이신 그리스도를 따라 산다는 말은 다소 추상적일 수 있지만, 우리의 인격이신 그리스도를 따라 산다는 말은 비교적 분명하다. 인격은 매우 분명한 것이지만 생명은 다소 추상적인 것이다. 우리의 생명이신 그리스도를 따라 살고 있는지는 알기가 매우 어렵다. 그러나 우리의 인격이신 그리스도를 따라 살고 있는지는 매우 분명하다. 자아를 따라 사는지, 그리스도를 따라 사는지에 대해 말한다는 것은 우리가 두 인격을 따라 살 수 있음을 의미한다. 우리는 자아를 따라 살아서는 안 된다. 우리는 또 다른 인격이신 그리스도를 따라 살아야 한다.

그 영을 따라 사는 것은
그리스도께서 우리 안에 사시도록 하는 것
즉 부활 안에 계시는 공기 같은 영이신
그리스도를 사는 것과 같고, 이것은
그리스도께서 우리 안에서 확대되시기 위한 것임

그 영을 따라 사는 것은 그리스도께서 우리 안에 사시도록 하는 것(갈 2:20상) 즉 부활 안에 계시는 공기 같은 영이신 그리스도를 사는 것과 같고, 이것은 그리스도께서 우리 안에서 확대되시기 위한 것이다(빌 1:19-21상). 그리스도께서 우리 안에서 우리의 인격이 되시려면 반드시 공기 같은 영이셔야 하고 부활 안에 계셔야 한다. 그분은 육체 되심 이전에도 그 영이신 하나님이셨다. 그러나 육체 되심 이전 단계에서 그 영은 생명 주시는 영이 아니셨다. 그리스도의 실재이신 생명 주시는 영은 그리스도께서 부활하신 후의 그 영이시다. 부활 안에서 마지막 아담이신 그리스도는 생명 주시는 영이 되셨다(고전 15:45하). 오늘날 이 생명 주시는 영은 공기 같은 영이신 그리스도 즉 부활하신 그리스도이시다.

우리는 그리스도를 삶으로써 그리스도께서 우리 안에서 확대되시게 한다. 그리스도를 확대하는 것과 그리스도를 사는 것은 별개의 일이 아니다. 오히려 이 둘은 하나이다. 그리스도를 사는 것이 그리스도를 확대하는 것이다. 또한 그리스도께서 확대되시는 것은 하나님께서 실지로 나타나시는 것이다. 그리스도께서 확대되지 않으신다면 하나님께서 나타나시기란 불가능할 것이다. 그리스도를 살 때 우리는 분명 그리스도를 확대한다.

우리가 자아를 따라 사는 것은 구리에 비유될 수 있다. 이와 대조적으로, 우리가 그리스도를 사는 것은 금에 비유될 수 있다. 가장 좋은 구리는 금과 매우 비슷해 보일지도 모른다. 어떤 성도들의 생활을 보면, 그들 자신이 표현되는지 하나님께서 나타나시는지를 분간하기 어렵다. 구리와 금은 비슷해 보이지만 본질상 다르다. 어떤 성도들은 그들의 조용하고 주의 깊은 타고난 기질 때문에 그리스도와 비슷한 생활을 하는 것처럼 보인다. 그러나 사실상 그들의 생활은 그리스도를 사는 것이 아니라 그들 자신이 사는 것일지도 모른다. 반대로, 매우 활동적이고 실수를 많이 하는 사람은 그리스도를 사는지, 자신을 사는지를 비교적 쉽게 분간할 수 있다.

부활하신 그리스도의 실재화이신 그 영을 우리의 인격으로 취함

그 영을 따라 사는 것은 부활하신 그리스도의 실재화이신 그 영을 우리의 인격으로 취하는 것이다(갈 2:20상). 그 영을 따라 사는 것은 그리스도께서 우리 안에 사시는 것과 같고 그 영을 우리의 인격으로 취하는 것과 같다.

그 영을 따라 행함

그리스도인의 행함의 두 방면

사는 것은 생명을 얻는 것을 의미할 수 있다. 그러나 행하는 것은 우리가 처신하는 것을 의미한다. 갈라디아서 5장 16절과 25절에서 '행하다'에 해당하는 헬라어 단어는 서로 다른 단어이다. 그것들은 그리스도인 행함의 두 방면을 나타낸다.

일상생활에서 일반적으로 행하는 것은 일상적이고 습관적으로 매일 행하는 것을 의미함

갈라디아서 5장 16절 상반절에서 사용된 첫 번째 단어는 우리가 일상생활에서 일반적으로 행하는 것을 가리킨다. 이것은 일상적이고 습관적으로 매일 행하는 것을 의미한다. 이 행함은 또한 로마서 6장 4절과 8장 4절, 빌립보서 3장 17절과 18절에 언급된다. 이 모든 절에서 행한다는 것은 우리가 일상생활에서 일반적으로 행하는 것이다.

규칙대로 행하는 것은 하나님의 유일한 목표를 그리스도인 생활의 방향과 목적으로 삼아 행하는 것을 가리킴

갈라디아서 5장 25절에서 사용된, '행하다'에 해당하는 두 번째 단어는 규칙대로 행하는 것, 곧 줄을 지어 걷는 것, 질서 있고 규제받는 방식으로 행하는 것을 말한다(갈 6:16, 행 21:24, 롬 4:12, 빌 3:16). 이것은 새 창조물 안에서 생활하고(갈 6:15-16), 그리스도를 추구하며(빌 3:12, 16), 교회생활을 실행함으로써(롬 12:1-5, 엡 4:1-16) 교회를 위한 하나님의 경륜이 성취되도록, 하나님의 유일한 목표를 그리스도인 생활의 방향과 목적으로 삼아 행하는 것을 가리킨다.

첫 번째 종류의 행함은 일상생활을 위하여 매일 행하는 것이고, 두 번째는 교회를 위하여 규칙대로 행하는 것이다. 교회는 우리의 목표이자 목적이다. 우리의 인간 생활에는 목표와 목적이 있는데, 바로 교회생활을 하는 것이다. 따라서 우리는 이 길을 행하고 이 길을 규칙으로 취한다. 그리스도인의 생활에는 두 방면이 있다. 한 방면은 매일의 그리스도인 생활, 즉 우리의 일상생활에서의 정상적이고 습관적이며 일반적인 생활로서, 마음속에 특별한 목표나 목적이 없는 생활이다. 그러나 우리 그리스도인들은 단순히 일상생활만을 위해서는 안 된다. 우리 그리스도인들은 교회를 위한 사람들이어야 한다. 교회는 하나님의 목표이자 목적이다. 그러므로 우리에게는 행함을 규제하는 규칙들이 반드시 있어야 한다. 두 번째 종류의 행함을 위한 세 가지 주된 규칙은 새 창조물 안에서 생활하는 것, 그리스도를 추구하는 것, 교회생활을 실행하는 것이다. 이렇게 행할 때 교회에 대한 하나님의 경륜이 성취될 것이다.

오늘날 대다수의 그리스도인은 교회생활을 하지 않는다. 교회생활을 하지 않는 이들은 저녁이 되면 집에서 텔레비전을 볼 것이다. 그러나 교회생활을 실행하는 우리에게는 하나의 규칙이 있는데, 바로 교회 집회에 참석하는 것이다. 우리에게는 교회 집회에 참석하는 것이 하나의 규칙이다. 또 하나의 규칙은 빌립보서 3장에서 발견되는데, 바로 그리스도를 추구하는 것이다. 12절과 16절에서 바울은 그리스도를 추구하는 것을 하나의 규칙으로 정했다. 이 규칙은 교회생활을 위한 것이다. 만일 그리스도를 살지 않고 그리스도를 추구하지 않는다면 교회생활을 하기가 어려울 것이다. 우리는 교회생활을 하기 위해 그리스도를 얻도록 진지하게 그리스도를 추구하고 있다.

모든 사람의 생활에는 평범한 일상생활과 직업과 관련된 생활이라는 두 방면이 있다. 사업을 운영하거나 직업이 있는 사람은 매일 아침 정해진 시각까지 일터에 나가야 한다. 따라서 그는 매일 아침 일찍 일어나야 한다는 규칙과 규정을 지켜야 한다. 게다가 일주일에 오 일을 출근해야 한다. 그러고 나서 토요일 아침에는 침대에 더 누워 있을 수 있다. 그는 토요일에도 계속해서 생활하지만 직업을 위해 생활하지는 않는다. 오히려 평범한 일상생활을 한다. 이처럼 모든 사람은 반드시 두 종류의 생활을 한다. 하나는 평범한 일상생활이고 하나는 직업과 자신의 목적과 목표를 위한 생활이다.

우리 그리스도인들에게도 두 종류의 행함이 있어야 한다. 첫 번째 종류의 행함은 매일의 그리스도인 생활에서 일반적으로 행하는 것이다. 이런 행함은 우리의 성질을 이기는 것 등을 포함한다. 두 번째 종류의 행함은 규칙대로 행하는 것, 즉 질서 있고 규제받는 방식으로 줄을 지어 행하는 것이다. 이런 행함은 교회 집회에 참석하는 것과 교회생활을 위해 집회에서 말하는 것 등을 포함한다. 사람들이 우리 그리스도인의 생활을 볼 때, 그들은 우리가 그리스도인이기 때문에 성질을 내지 않으려 한다는 것을 알 수 있다. 이것은 우리의 일반적이고 일상적인 행함의 증거이다. 사람들은 또한 우리가 주일 아침이나 주중 저녁에 교회 집회에 참석하는 사람들이라고 인식할 것이다. 이것은 우리가 규칙대로 행한다는 증거이다.

갈라디아서 6장 15절과 16절에서 바울은 이렇게 말한다. "이것은 할례나 무할례가 아무것도 아니며 중요한 것은 새 창조물뿐이기 때문입니다. 이 규칙을 따라 행하는 사람들, 곧 하나님의 이스라엘에게 평안과 긍휼이 있기를 바랍니다." 새 창조물의 규칙을 따라 행함으로써 새 창조물을 사는 것은 두 번째 종류의 행함 즉 규칙대로 행하는 것이다. 우리는 거듭나서 새 창조물이 되었다(고후 5:17). 그러므로 반드시 새 창조물의 규칙대로, 새 창조물의 규정대로 행해야 한다. 우리는 새 창조물이고 목적과 목표가 있기 때문에 어떤 일들을 하지 않는다. 새 창조물은 바로 교회생활이며 그리스도의 몸이다.

우리에게 목표와 목적이 있다면 규칙대로 생활할 필요가 있다. 그러나 그리스도인의 행함의 두 번째 방면은 첫 번째 방면에 의해 유지되어야 한다. 첫 번째 종류의 행함이 없다면 두 번째 종류의 행함도 없을 것이다. 우리가 느슨하거나 늘 한담을 하고 참견하기 좋아하는 사람이라면 교회를 위한 생활을 할 수 없을 것이다. 우리가 목적과 목표를 위해 행하는 것은 반드시 일반적이고 일상적인 행함에 의해 유지되어야 한다.

그 영을 따라 행하는 것은 그리스도의 부활 안에서, 그리스도께서 십자가에 못 박히신 것을 통해, 복합되신 영을 따라 행하는 것임

그 영을 따라 행하는 것은 그리스도의 부활 안에서, 그리스도께서 십자가에 못 박히신 것을 통해, 복합되신 영을 따라 행하는 것이다(빌 3:10, 1:19). 그리스도의 부활, 그리스도의 십자가에 못 박히심, 복합되신 영은 한 실체이다. 이 셋을 분리하기란 불가능하다. 이것은 우리 안에 계신 복합되신 영이 삼일 하나님의 체현이신 그리스도의 실재이심을 의미한다. 그러므로 간단히 말해서 이 복합되신 영은 삼일 하나님의 완결이시다. 더 간단히 말해서, 복합되신 영은 과정을 거치시고 완결되신 삼일 하나님이시다. 이 영은 그리스도의 십자가에 못 박히심 없이는 결코 어떤 것 안에서도 일하실 수 없다. 그러므로 이 영은 항상 우리를 죽음에 넣으신다(고후 4:10-12). 첫 번째 종류의 행함을 갖기를 갈망한다면 십자가에 못 박혀야 한다. 마찬가지로, 두 번째 종류의 행함을 갖고자 한다면 십자가로 제해져야 하고 십자가에 못 박혀야 한다. 십자가에 못 박힘은 항상 우리를 부활 안으로 이끄는데, 이 부활이 바로 그 영이다. 그 영, 그리스도의 십자가에 못 박히심, 그리스도의 부활, 이 셋은 항상 함께한다. 십자가에 못 박힘으로써 행하는 것과 부활 안에서 행하는 것과 그 영을 따라 행하는 것은 동일하다. 그 영을 따라 행하는 것이 십자가에 못 박힘으로써 행하는 것이고 부활 안에서 행하는 것이다. 이 셋은 하나이다.

우리가 그 영을 따라 행하고 있는지는 십자가에 못 박혔는지로 결정된다. 우리는 십자가로 제해졌는지의 여부로 그 영을 따라 행하고 있는지를 안다. 십자가로 제해지지 않았다면, 그 영으로 충만한 느낌이 있을지라도 어떤 것을 하거나 어떤 말을 해서는 안 된다. 십자가에 못 박힘 없이는 그 영으로 충만될 수 없다. 그러므로 우리는 즉시 십자가를 취하여 그리스도께서 십자가에 못 박히신 것을 받아들여야 한다. 우리는 그리스도께서 십자가에 못 박히신 것을 취하는 즉시 부활 안에 있게 되는데, 부활의 실재는 바로 그 영이다.

나는 날마다 이러한 공과를 배우고 있음을 간증할 수 있다. 나는 사람들에게서 편지를 받으면 여간해서는 곧바로 답장하지 않는다. 우리는 편지를 받을 때 "누가 답장을 하는가? 나인가, 주님인가?"라고 물어야 한다.

우리는 자신이 십자가로 제해졌다는 확신이 드는 즉시 부활 안에 있게 되는데, 이 부활의 실재가 바로 생명 주시는 영이다. 그럴 때 우리는 무엇을 하든지 그리스도께서 십자가에 못 박히신 것을 통하여, 그리스도의 부활 안에서, 그 영을 따라 행한다. 이것이 그리스도인의 생활이다.

12

그리스도의 십자가에 못 박히심 아래서 살고 행함(1)

Living and Walking under the Crucifixion of Christ (1)

제12장

그리스도의 십자가에 못 박히심 아래서 살고 행함(1)

성경: 요 3:5, 갈 2:20상, 고전 15:36, 마 16:24-26,
갈 5:24, 롬 6:6, 8:13하, 고후 4:10, 16, 빌 3:10

앞 장에서는 그 영을 따라 살고 행하는 사람들이 되어야 함을 보았다. 이 장에서는 그리스도의 십자가에 못 박히심 아래서 살고 행해야 함을 보고자 한다. 그 영을 따라 살고 행하는 것은 그리스도의 부활 안에서, 그분의 십자가에 못 박히심을 통해, 복합되신 영을 따라 사는 것이다(빌 3:10, 1:19).

주님의 십자가에 못 박히심에는 중요한 두 방면, 즉 객관적인 방면과 주관적인 방면이 있다. 그리스도의 죽음의 객관적인 방면은 그분의 구속을 가리킨다. 그분은 우리를 구속하시려고 우리의 죄들 때문에 죽으셨다. 바꾸어 말해서, 그리스도는 우리를 위해 대속의 죽음을 죽으셨다. 이것은 약 이천 년 전에 머나먼 팔레스타인 땅에서 그분이 우리 밖에서 십자가에서 성취하신 객관적인 방면이다. 또한 그리스도의 죽음의 주관적인 방면이 있다. 그리스도는 십자가에서 우리를 위하여 죽으셨을 뿐 아니라 우리와 함께 죽으셨다(갈 2:20상). 그분은 십자가에서 죽으실 때 홀로 죽으신 것이 아니다. 그분은 우리와 함께 죽으셨다.

사람들은 십자가에서 실지로 죽은 이가 누구인지에 대해 여러 의견을 가지고 있다. 몇몇 믿지 않는 유대인 학자들은 예수라는 이름의 순교자가 그의 종교적인 가르침 때문에 십자가에서 죽었다고 말한다. 이 학자들은 그가 유대 종교인들에 의하여 로마 정부의 손을 통해 십자가에서 순교당했다고 말한다. 어떤 불신자들은 예수님이 인간 생활에서 최고의 윤리를 보여 준 위대한 사람이었다고 말한다. 그들의 의견에 따르면, 최고 수준의 인간 윤리를 가르친 위대하고 선하고 지혜로운 사람이 반대자들에게 죽음당한 것이다.

그리스도를 믿는 사람들 가운데에도 십자가에서 죽은 이가 누구인지에 관해 수많은 견해가 있다. 그리스도를 믿는 사람 중 많은 이가 얕고 피상적이다. 그들의 영적인 이해력은 다만 하나님의 경륜의 문턱에 있는 정도이다. 그들은 그리스도께서 십자가에서 그들을 위해 그들의 구주로서 죽으셨다는 것밖에 모른다. 그들에게 그리스도는 순교자나 선한 사람에 불과한 분이 아니라 구주이시다. 이런 이해는 옳지만 단지 부분적으로 옳다. 이것은 누가 십자가에서 죽었는지를 얕고 피상적으로 이해한 것이다.

고린도전서 15장 3절은 바울이 복음을 통해 성도들에게 가장 먼저 전해 준 것이 그리스도께서 우리 죄들 때문에 죽으셨다는 것이었다고 말한다. '때문에'라는 말은 그리스도께서 대속의 죽음을 죽으셨음을 의미한다. 우리에게는 그리스도께서 우리를 위해 우리의 대속자로서 죽으실 필요가 있었다. 우리의 구주로서 그리스도는 우리를 대표하시어 우리 죄들 때문에 죽으심으로 우리를 위한 구속을 성취하셨다. 이것은 옳다. 하지만 그리스도의 죽음에 대한 깊은 이해는 아니다. 그리스도의 십자가에 못 박히심 아래서 살고 행하는 사람들이 되고자 한다면 그리스도의 죽음을 더 깊이 이해할 필요가 있다.

우리가 그리스도와 동일시되고 연결되고 연합됨

최근에 나는 두 권의 책을 읽었다. 그 책들은 이십구 년 전인 1963년에 샌프란시스코에서 구입한 것들이다. 한 권의 제목은 〈그분의 뼈 중의 뼈(Bone of His Bone)〉이고, 한 권의 제목은 〈십자가에 못 박혀서 태어남(Born Crucified)〉이다. 〈그분의 뼈 중의 뼈〉라는 제목은 하나님께서 아담에게 하와를 주실 때 아담이 한 말(창 2:23)을 인용한 것이다. 아담이 배필을 찾고 있을 때 하나님은 모든 동물을 하나하나 그에게 보여 주셨다. 물론 이 모든 동물이 아담과 어울리지 않았다. 아담은 모든 생물에게 이름을 지어 주었지만 어떤 생물도 그와 어울리지 않았다. 그런 다음 하나님은 아담을 잠들게 하시고 옆구리를 여셔서 갈빗대 하나를 빼내셨다. 창세기 2장 22절은 이 갈빗대로 하나님께서 아담을 위해 여자를 건축하셨다고 말한다. 〈흠정역 성경〉은 하나님께서 여자를 '만드셨다'고 말하지만, 이는 부적절한 번역이다. 히브리어 원문은 하나님께서 여자를 '건축하셨다'고 말한다. 아담의 갈빗대는 하나님께서 여자를 건축하신 건축 재료였다. 그런 다음 아담이 깨어났을 때 하나님은 하와를 아담에게로 데려가셨다. 아담은 하와를 보자 "이번에는 나의 뼈 중의 뼈요 / 살 중의 살이구나!"(창 2:23)라고 말했다. 하와를 건축하는 데 사용된 뼈는 예표에서 그리스도의 부활 생명을 상징한다. '나의 뼈 중의 뼈'는, 그리스도의 몸인 교회의 지체들인 우리가 부활하신 그리스도의 부분들임을 시사한다.

〈그분의 뼈 중의 뼈〉의 발행인은 책 표지에서 그리스도의 십자가에서의 죽음이 구속뿐 아니라 동일시됨을 위한 죽음이었다고 말한다. 여기서의 '동일시됨'은 연결을 의미한다. 그리스도께서 죽으셨기 때문에 우리는 그분과 연결될 수 있었다. 그분께서 십자가에서 죽으신 것은 객관적인 구속뿐 아니라 주관적인 연결, 주관적인 동일시됨을 위한 것이었다. 〈그분의 뼈 중의 뼈〉라는 책은 그리스도인의 생활이 그리스도를 모방하는 것이 아니라 그리스도께 참여하는 것이라고 말한다. 그리스도를 모방하는 것은 잘못된 것이다. 그리스도는 십자가에서 죽으셨다. 우리는 그것을 모방할 수 없지만 그리스도의 죽음에 참여할 수는 있다. 우리는 그리스도를 모방할 수 없지만 그분과 그분께서 성취하신 모든 것에 참여한다.

우리와 그리스도의 이 같은 연결은 육체 되심에서 시작된다. 육체 되심 이전에 하나님은 하나님이실 뿐이고 사람은 사람일 뿐이었다. 육체 되심 이전에 하나님과 사람 사이에는 분명 어떤 관계나 왕래가 있었지만 연결은 없었다. 연결의 사상이 신성한 계시 안에 있다. 고린도전서 6장 17절은 "주님과 합하는 사람은 주님과 한 영입니다."라고 말한다. 어떤 사람들은 이 연결을 생명의 연결이라고 부른다. 우리는 주 예수님과 생명으로 연결되었다. 우리는 주님과 동일시되었다. 그러나 심지어 '동일시됨'이라는 표현도 그리 적절하지 않다. 왜냐하면 이 표현이 신성한 경륜에 대한 완전한 사상을 전달하지 못하기 때문이다. 신분증에는 사진이 있지만 그 사진은 살아 있는 실제 사람이 아니다. 이것은 인간 언어에 속한 우리의 용어가 항상 불충분하다는 것을 보여 준다.

우리는 육체 되심부터 시작된 하나님과 사람의 연결에 대한 계시를 볼 필요가 있다. 육체 되심은 하나님께서 신성한 삼일성 전체의 체현인 그분의 둘째 위격 안에서 사람이 되신 것이다. 바꾸어 말해서, 육체 되심은 그리스도 안에 체현되신 삼일 하나님께서 사람이 되신 것이다. 이것은 하나님께서 그분 자신을 사람과 연결하신 것이다. 요한복음 1장은 하나님이신 말씀께서 육체가 되셨다고 말한다(1, 14절). 따라서 신성과 인성의 동일시됨 혹은 신성과 인성의 생명 연결은 신성이 육체와 연결됨으로 시작되었다. 이처럼, 하나님께서 사람이 되실 때 하나님과 사람 사이의 연결이 시작된 것이다.

주 예수님은 십자가에 못 박히실 때 그분의 육체 안에서 못 박히셨다. 삼일 하나님께서 연결되신 그 육체는 많은 것을 포함한다. 이 육체는 우리 모두를 포함한다. 우리 모두는 육체이다. 그러므로 신약은 율법의 행위로는 의롭게 될 육체가 없다고 말한다(롬 3:20, 갈 2:16). 여기서 '육체'는 사람을 의미한다. 아담의 후손인 이상 우리는 육체이다. 인류 전체가 육체이다.

우리는 '육체'라는 단어가 성경에서 어떻게 사용되었는지를 살펴볼 필요가 있다. 하나님은 아담을 창조하신 후에 그를 잠들게 하셨고 그의 옆구리에서 갈빗대를 빼내시어 그 갈빗대로 여자를 건축하셨다. 아담은 잠에서 깨어났을 때 하와를 보고 "이번에는 나의 … 살(육체) 중의 살이구나!"라고 선포했다. 아담은 하와가 육체이고 자신도 육체라고 말했다. 하와는 아담과 분리된 존재가 아니었다. 그러므로 남자와 여자 모두가 육체이다. 당시에 육체는 죄가 전혀 없이 순수하고 정결했다. 그러나 창세기 6장에 이르자 주님은 사람의 죄가 심히 가득하게 되었고 사람이 육체가 되었다고 말씀하셨다(5-7, 12절). 창세기 6장에서 '육체'는 긍정적인 의미가 아닌 부정적인 의미로 사용된다. 창세기 6장부터 성경 전체에 걸쳐서 '육체'라는 단어는 주로 부정적인 의미로 언급된다.

고린도전서에서 바울은 '육체적인'과 '육체에 속한'이라는 말을 사용한다(3:1, 3). '육체적인'은 '육체에 속한'보다 더 악하다. 고린도 사람들은 육체에 속한 사람이 되었을 뿐 아니라 육체적인 사람이 되었다. '육체적인'은 육체로 조성된 상태를 가리킨다. '육체에 속한'은 육체의 본성에 영향을 받고 육체의 특성에 참여하는 상태를 가리킨다. 사도는 고린도의 믿는 이들이 전적으로 육체에 속했고 육체로 조성되었으며 또한 바로 그 육체라고 여겼다. 우리는 육체적이지 않을지는 모르지만 많은 경우 육체에 속한다. 왜냐하면 우리의 영을 따르지 않고 육체를 따라 살고 활동하고 행하기 때문이다.

요한복음 1장 14절은 주 예수님께서 육체가 되셨다고 말한다. 바울은 로마서 8장 3절에서 하나님께서 그분 자신의 아들을 죄의 육체의 모양으로 보내셨다고 말한다. 창세기 6장에 이르자 사람은 육체 곧 극도로 죄악된 존재가 되었다. 사람이 죄의 육체가 된 것이다. 그리스도는 육체가 되시기는 했지만 단지 죄의 육체의 모양을 지니셨다. 그분 안에는 죄가 없었다(고후 5:21). 그분의 육체와 인성 안에는 죄가 없었다. 그분은 죄의 육체의 모양을 지니셨을 뿐이다. 우리는 로마서 8장 3절에서 볼 수 있는 이 계시에 대해 주님께 감사드린다.

신성한 인격이신 그리스도께서 육체가 되실 때, 그분은 신성 안에 계신 그분 자신을 육체인 우리와 연결하셨다. 그분은 육체가 되실 때 사람과의 연결을 시작하셨다. 그분은 하나님을 사람과 동일시하셨다. 즉 하나님을 사람과의 연결 안으로 이끄셨다. 그분은 하나님을 인성 안으로 이끄셨다. 육체 되심은 신성을 인성 안으로 이끌어 왔다.

이제 우리는 인성이 신성 안으로 언제 이끌렸는지를 생각해 볼 필요가 있다. 연결하려면 두 편이 있어야 한다. 그러므로 신성이 인성 안으로 이끌리고 인성이 신성 안으로 이끌리는 양방 통행이 있어야 한다. 하나님은 그분 자신을 우리와 연결하신 후에 우리를 그분과 연결하셨다. 하나님께서 육체 되심 안에서 그분 자신을 우리와 연결하신 것은 일방통행이다. 그런 다음 부활 안에서 그분은 육체인 우리를 신성 안으로 이끄셨다. 이것이 양방 통행의 완성이다.

하나님과 사람이 동일시되고 연결되는 것은 오랜 시간을 들여 성취되었다. 하나님은 약 육천 년 전에 사람을 만드셨다. 창세기 3장 15절에서 하나님은 타락한 사람에게 여자의 씨로 오시겠다는 약속을 통해 그분의 육체 되심을 시사하셨지만 즉시 오지는 않으셨다. 이천 년 후에 그분은 아브라함에게 거의 같은 약속을 반복하셨다. 그분은 아브라함에게 아브라함의 씨(단수형) 안에서 모든 민족이 복을 받을 것이라고 말씀하셨다(창 22:18, 갈 3:16). 창세기 3장 15절의 여자의 씨는 아브라함의 씨 곧 아브라함의 후손이다. 하나님은 이 약속을 성취하시려고 또다시 이천 년을 기다리셨다. 아담부터 아브라함까지 이천 년이 있었고, 아브라함부터 그리스도까지 다시 이천 년이 있었다. 아담이 창조된 때부터, 여자의 씨이시자 아브라함의 씨이신 그리스도께서 육체가 되실 때까지 전부 사천 년이 걸렸다.

하나님은 그분 자신을 육체와, 우리와, 인성과 연결하려고 오셨다. 하나님은 이 땅에서 삼십삼 년 반 동안 인성 안에서 사셨다. '신성한 공장'은 하나님과 사람의 연합을 신속한 방식으로 산출한 것이 아니다. 하나님은 사람과의 연결을 완전하게 이루시기 위해 인간 생활과 죽음을 통과하시어 부활 안으로 들어가셔야 했다. 이렇게 하심으로 하나님은 그분 자신을 연결하셨던 인성을 신성 안으로 이끄셨다.

신약은 그리스도께서 십자가에서 죽으실 때 우리와 함께 죽으셨다고 말하는데(갈 2:20상), 이는 그리스도께서 십자가에서 육체 안에서 죽으셨고 우리가 바로 육체이기 때문이다. 그리스도는 우리와 연결되어 계셨다. 주 예수님은 육체 안에서 십자가에 못 박히셨다(벧전 3:18, 골 1:22). 그리스도의 신성은 십자가에 못 박히지 않았고 못 박힐 수도 없다. 그리스도의 신성은 영원한 생명, 부활 생명을 포함하며 아무것도 이 신성을 죽일 수 없다. 그리스도는 육체 안에서 죽으셨다. 육체 안에서, 육체의 상태로 그리스도는 죽음당하셨다. 육체는 우리를 포함할 뿐 아니라 우리를 지칭한다. 그리스도는 육체 안에서 죽으셨고 이 육체는 인류 전체를 지칭한다. 이것은 그리스도께서 십자가에서 우리와 함께 죽으셨음을 의미한다.

〈십자가에 못 박혀서 태어남〉이라는 책에는 좋은 표현이 많다. 저자는 그리스도께서 우리를 위해 죽으셨을 뿐 아니라 우리와 함께 죽으셨다고 말했다. 그리스도는 우리를 위해 죽으심으로 우리를 구속하셨고, 우리와 함께 죽고 부활하심으로(엡 2:6) 우리를 그분과 동일시하셨다. 그리스도는 육체가 되실 때 하나님을 사람과 동일시하셨다. 그리스도는 우리와 함께 죽고 부활하실 때 우리를 하나님과 동일시하셨다. 이것은 양방 통행이다.

이제 우리는 그리스도께서 오늘날 어디에 계시는지를 질문해 볼 필요가 있다. 우리는 "그리스도는 우리 안에 계신다!"라고 강하게 대답해야 한다. 그리스도는 이미 정해진 위치에 계신다. 사람이 되시기 전에 그리스도는 우주적이시고 무소부재하신 하나님이시기만 했다. 그러나 사람이 되실 때 그리스도는 위치가 정해지셨다. 그분은 육체가 되시기 전까지는 공중 어디로든지 날아오르는 새와 같으셨지만 육체 되심을 통해 새장 안으로 들어가셨다. 그리스도는 위치가 정해지셨다. 예수님은 새장에 갇히시고 제한받으셨다. 예수님은 예루살렘에 계실 때 동시에 갈릴리에 계실 수 없었다. 그분은 그분의 인성이라는 새장에 갇히셨다.

구원받기 전에 우리는 어디로든지 날아오르고 사방을 돌아다녔다. 나는 한때 사방을 돌아다녔다고 간증할 수 있다. 그러나 열아홉 살이던 어느 날 나는 주 예수님을 믿었다. 그때 나는 새장에 갇혔다. 그리스도께서 들어가신 새장은 육체 곧 인류였다. 우리 믿는 이들이 들어간 새장은 놀라운 새장이다. 이 새장은 그리스도이다! 오늘날 우리는 그리스도 안에 있다.

우리는 위치상 그리스도 안에 있다. 그러나 체험에 따르면 우리는 종종 그리스도 밖으로 나온다. 때로는 대적이 와서 새장 문을 연다. 그럴 때 우리는 풀려난다. 화를 낼 때 우리는 새장에서 나온다. 그리스도는 자신을 우리와 연결하실 때 새장에 갇히셨다. 우리는 하나님과 연결될 때 새장에 갇혔다. 이것은 기독교 신학에서는 '동일시됨'이라고 알려져 있지만 우리의 가르침에서는 '동일시됨'이라는 용어를 잘 사용하지 않는다. 그 대신 우리는 '연결'과 '연합'이라는 용어를 사용한다.

연합은 연결보다 깊다. 하나님은 육체가 되실 때 그분 자신을 사람과 연결하셨을 뿐 아니라 연합하셨다. 깍지를 끼면 두 손이 서로 연결된다. 그러나 연합은 그 이상이다. 하나가 다른 하나에 접붙여질 때 즉 이식될 때, 그 결과가 바로 연합이다. 외과 수술을 하는 경우 때로는 사람의 몸 일부를 이쪽에서 저쪽으로 이식한다. 결국 두 곳의 피부는 함께 연결될 뿐 아니라 연합된다. 어떤 나무의 가지가 다른 나무에 접붙여질 때 그 둘은 함께 연합된다. 같은 방식으로, 하나님은 육체가 되실 때 사람과 연합하셨다. 그런 다음 그리스도의 부활 안에서 사람이 하나님과 연합되었다. 따라서 신약은 우리가 그리스도와 함께 십자가에 못 박혔고(갈 2:20상) 그리스도와 함께 부활했다고(엡 2:6) 말한다. 그리스도의 죽음과 부활을 통하여 우리는 그리스도께, 하나님께 연결되었을 뿐 아니라 그리스도와 연합되었다.

최근에 우리가 가진 '예레미야 라이프 스타디 훈련 집회'에서, 나는 하나님의 새 언약(렘 31:33-34) 안에서 우리가 신격에서는 아니지만 본성과 생명에서 하나님이 되었다고 지적했다. 왜냐하면 우리는 하나님에게서 났기 때문이다(요 1:13). 개는 개를 낳고, 사자는 사자를 낳고, 사람은 사람을 낳는다. 여러분의 아버지가 사람이고 여러분이 그 아버지에게서 태어났기 때문에 여러분도 사람이지 않은가? 그리스도 안의 믿는 이들인 우리는 하나님에게서 났고 하나님에 의해 거듭났다. 하나님이 우리의 아버지이시고 우리는 그분의 아들들이다. 우리의 아버지가 하나님이라면 아들들인 우리는 무엇이겠는가? 아들들은 생명과 본성에서 분명 아버지와 같을 것이다. 우리는 하나님에게서 태어나 하나님의 자녀들이 되었다(요일 3:1). 결국 그리스도께서 오실 때 그분은 우리를 생명과 본성에서 하나님과 완전히 똑같게 만드실 것이다(요일 3:2). 그러나 신격에서는 우리 중 그 누구도 경배의 대상이신 하나님이 아니며 그렇게 될 수도 없다. 가정에서 오직 아버지만이 아버지의 자격을 갖는다. 아버지의 자녀들에게는 아버지의 자격이 없다. 여러 자녀에게 오직 한 아버지가 있을 뿐이다. 아버지가 사람이고 자녀들도 사람이지만 자녀들에게는 오직 한 아버지만 있다. 마찬가지로, 하나님은 우리의 유일한 아버지이시고 그분만이 신성한 아버지의 자격이 있으시다. 그러나 그분의 자녀들인 우리는 생명과 본성에서 그분과 같다.

초기의 교부들은 신화(神化)라는 용어를 사용하여, 믿는 이들이 신격에는 참여하지 못하지만 하나님의 신성한 생명과 본성에 참여하는 것을 설명했다. 사람은 신화되고 생명과 본성에서 하나님같이 되어야 한다. 그러나 신격에서 하나님같이 된다고 말하는 것은 심각한 이단이다. 우리는 신격에서는 아니지만 생명과 본성과 요소와 본질과 형상에서 하나님이다.

십자가에 못 박혀서 거듭남과 살기 위해 죽음

우리는 거듭날 때 십자가에 못 박혔다. 〈십자가에 못 박혀서 태어남〉이라는 책의 저자는 어떤 프랑스인 전파자의 말을 인용했는데, 이 프랑스인 전파자는 교회가 '십자가에 못 박혀서 태어났다'고 말했다. 더 나아가 저자는 여기서의 태어난다는 것은 거듭나는 것을 의미한다고 말했다. 물질적인 몸이 십자가에 못 박혀서 태어난 사람은 없지만, 모든 믿는 이는 십자가에 못 박혀서 거듭난다. 이것은 요한복음 3장 5절에서 주님께서 "누구든지 물과 그 영으로 나지 않으면, 하나님의 왕국에 들어갈 수 없습니다."라고 말씀하신 것과 일치한다. 이 절에 관한 〈회복역 성경〉 각주를 읽으면 도움이 될 것이다. 여기서 '물'은 침례자 요한의 사역에서의 물을 말한다. 요한은 "나는 여러분을 회개시키려고 물속에 침례 주지만, 내 뒤에 오시는 분은 … 여러분을 성령 안에 … 침례 주실 것이요"(마 3:11)라고 말했다. 바리새인들을 향한 침례자 요한의 이 말에는 물과 그 영이 명확하게 언급된다. 나중에 주 예수님은 니고데모에게 오셔서 말씀하셨는데, 니고데모 또한 바리새인이었다. 니고데모는 틀림없이 요한의 말을 들은 적이 있었을 것이다. 그래서 주님은 니고데모에게 물과 그 영으로 나야 한다고 말씀하셨다. 물은 요한의 사역을 가리키고 그 영은 주님의 사역을 가리킨다.

요한의 사역에 따르면, 물로 나는 것은 옛 창조물에 속한 사람들을 끝내기 위한 것이다. 우리가 요한의 사역의 물속에 장사된다는 것은 자신이 죽기에만 합당하다는 것을 깨달았음을 가리킨다. 사람들이 요한에게 와서 회개할 때 요한은 그들을 물속에 넣어 장사 지내고 또한 끝냈다. 어떤 죄인이 하나님께 회개할 때 그는 자신이 죽기에만 합당하다는 것을 깨달을 정도로 회개해야 한다. 그러므로 그는 죽은 사람으로서 자신을 침례자에게 맡긴다.

우리는 복음을 전파하여 사람들이 회개하고 그리스도 안으로 믿어 들어가도록 인도할 때 이렇게 말할 수 있다. "당신이 회개하고 그리스도 안으로 믿어 들어간 사람이 되었기 때문에, 옛 창조물에 속한 사람으로서의 당신은 이제 죽은 사람이라는 것을 깨달아야 합니다. 당신은 죽은 사람인 자신을 저에게 맡겼습니다. 이제 저는 당신을 물이라는 무덤 속에 넣어서 끝내겠습니다." 로마서 6장 4절과 골로새서 2장 12절에서 바울은 우리가 침례를 받을 때 그리스도와 함께 그분의 죽음 안으로 장사된다는 것을 분명하게 말해 준다. 우리가 침례 받은 사람을 물에서 일으키는 것은 부활을 가리킨다. 부활 안에서 우리는 지금 그 영 안에 있다. 끝내는 죽음의 물과 발아시키시는 영을 통해 우리는 영적으로 태어난다. 끝냄과 발아를 통해 다시 태어나는 것이 곧 거듭나는 것이다. 그러므로 모든 거듭난 사람은 십자가에 못 박혀서 거듭난다.

우리는 십자가에 못 박혀서 거듭났고, 살기 위해 죽고 있다(고전 15:36). 우리는 죽은 상태로 태어났고 지금은 살기 위해 죽고 있다. '살기 위해 죽는다'라는 말은 그리스도의 십자가에 못 박히심 아래서 산다는 의미이다. 날마다 우리는 죽고 있다. 바울은 자신이 날마다 죽는다고 말했다(고전 15:31, 고후 4:11). 우리의 환경은 날마다 우리를 죽음에 넣고 있다. 우리가 죽는 것은 지속적인 문제이다. 그리스도인의 생활은 오랫동안 죽는 생활이다. 날마다 우리는 살기 위해 죽는다. 우리는 십자가에 못 박혀서 거듭났고 지금은 살기 위해 죽고 있다. 이것이 바로 그리스도의 십자가에 못 박히심 아래 있는 생활이다. 갈라디아서 2장 20절에서 바울은 이렇게 말했다. "나는 그리스도와 함께 십자가에 못 박혔습니다. 그러므로 이제는 더 이상 내가 사는 것이 아니라, 그리스도께서 내 안에 사십니다. 이제 내가 육체 안에서 사는 생명은 … 믿음 안에서 사는 생명입니다." 한편으로 바울은 끝났지만, 다른 한편으로는 부활한 바울이 거듭난 사람으로서 계속해서 살고 있었다. 바울은 그리스도와 함께 십자가에 못 박혔지만, 그리스도는 바울 안에 사셨고 바울은 그리스도를 살았다(빌 1:21상). 그리스도와 바울에게는 한 생명과 한 생활이 있었다.

〈십자가에 못 박혀서 태어남〉이라는 책에서, 저자는 미국 남북 전쟁중에 일어난 이야기를 해 준다. 어떤 사람이 선발되어 최전방에 나가 목숨을 걸고 싸워야 했는데, 그에게는 아내와 여섯 자녀가 있었다. 그런데 어떤 청년이 그를 대신하여 대리인으로 가겠다고 제안했다. 양쪽이 동의하자 군 당국은 이것을 기록했다. 그 후에 원래 선발된 사람을 대신하여 전쟁에 나간 청년이 전사했다. 나중에 군 당국은 원래 선발된 사람을 다시 징집하려고 했다. 그러나 그는 다른 이가 자신의 대리인이었다는 군 당국의 기록을 보라고 말했다. 그는 자신의 대리인이고 대표였던 그 청년의 인격 안에서 자신이 죽었다고 주장했다. 저자는 이 사례를 들어 그리스도께서 우리의 대속자이셨음을 설명한다.

이것은 법적인 기록에 따르면 좋은 예시이지만, 우리가 그리스도와 동일시된다는 개념에 따르면 불충분한 예시이다. 그리스도께서 십자가에서 우리의 대속자가 되신 것은 하늘에 속한 장부에 법적인 기록을 남기시려는 것만이 아니었다. 그분은 또한 동일시되는 방식으로 우리의 대속자로서 오셨다. 먼저 그분은 인성 안으로 들어오셨다. 그분은 오셔서 사람을 대치하신 것이 아니라 사람이 되셨다. 그분은 동일시되는 방식으로 오셔서 우리가 되셨다. 자연히 그분은 우리의 대속자이시다.

의학 분야에서, 의사는 몸 전체의 유익을 위해 몸의 한 부위에 주사를 놓는다. 의사는 한 부위에만 주사를 놓지만, 이 한 부위가 온몸을 대표하므로 온몸이 주사를 맞는다. 주사를 맞은 이 부위는 법적으로 온몸의 대리인이 되는 것이 아니다. 이 부위는 동일시되는 방식으로 온몸을 대신한다. 따라서 이 부위가 주사를 맞으면 온몸이 주사를 맞는다. 그리스도는 동일시되는 방식으로만 우리의 대속자가 되실 수 있었다. 그분께서 우리가 되지 않으셨다면 결코 우리의 대속자가 되실 수 없었을 것이다. 그분께서 우리가 되지 않으셨다면, 우리의 대속자가 되신 것은 법적인 기록에 따른 대리인이 되신 것에 불과했을 것이다. 그러나 그분께서 우리가 되셨기 때문에, 우리의 대속자가 되신 것은 동일시되는 방식에 따른 것이다.

이제 우리는 누가 십자가에서 죽었는지를 다시 상고해 보아야 한다. 우리는 "내가 십자가에서 죽었다."라고 해야 한다. 그리스도는 육체가 되실 때 자신 위에 우리를 입으셨다. 그분은 피와 살을 입으셨다(히 2:14). 그러므로 그분께서 십자가에 못 박히실 때 우리도 그분과 함께 십자가에 못 박혔다. 우리 모두가 그리스도의 일부로서 그분의 십자가에서의 죽음이라는 주사를 맞았다.

또한 〈십자가에 못 박혀서 태어남〉의 저자는 패배한 그리스도인으로 생활하던 나이 든 선교사에 관해 이야기한다. 어느 날 나이 든 어떤 선교사가 성경을 읽고 있을 때, 갈라디아서 2장 20절에서 "그리스도께서 내 안에 사십니다."라는 말씀에 눈길이 쏠렸다. 이 절에서 그는 빛 비춤을 받았다. 그는 뿌리 깊고 견고한 장로교인이었지만, 기뻐서 책상 주위를 뛰어다니며 "그리스도께서 내 안에 사십니다! 그리스도께서 내 안에 사십니다!"라고 외쳤다. 이 장로교 선교사 안에 사시던 그리스도는 공기 같은 영이신 그리스도, 곧 생명 주시는 그리스도이시다.

어떤 사람들은 동일시에 대한 교리를 말할 수 있을 것이다. 그러나 그리스도와 우리가 동일시되는 것이 오직 생명 주시는 영 안에서만 체험할 수 있는 것임은 보지 못한다. 우리의 대속자이셨던 그리스도께서 생명 주시는 영이 되셨다(고전 15:45하). 기독교 안의 수많은 사람이 신성한 삼일성의 셋이 분리된 세 인격이라고 가르친다. 이렇게 말하는 것은 틀린 것이다. 신성한 삼일성의 셋은 결코 분리되지 않으신다. 그러나 아버지와 아들과 영은 구별되신다. 신격의 셋은 하나이시다.

신약은 고린도전서 15장 45절 하반절에서, 우리의 대속자가 되신 마지막 아담께서 생명 주시는 영이 되셨음을 말한다. 마지막 아담이신 그리스도는 우리 안에 내주하시려는 목적으로 생명 주시는 영이 되셨다. 하나님-사람이신 그리스도께서 그 영이 되지 않으셨다면 어떻게 우리 안에서 우리의 생명이 되실 수 있겠는가? 그리스도께서 그 영이 아니시라면 우리 안에 거하실 수 없을 것이다.

로마서 8장 9절에서 바울은 우리 안에 거하시는 하나님의 영에 대해, 그리고 우리가 그리스도의 영을 가진 것에 대해 말한다. 그다음 10절에서 그는 "그리스도께서 여러분 안에 계시면"이라고 말한다. '그리스도의 영'과 '그리스도'는 서로 바꾸어 사용할 수 있다. 이것은 그리스도의 영께서 바로 그리스도이심을 의미한다. 이 두 칭호는 동일한 인격을 지칭한다. 고린도후서 3장 17절은 "주님은 그 영이십니다."라고 말한다. 그다음으로 18절은 '주 영'에 대해 말한다. 이것은 주 그리스도께서 그 영이시고 그 영께서 주 그리스도이심을 보여 준다. 고린도전서 6장 17절은 "주님과 합하는 사람은 주님과 한 영입니다."라고 말한다. 어떻게 우리가 그리스도와 동일시될 수 있는가? 생명 주시는 영 바깥에는 길이 없다.

더욱이 주님의 회복 안에 주신 계시에 있어서, 주님은 더욱 전진하시어 이 생명 주시는 영께서 복합되신 영이심을 우리에게 보여 주셨다. 이 복합되신 영은 그리스도의 신성과 인성과 인간 생활, 그리스도의 죽음과 그 효능, 그리스도의 부활과 그 능력이 복합되어 있다(참조 빌 1:19 각주 2). 그러므로 주님은 복합되신 영이시다. 우리는 이러한 복합되신 영을 가졌기 때문에 부족한 것이 없다. 복합되신 영 안에서 우리는 하나님, 높아진 인성, 그리스도의 죽음과 그 효능, 그리스도의 부활과 그 능력을 갖는다. 우리에게 필요한 모든 것이 여기에 있다. 공기 같은 영이신 이 그리스도 안에서, 생명 주시는 영 안에서, 복합되신 영 안에서 우리는 그리스도의 죽음이 날마다 우리에게 유용하다는 것을 깨달아야 한다.

이 메시지들에서 우리의 부담은 성경을 가르치는 것만이 아니다. 우리의 원함은 이 모든 것을 상세하게 설명하여, 우리가 매일 누리고 있는 그 영께서 복합되신 영이심을 깨닫는 것이다. 이것은 '복합된' 차에 비유될 수 있다. 우리는 차를 마실 때 레몬과 차와 물이라는 요소들을 받아들인다. 왜냐하면 그 요소들이 함께 복합되어 있기 때문이다. 마찬가지로, 우리는 그 영을 마실 때(고전 12:13하) 그리스도의 죽음과 그 효능, 그리스도의 부활과 그 능력을 포함한 그분의 모든 요소를 받아들인다. 따라서 그 영을 마실 때 우리는 살기 위해 죽는 것이다. 이어서 다음 장에서는 그리스도의 십자가에 못 박히심 아래서 살고 행할 필요에 관해 교통할 것이다.

13

그리스도의 십자가에 못 박히심 아래서 살고 행함(2)

Living and Walking under the Crucifixion of Christ (2)

제13장

그리스도의 십자가에 못 박히심 아래서 살고 행함(2)

성경: 마 16:24-26, 갈 5:24, 롬 6:6, 8:13하

앞 장에서 우리는 십자가에 못 박혀서 거듭남과 살기 위해 죽음이라는 문제를 다루었다. '십자가에 못 박혀서 거듭남'이라는 용어는 이상하게 보일 수 있다. 왜냐하면 '거듭남'과 '십자가에 못 박힘'이라는 두 표현이 서로 반대되는 의미이기 때문이다. 그러나 우리가 거듭났다면 십자가에 못 박힌 것이다. 우리의 첫 번째 출생에는 십자가에 못 박힘이 없었다. 그 출생에서 우리는 살기 위해 태어났다. 그러나 두 번째로 출생할 때, 즉 거듭났을 때 우리는 십자가에 못 박혀서 태어났다. 우리는 십자가에 못 박혀서 태어나거나 혹은 거듭났다. 십자가에 못 박혀서 거듭난 후에 우리는 계속해서 죽는다.

우리는 침례 받은 후에 날마다 죽는 생활을 해야 한다. 그러한 생활이 우리의 침례의 연속이다. 우리는 죽은 사람들이라는 것을 잊어서는 안 된다. 그럴 뿐 아니라 심지어 장사된 사람들이라는 것을 잊어서는 안 된다.

우리는 죽고 장사되었다. 우리는 침례 받은 후에 죽고 있다. 날마다 우리는 죽은 사람들이며 이제는 죽음으로써 살고 있다.

'십자가에 못 박혀서 거듭남과 살기 위해 죽음'이란 말에서 '과'라는 접속 조사는 '거듭남'과 '죽음'을 연결한다. 우리는 거듭났고 또한 죽고 있다. 우리는 십자가에 못 박혀서 거듭났고 지금은 살기 위해 죽어야 한다. 침례 받은 후에 우리는 죽음으로써 살고, 살기 위해 죽는다. 살기 위해 죽는 것이 십자가를 지는 것의 합당한 의미이다. 어려서부터 나는 십자가를 지는 것에 관한 가르침을 들었다. 이 가르침은 마태복음 16장 24절의 주님의 말씀에 근거했다. "누구든지 나를 따라오려거든, 자기를 부인하고 자기 십자가를 지고 나를 따라오십시오." 그러나 십자가를 지는 것에 대한 많은 그리스도인의 이해가 논리적이지 않다. 그들의 이해에 따르면 십자가를 지는 것은 고난받는 것이다. 이런 잘못된 이해 때문에, 나는 십자가의 의미에 관한 찬송을 하나 썼다(찬송가 461장). 그 찬송의 1절은 이렇게 말한다.

십자가 지는 자 고통만 당하랴
십자가 지면 결국 사지로 가리
사람의 타고난 힘 꺾는 십자가
자아를 끝내는 게 십자가라네

〈그리스도를 본받아(The Imitation of Christ)〉라는 유명한 책의 저자인 토마스 아 켐피스(Thomas a` Kempis)는 온전함에 이르는 길이 그리스도와 함께 고난받는 것이라고 가르쳤다. 그 책의 가르침은 불교와 영지주의자들, 그리고 귀용 부인과 페넬롱 신부와 로렌스(Lawrence) 형제를 포함한 소위 기독교 신비주의자들이 강하게 가르친 금욕주의의 가르침에 매우 가깝다. 십자가를 지는 것에 관한 많은 가르침은 사실상 금욕주의의

한 형태이다. 그러나 골로새서 2장 20절부터 23절까지에서 바울은 금욕주의를 강하게 반대하며 말한다.

금욕주의의 가르침은 겉보기에 성경에 어떤 근거를 두고 있는 것 같다. 왜냐하면 베드로전서 4장 1절에서 베드로가 이렇게 말하기 때문이다. "그리스도께서 육체에 고난을 받으셨으니, 여러분도 동일한 생각으로 자신을 무장하십시오(왜냐하면 육체에 고난을 받은 사람은 죄에서 끊어졌기 때문입니다)." 어떤 의미에서 보면 고난받는 것은 사람들이 죄짓는 것을 제한한다. 사람이 가난하면 열심히 일하여 생계비를 벌어야 하기 때문에 정욕이 제한된다. 그러나 사람이 부유하면 그가 추구하는 오락이나 유흥이 정욕을 부추긴다. 이것이 사실이 아니라면 아무도 금욕주의를 창시하지 못했을 것이다. 금욕주의는 사람이 부유해지면 쉽게 타락한다는 것을 발견한 이들이 창시했다. 십자가를 지는 것에 관한 잘못된 가르침은 금욕주의의 한 형태이다.

〈그리스도를 본받아〉라는 책의 주요 개념은 잘못되었다. 그리스도인의 생활은 그리스도를 모방하는 것이 아니라 그리스도께 참여하는 것이다. 원숭이가 사람을 본받을 수 없듯이 누구도 그리스도를 모방할 수 없다. 우리는 타락한 피조물이다. 죄가 우리의 조성이 되었다. 우리 몸의 모든 지체는 이 죄악된 조성체의 일부이다. 로마서 7장에서 바울은 자신이 죄 아래 팔렸다고 말한다(14절). 죄 아래 팔린 사람은 죄의 노예이다. 어떻게 그런 사람에게 율법을 지키라고 요구할 수 있겠는가? 죄 아래 팔린 죄의 노예에게 율법을 지키라고 요구하는 것은 터무니없는 일이다.

십계명에서 마지막 계명은 "탐내서는 안 된다."(출 20:17)라고 말한다. 이 계명은 밖의 행위와 관련된 것이 아니라 오히려 사람 안에 있는, 주로 생각 안에 있는 죄와 관련된다. 누가 탐내지 않을 수 있겠는가? 억만장자라고 해도 탐내지 않을 수는 없다. 빌립보서 3장에서 바울은 자신이 율법의 의로 말하자면 나무랄 데가 없는 사람이었다고 말한다(6절). 그러나 로마서 7장에서 바울은 자신에게 탐욕이라는 죄가 있음을 시인한다(7절). 따라서 바울이 자신의 의에 관하여 자랑한 것은 다윗이 시편에서 자신의 순전함에 관하여 자랑한 것과 비슷하다(시 7:8, 26:1, 11, 41:12). 바울과 다윗이 율법에 따라 스스로를 의롭다고 여겼을지라도 어느 때는 의롭지 않았다. 왜냐하면 바울은 탐내었고, 다윗은 우리야를 살해하고 그의 아내 밧세바를 강탈했기 때문이다(삼하 11장). 이 한 가지 행위로 말미암아 다윗은 이웃을 향한 사람의 행위에 관한 율법의 후반부 다섯 계명(출 20:13-17)을 모두 범하였다.

많은 유대인과 그리스도인이 다윗을 감상한다. 그러나 다윗은 엄청난 죄를 범했고, 그 죄에 대한 기억은 다윗이 하나님께 그 죄를 자백한 뒤에도 오래 남아 있었다(시 51편). 심지어 마태복음에 기록된 그리스도의 계보에도 다윗의 그 죄가 언급된다(1:6). 어떤 의미에서 바울은 선했다. 그는 그리스도인이 되기 전에도 율법을 지키려고 노력했다. 그러나 로마서 7장에서 바울은 자신이 성공하지 못했다고 말한다. 9절에서 바울은 이전에 율법이 없었을 때에는 자신이 살아 있었으나 계명이 옴으로써 죄는 되살아나고 자신은 죽었다고 말한다.

십자가를 지는 것은 첫째로는 그리스도께서 우리를 십자가로 이끄셨음을 의미하고 둘째로는 우리가 그분과 함께 십자가에 못 박혔음을 의미한다(갈 2:20상). 그리스도께서 십자가에 못 박히셨고 우리도 그분 안에서 십자가에 못 박혔다. 따라서 우리는 그 순간부터 십자가가 우리 어깨 위에 있음을 보아야 하고 이를 잊어서는 안 된다. 나는 젊었을 때, 십자가가 내 위에 있음을 거의 의식하지 못했다. 그러나 특히 지난 몇 년 동안 나는 주님과 함께할수록 십자가가 내 위에 있음을 더욱 느꼈다. 내가 어린 그리스도인일 때는 다른 이들과 다투는 데 별로 거리낌이 없었다. 어떤 운동 경기를 하고 싶으면 단순히 경기를 하러 갔다. 그러나 오늘날은, 특히 최근 몇 년 동안은 더 무거운 십자가가 내 위에 있었다. 내가 어떤 일을 하러 가고 싶을 때 주님은 종종 내 안에서 "안 된다."라고 대답하셨다. 이 '안 된다'가 바로 십자가이다. 자신의 체험을 점검해 본다면, 구원받고 그리스도인 생활을 하면서 처음 일 년 동안은 주 예수님께 어떤 것을 쉽게 허락받았음을 인정할 것이다. 사실은 주 예수님께서 허락하신 것이 아니다. 허락한 것은 우리 자신이었다. 주님 안에서 많이 성장한 후에 주 예수님을 따르게 될수록, 우리는 주님의 허락을 구할 때 "안 된다."라는 대답을 더 많이 듣게 된다. 어떤 형제에게 말을 건네도 되는지 주님께 여쭈어볼 때, 주님은 "안 된다! 나는 네가 성경을 읽기를 원한다."라고 말씀하실지도 모른다. 또한 우리는 자러 가도 되는지 주님께 여쭈어볼 것이다. 그러나 깊은 속에서는 우리가 무릎을 꿇고 기도하는 것이 주님께서 원하시는 것임을 안다. 우리는 주님께 결코 그것을 제안하려고 하지 않는다. 우리가 한 시간 동안 기도하기를 원하시는지 여쭈어본다면, 주님은 틀림없이 원하신다고 말씀하실 것이다. 사실은 주님께서 원하신다고 말씀하실 필요도 없다. 우리는 주님께서 그것을 원하신다는 것을 깊은 속에서 안다. 그러나 우리는 기도하기를 좋아하지 않는다. 결국 우리는 자신의 제안에 동의하고 자신이 주인이 된다. 그럴 때 우리 위에는 십자가가 없다. 우리는 십자가를 어깨에서 벗어 던졌다. 이것은 십자가를 지는 것이 아니다.

초기 사역에서 나는 금욕주의의 가르침에서 벗어나지 못했다. 때로 나는 형제들에게 그들이 결혼하면 큰 십자가 하나를 받는데 그 십자가는 그들의 아내라고 말했다. 또한 큰 십자가 하나만으로는 충분하지 않다고 그들에게 말했다. 따라서 주님은 이 년 후에 보다 작은 십자가인 딸을 더하시고 삼 년이 더 지나면 또 다른 십자가인 개구쟁이 아들을 더하신다. 나는 초기 사역에서 그렇게 말했다. 하지만 오늘날 나는 온 우주 가운데 하나의 십자가만이 우리를 구원할 수 있다고 말하고 싶다. 이 십자가는 우리의 십자가가 아니고 그리스도의 십자가이다. 그러나 마태복음 16장에서 주님은 우리가 우리의 십자가를 져야 한다고 말씀하셨다. 이것은 그리스도의 십자가를 우리의 십자가로 취해야 함을 의미한다. 우리는 이미 그 십자가 위에 놓였고 그 십자가는 우리 위에 놓였다. 침례탕에서 침례를 받고 나왔을 때, 우리는 십자가의 길을 취하기를 갈망한다고 간증했다. 우리는 그리스도의 십자가에 의해 못 박혀 죽고 제해졌음을 시인했다. 이러한 침례 후에 우리는 계속 십자가를 지는 사람이 되어야 한다. 십자가는 우리가 죽음당했고 지금도 여전히 그 죽음 아래 있어야 함을 의미한다. 우리는 오늘 자신이 살아 있는 사람이 아니라 죽고 있는 사람이며 이미 죽었다는 것을 깨달아야 한다. 십자가가 우리 위에 있다.

찬송가 461장 1절은 십자가의 의미가 고난받는 것이 아니라 오히려 자아를 끝내는 것이라고 말한다. 우리는 살아 있다고 할지라도 사실상 죽고 있다. 다른 한편으로, 우리가 죽고 있다면 실지로는 살고 있는 것이다. 사도 바울은 로마서 8장 13절에서 이것을 가르친다. "여러분이 육체를 따라 살면 반드시 죽을 것이지만, 그 영으로써 몸의 행실을 죽이면 살 것입니다." 우리가 여전히 육체 안에서 살고 있다면 반드시 죽을 것이지만, 온종일 죽음으로써 십자가를 진다면 살 것이다.

우리의 혼생명 곧 우리의 자아를 처리함에 있어서 그리스도의 십자가를 우리의 십자가로 짊어짐

우리의 혼생명 곧 우리의 자아를 처리함에 있어서, 우리는 그리스도의 십자가를 우리의 십자가로 짊어져야 한다(마 16:24-26, 눅 9:23-25). 우리가 처리하기 가장 어려운 것은 몸 안에 있는 죄가 아니라 혼 안에 있는 자아이다. 얼마간 장로 직분 안에 있던 형제들은 교회생활에서 가장 어려움을 겪는 점이 기질과 관련하여 성도들을 다루는 것임을 발견한다. 마찬가지로, 아내가 다루기 가장 어려운 것은 자기 남편이다. 아내는 무엇이든 다룰 수 있는 것 같지만 남편의 성격과 기질을 다루지는 못한다. 아내는 남편과 오래 살수록 남편의 기질과 성격과 존재가 자신에게 문제가 된다는 것을 더욱 발견한다. 바로 이것이, 먼저는 별거하고 나중에는 이혼하게 만드는 어려움이다. 오늘날 미국에서 그처럼 많은 사람이 별거하거나 이혼하는 이유는, 모든 미국인이 자유롭기를 갈망하고 또한 자유란 자신이 사람으로서 갖는 권리와 미국인으로서 갖는 권리라고 주장하기 때문이다. 이것은 그리스도인들로 가득한 미국과 같은 나라에도 십자가 아래 살고 있는 사람이 거의 없음을 시사한다. 십자가 아래서 죽고 있는 사람은 거의 없는 반면, 대부분의 사람이 육체 안에서 매우 살아 있고 활동적이다. 여전히 살아 있고 활동적인 두 사람이 함께 머물기란 매우 어렵다. 성경은 순종을 가르칠 뿐 아니라 복종도 가르친다(히 13:17, 엡 5:21-22, 롬 13:1). 모든 사람은 반드시 누군가에게 복종해야 한다. 대표 권위가 없다고 가르치는 것은 심각한 오류이다. 하나님의 신성한 행정 아래에는 대표 권위가 여러 층으로 겹겹이 있다. 복종이 없으면 십자가가 없다.

어느 시점에 주 예수님은 제자들에게 돌아서시어 이렇게 말씀하셨다. "누구든지 나를 따라오려거든, 자기를 부인하고 자기 십자가를 지고 나를 따라오십시오."(마 16:24) 우주 안에는 하나의 경륜이 있다. 하나님의 경륜에 따르면 그분은 먼저 인류를 창조하셨다(창 1:26-28). 하나님은 모든 생물을 제 종류대로 창조하셨다(창 1:21, 24-25). 그다음에 하나님은 그분의 형상대로 그분의 모양에 따라 사람을 창조하셨다. 즉 하나님은 그분의 종류대로 사람을 창조하셨다. 사람은 하나님의 종류대로 창조되었지만 그분께서 사람을 창조하신 의도는 천연적인 사람을 사용하시는 것이 아니었다. 하나님의 의도는 이 사람 안에 있는 그분 자신을 사용하시는 것이었다. 그러므로 하나님께서 이 사람 안에서 사실 수 있도록 이 사람은 죽어야 한다. 창조된 사람이 죽어야만, 창조하신 하나님께서 창조된 사람 안에서 사실 수 있다. 이것은 창조된 사람이 죽음으로써 성취된다. 그러면 창조하신 하나님께서 창조된 사람 안에 들어가시어 그를 죽음에서 일으키실 수 있다. 이것이 부활이며 거듭남이다. 거듭난 사람은 살아 있는 존재로서 두 본성 즉 사람의 본성과 신성한 본성을 지니고, 두 생명 즉 사람의 생명과 신성한 생명을 지닌다. 타고난 본성과 생명이 죽을 때, 사람의 두 번째 본성 즉 두 번째 생명이 산다. 이런 생활은 하나님께서 부활 안에 있는 두 번째 본성과 두 번째 생명의 생활 안에서 사시는 것이다. 이것이 하나님의 경륜이다. 그리스도인의 생활은 죽고 사는 생활, 즉 천연적인 사람은 죽고 하나님께서 부활한 사람 안에서 사시는 생활이다.

우리가 이 문제에 대해 분명하지 않다면 많은 잘못을 저지를 수 있다. 우리는 하나님의 경륜의 기본 원칙과 기본 요인을 보아야 한다. 우리는 침례 받을 때 자신이 침례탕에 완전히 장사되었음을 깨달아야 한다. 그러므로 우리는 침례탕에 머무르면서 거기서 안식하고 잠자고 죽어야 한다. 그 죽음은 빠른 죽음이 아니다. 사람이 보기에는 순식간이지만 하나님께서 보시기에는 긴 시간이 걸린다. 우리 모두는 그리스도와 함께 그분의 무덤에 장사되었다(롬 6:4). 그것은 죽는 것의 시작이었다. 그리스도의 무덤에서 시작된 죽음은 지난 이십 세기 동안 계속되었다. 오늘날 우리는 여전히 죽고 있다. 누구든지 죽고 있지 않는 사람은 교회생활 안에서 문제를 일으키는 이가 될 것이다. 교회의 모든 지체가 그들의 무덤에서 죽고 있거나 자고 있다면 교회생활 안에 문제가 없을 것이다. 교회 안의 모든 문제는 아직 살아 있는 사람들에게서 발생한다.

교회생활은 우리를 계속 침례탕에 있게 한다. 침례탕에 머무르면서 죽는 것이 곧 십자가를 지는 것이다. 십자가를 지는 것은 우리라는 사람 곧 중국인, 멕시코인, 미국인, 독일인이라는 사람을 처리한다. 십자가는 우리의 존재를 처리하고 우리의 어떠함을 처리한다. 즉 혼을 처리한다. 그러나 많은 믿는 이가 구원받은 지 십 년이나 이십 년이 지나도록 주님께서 자기 존재를 만지시는 것을 결코 허락하지 않는다. 그러한 믿는 이들은 생명의 성장을 체험하기가 불가능하다. 우리가 산다면, 즉 우리가 죽지 않는다면 성장할 수 없다. 성장한다는 것은 주님께서 우리 안에 더해지신다는 의미이다(골 2:19). 주님을 믿는 것만으로는 충분하지 않다. 우리는 주님께서 그분 자신을 우리 안으로 더하시는 것을 체험해야 한다. 그러나 우리 자신이 너무 강하고 가득 차 있기 때문에 주님께서 그분 자신을 우리 안에 더하시기가 어렵다. 우리 존재 안의 작은 여지조차 우리의 것이지 그리스도의 것이 아니다. 따라서 주님께서 그분 자신을 우리 안으로 더하실 기회가 거의 없다. 그 결과 생명의 성장이 거의 없다. 생명의 성장은 언제나 부활 안에 있으며 부활은 십자가에 못 박힘 없이는 올 수 없다. 십자가에 못 박힘은 부활의 입구이다. 일단 우리가 십자가에 못 박힘 안으로 들어간다면 부활에 이를 것이다. 부활 안에서 우리는 그리스도께서 우리 안에 사시는 것을 누린다. 부활 안에서 그리스도는 우리 안에 사실 뿐 아니라 우리와 함께 사시고, 우리와 함께하실 뿐 아니라 우리와 하나이시다. 그분은 그분 자신을 우리와 하나로 만드신다.

하나님의 영원한 경륜에 따르면, 창조된 피조물인 우리가 죽어야만 하나님께서 우리 안에 들어오시어 우리를 일으키실 수 있다. 그럴 때 우리는 하나님과 함께 살고 하나님은 우리와 하나로 사실 것이다. 즉 하나님께서 그분 자신과 우리를 하나로 만드시는 방식으로 사실 것이다. 고린도전서 6장 17절은 “주님과 합하는 사람은 주님과 한 영입니다.”라고 말한다. 이 절에 언급된 영이 바로 부활이다. 한 영은 한 부활을 의미한다. 왜냐하면 부활 안에서 그리스도의 영은 그리스도의 부활과 같기 때문이다. 부활 안에서 이 둘은 하나이다. 이제 이 모든 것이 우리 존재 안에 주입되었지만 우리는 여전히 옛사람 안에 머무르려고 한다. 우리는 여전히 옛사람 안에서 자아에 의해 살고자 한다. 따라서 그리스도인의 생활을 하기가 불가능하다. 이 땅에서 우리는 그리스도인의 생활을 하는 사람을 한 명도 찾아 보기 어렵다. 우리는 기독교는 볼 수 있지만 합당하고 참된 그리스도인의 생활은 볼 수 없다. 합당하고 참된 그리스도인의 생활은, 창조된 사람이 죽음으로써 창조주 하나님께서 그 사람 안에 오셔서 죽은 그 사람과 함께 사시고 그 사람과 하나 되어 사시는 생활이다. 이것은 전적으로 부활 안에 있다. 부활 안에서 우리는 그리스도인의 생활을 실현할 수 있다. 그러므로 사복음서에서 주님은 십자가를 지는 문제를 매우 강조하셨다. 우리는 자기 십자가를 짐으로써 자기에게 부여된 죽음 안에 머물러야 한다. 우리 사람의 생명 즉 타고난 생명 안에는 선한 것이 거하지 않는다(롬 7:18). 따라서 하나님은 우리에게 다른 것이 아닌 오직 죽음을 정해 주셨다. 우리는 반드시 죽음 안에 머물러야 한다. 우리가 이 죽음 안에 머문다면, 우리는 부활 안으로 이끌려 부활 안에서 하나님을 살고 하나님은 우리 안에서 우리와 함께 심지어 우리와 하나로 사실 것이다. 이것이 그리스도인의 생활이다.

우리의 육체를 그 정욕과 욕망과 함께 십자가에 못 박음으로 우리의 죄의 몸을 처리함

사람은 영과 혼과 몸이라는 세 부분으로 된 존재이다(살전 5:23). 성경에 있는 사실에 따르면, 사탄이 사람을 부패시키고 하나님께서 죄 있는 사람을 유죄판결 하셨다. 그러나 하나님의 경륜 안에서 하나님은 우리의 영 주위에 경계선을 그어 사탄이 우리의 영 안에 들어올 수 없게 하셨다. 사탄은 우리의 몸과 혼을 부패시킬 수 있었다. 그러나 하나님은 우리 존재의 이 두 부분만 부패시키도록 사탄을 제한하셨고 하나님 자신을 위해 우리의 영을 보존하셨다. 하나님은 우리 안에 들어오실 때 우리의 영 안으로 들어오신다. 사탄은 우리의 혼과 몸을 부패시키기 위해 들어왔다. 에덴동산에서 뱀이 들어와 아담과 하와 모두를 부패시켰다(창 3:1-7). 먼저 사탄은 그들의 혼, 곧 생각을 부패시켰다. 그런 다음 그들이 지식나무의 열매를 취함으로 그들의 몸도 부패하게 되었다. 죄가 몸 안으로 들어오자 몸은 정욕과 욕망이 가득한 육체가 되었다. 그러나 영은 하나님께서 보존해 두셨다. 따라서 우리는 여전히 회개할 가능성이 있다. 회개는 영의 한 부분인 양심에서 시작된다. 복음을 전파하는 최상의 방법은 사람들의 양심을 일깨워서 자신이 하나님 앞에서 죄가 있음을 인식하게 하는 것이다. 이러한 인식에 근거하여 그들은 회개할 수 있다. 회개는 양심에서 시작되는데, 양심은 우리 영의 한 부분이다. 사람의 영 안에 양심이 존재하기 때문에, 중국의 철학가들은 사람의 존재 안에 그들이 '명덕(明德)'이라고 부르는 부분이 있다고 말했다. 그들은 타락한 사람 안에 하나님의 용도를 위해 보존된 한 부분이 있다는 것을 자신들의 논리로 찾아냈다.

주 예수님은 우리가 반드시 우리의 혼, 우리의 자아를 처리하는 십자가를 져야 한다고 말씀하셨다(마 16:24-26, 눅 9:23-25). 그리고 바울은 자신이 그리스도와 함께 십자가에 못 박혔다고 말했다(갈 2:20상). 스스로 십자가에 못 박힐 수 있는 사람은 아무도 없다. 어떤 사람이 십자가에 못 박히려면 다른 사람의 도움을 받아야 한다. 사람은 여러 수단으로 자살할 수 있지만 십자가에 못 박혀 자살할 수는 없다. 왜냐하면 스스로를 십자가에 못 박을 수 있는 사람이 없기 때문이다. 그러나 갈라디아서 5장 24절은 "그리스도 예수님께 속한 사람들은 육체를 그 정욕과 욕망과 함께 십자가에 못 박았습니다."라고 말한다. 우리는 자신을 십자가에 못 박을 수 없지만 우리의 타락한 몸인 육체를 그 정욕과 욕망과 함께 십자가에 못 박을 수는 있다. 이것이 바로 죄의 몸을 처리하는 것이다. 로마서 6장 6절에서 바울은 이렇게 말한다. "우리가 알고 있는 것처럼, 우리의 옛사람이 예수님과 함께 십자가에 못 박힌 것은 죄의 몸이 무력하게 되어(혹은 해고되어, 할 일이 없게 되어, 활동하지 않게 되어) 우리가 더 이상 죄의 노예로서 섬기지 않기 위한 것입니다." 그리고 갈라디아서 5장 24절에서 바울은 우리가 반드시 우리 육체를 십자가에 못 박아야 한다고 말한다. 이것은 로마서 8장 13절과 일치한다. 이 절은 "여러분이 육체를 따라 살면 반드시 죽을 것이지만, 그 영으로써 몸의 행실을 죽이면 살 것입니다."라고 말한다. 내주하시는 영으로써 우리의 타락한 몸의 행실을 죽인다면, 우리가 살 뿐 아니라 신성한 생명이 우리의 죽을 몸에도 주입될 것이다(롬 8:11). 여기에 죄에 대한 승리가 있다. 우리가 죄에 대해 승리한다는 말은 죄를 능히 정복할 수 있다는 말이 아니다. 우리는 십자가 아래 머물 때 죄에 대해 승리한다. 거듭난 영에 의하여, 내주하시는 영의 도움으로, 우리는 그리스도께서 우리의 육체를 그 정욕과 욕망과 함께 십자가에 못 박으신 것을 온종일 집행해야 한다.

갈라디아서 5장 24절에 기록된 바울의 말은 죄의 몸인 우리의 타락한 육체에 두 범주에 속한 것들이 있음을 지적한다. 첫 번째 범주는 우리의 욕구 혹은 정욕이다. 두 번째 범주는 우리의 욕망, 즉 악한 활동들을 유발하는 악한 욕구이다. 우리에게 먼저 욕구가 있고, 그 욕구가 우리를 욕망 안으로 밀어 넣는다. 따라서 욕망은 욕구나 정욕보다 악하다. 우리는 타락한 육체에 있는 이 두 범주에 속한 것들을 십자가에 못 박을 필요가 있다. 먼저는 육체에 속한 욕구를 십자가에 못 박아야 하고, 그다음은 육체에 속한 악들 즉 욕망을 십자가에 못 박아야 한다.

복음서들 가운데 마태복음 16장 24절은 우리가 십자가를 져야 한다고 말한다. 즉 우리는 계속해서 그리스도의 죽음을 우리의 자아와 혼에 두어야 한다. 그다음으로 서신서들에서는, 큰 도움이 되시는 성령이신 내주하시는 영과 함께하는 우리의 영을 사용하여, 육체에 속한 욕구와 욕망을 계속 십자가에 못 박아야 한다는 말씀을 본다. 갈라디아서 5장 16절과 25절은 그 영을 따라 행하고 그 영을 따라 살라고 우리에게 말한다. 그런 다음 우리는 육체를 그 정욕과 욕망과 함께 십자가에 못 박아야 하는데, 이것은 몸의 모든 행실을 죽음에 두어야 한다는 의미이다. 여전히 우리는 타락한 사람이기 때문에 혼자서는 그렇게 할 수 없다. 우리는 내주하시는 영에 의해 그렇게 해야 한다. 우리 안에 내주하시는 분이 계신다. 완결되신 하나님은 우리 안에 그 영으로서 사신다. 그리고 우리에게는 하나님께서 보존하셨고 심지어 내주하시는 우리의 영이라는 기관이 있다. 그러므로 우리는 육체 안에 머물러서는 안 된다. 오히려 육체에서 영으로 돌이켜야 한다. 반드시 우리의 영을 훈련해야 한다. 그럴 때 내주하시는 영께서 우리를 도우셔서 그리스도의 죽음을 우리의 육체와 육체에 속한 정욕과 욕망에 두게 하실 것이다. 이렇게 하여 우리는 죄의 모든 수단과 기관을 죽일 것이다. 죄는 실직하고 우리는 죄에서 해방될 것이다. 따라서 혼을 처리함과 육체에 속한 몸을 처리함이라는 이 두 가지는 모두 십자가에 의한 것이다. 우리의 혼을 처리하려면 자아가 살지 못하도록 그리스도의 죽음을 짊어져야 한다. 우리는 항상 자아에게, 침례탕은 네가 장사된 무덤이므로 거기에 머물러야 한다고 상기시켜 주어야 한다. 이것이 십자가를 우리 위에 두는 것이고 또한 십자가를 지는 것이다. 더욱이 우리는 우리 영을 매일 사용함으로써, 내주하시는 영의 도움을 받아 육체의 각 부분을 죽음에 두어야 한다. 그럴 때 우리의 혼과, 죄악이 가득한 우리의 몸이 끝나게 될 것이다. 이것이 승리하는 그리스도인의 생활을 하는 길이며 곧 그리스도인의 생활이다.

이 두 가지를 실행한다면 우리는 의심할 것 없이 부활 안에 있을 것이다. 그리고 부활 안에서 우리는 과정을 거치시고 완결되신 삼일 하나님의 체현이신 공기 같은 영이신 그리스도, 즉 완결되신 영이신 하나님 자신을 누릴 것이다. 이것이 하나님의 경륜이다.

14

그리스도의 십자가에 못 박히심 아래서 살고 행함(3)

Living and Walking under the Crucifixion of Christ (3)

제14장

그리스도의 십자가에 못 박히심 아래서 살고 행함(3)

성경: 요 3:5, 갈 2:20상, 고전 15:36, 마 16:24-26,
갈 5:24, 롬 6:6, 8:13하, 고후 4:10, 16, 빌 3:10

12장에서는 우리가 십자가에 못 박혀서 거듭났고, 십자가에 못 박혀서 태어났으며(요 3:5, 갈 2:20상), 지금은 살기 위해 죽고 있다는 것을(고전 15:36) 보았다. 13장에서는 그리스도의 십자가를 우리의 십자가로 짊어짐으로써 우리의 혼생명 곧 우리의 자아를 처리하고(마 16:24–26) 우리의 육체를 그 정욕과 욕망과 함께 십자가에 못 박음으로써 죄의 몸을 처리해야 한다는 것을(갈 5:24, 롬 6:6, 8:13하) 보았다. 이 장에서는 그리스도의 십자가에 못 박히심 아래서 살고 행할 필요에 대하여 전진된 것을 보고자 한다.

속사람이 새로워져서 그리스도의 생명이 우리 몸에서 나타날 수 있도록 그리스도의 죽음의 죽이는 것 아래 있음

그리스도인의 생활에서 우리는 그리스도의 죽음의 죽이는 것 아래 있는데, 그것은 하나의 목적이 있다. 그 목적은 속사람이 새로워져서 그리스도의 생명이 우리 몸에서 나타나게 하려는 것이다(고후 4:10, 16). 고린도후서 4장은 우리 속사람을 새롭게 함에 관한 것이다.

거듭난 믿는 이들인 우리는 복잡한 사람들이다. 우리는 물질적인 영역에서 태어났고 그 후에 영적인 영역에서 거듭났다. 우리에게는 두 번의 출생이 있었다. 그러므로 우리는 '이중의 사람'이다. 타고난 출생에 의하면 우리는 옛사람이다. 어떤 사람은 열아홉 살밖에 안 되었지만 여전히 옛사람이다. 거듭남을 통하여, 두 번째 출생을 통하여 우리 모두는 새사람이 되었다. 이제 우리는 외적으로는 낡았지만 내적으로 새롭다. 그러나 하나님은 우리를 옛사람 안에 남겨 두는 것으로 만족하지 않으신다. 하나님은 우리 옛사람이 변화되어 새로워지기를 원하신다. 변화는 우리를 옛사람이라는 한 형체에서 새사람이라는 다른 형체로 옮긴다. '변화'라는 말은 다른 형체로 옮기는 것을 의미한다. 주님은 그리스도의 죽음의 죽이는 것으로 이것을 성취하신다.

이 책 12장은 우리가 십자가에 못 박혀서 태어났다는 것, 즉 십자가에 못 박혀서 거듭났다는 것을 지적했다. 따라서 우리는 거듭난 날부터 죽는 사람이었다. 어떤 의미에서는 살고 있지만 어떤 의미에서는 죽고 있다. 우리는 살기 위해 죽는다(고전 15:36). 죽음 없이는 생명이 없다. 우리는 죽지 않으면 살 수 없다.

고린도후서 4장 10절에서 바울은 '우리가 예수님을 죽게 한 것을 항상 몸에 지니고 다니는 것'에 대해 말한다. 여기서 '죽게 한 것'은 '죽이는 것'을 의미한다. 그리스도의 죽음이 우리를 죽인다. 그리스도의 죽음은 우리 안에 있는 죽이는 역량이다.

복합되신 영 안에 있는 그리스도의 죽음

우리는 그리스도의 죽음이 모든 것을 포함하시고 복합되신 영 안에 포함되어 있다는 것을 잊어서는 안 된다. 오늘날 성령은 복합되신 영으로서, 출애굽기 30장 23절부터 25절까지에 언급된 복합된 관유로 예표되신다. 이 복합되신 영께는 올리브기름 한 힌으로 예표되시는 주성분이신 하나님이 있다. 이 기름은 네 가지 향료, 즉 몰약, 육계, 창포, 계피와 복합된다. 이 향료들은 그리스도의 죽음과 부활의 요소를 예표한다. 더욱이 숫자 4는 창조된 사람을 예표한다. 따라서 관유로 예표되신 그 영은 하나님과 사람의 복합체이시다. 하나님-사람이신 예수님은 그분의 죽음과 부활의 요소와 함께 복합되셨다.

이 복합되신 영 안에는 그리스도의 죽음이 있으며 그리스도의 죽음은 활동적이다. 오늘날 항생제 속에는 세균들을 매우 활동적으로 죽이는 요소가 들어 있다. 마찬가지로, 커다란 알약과도 같으신 이 복합되신 영 안에는 우리 속의 모든 부정적인 것들을 활동적으로 죽이는 그리스도의 죽음의 요소가 있다.

우리의 환경을 통한
그리스도의 죽음의 죽이는 것

고린도후서 4장 10절은 그리스도의 죽음이 우리를 죽인다는 것을 지적한다. 사도 바울은 언제나 그리스도의 죽음의 죽이는 것 아래 있었다. 역사와 성경 기록에 따르면, 바울은 복음 전파를 통해 하나님의 경륜을 확산시키려는 부담을 짊어진 사도가 되었다. 바울은 언제나 사람들의 박해를 받았다. 많은 사람이 바울을 죽이려고 했다. 바울은 계속해서 유대인들과 이방인들과 유대교도들의 박해를 받았다. 이런 이유로 바울은 자신이 날마다 죽는다고 말했다(고전 15:31). 날마다 바울은 죽음의 위험에 처했고 죽음에 직면했으며 자아에 대해 죽었다(고후 11:23, 4:11, 1:8-9, 롬 8:36). 그는 예수님을 죽게 한 것을 항상 자신의 몸에 지니고 다님으로써 예수님의 생명이 그에게서 나타날 수 있게 했다.

예수님을 죽게 한 것을 날마다 지고 있는 이 사람 안에서, 사람들은 그리스도를 보았다. 바울에게 있어서 삶은 그리스도이고 그리스도를 사는 것은 그리스도를 확대하는 것이었다(빌 1:20-21상). 바울은 심지어 로마의 감옥에 있을 때에도 부끄러움을 당하는 것을 원하지 않았다. 부끄러움을 당한다는 것, 즉 주님을 부끄럽게 한다는 것은 사람들이 바울 안에서 그리스도를 볼 수 없다는 의미였을 것이다. 그러나 바울은 부끄러움을 당하지 않았다. 바울이 감옥에 있을 때조차 사람들은 바울에게서 그리스도를 보았다. 나타나신 그리스도는 그리스도를 '죽게 한 것'에서 나오는 생명이시다. 이것이 바로 그리스도의 십자가에 못 박히심 아래서 살고 행한다는 의미이다.

우리는 그리스도의 십자가에 못 박히심 아래서, 즉 예수님의 죽음의 죽이는 것 아래서 그리스도를 살아야 한다. 어떤 사람들은 자신이 사도 바울도 아니고 그가 받은 박해도 없으므로 이러한 죽임을 체험하지 못한다고 느낄지 모른다. 그러나 우리 모두가 어느 정도는 이러한 죽임 아래 있다. 주님은 우리가 의지를 거슬러서 무언가를 하기 원하실 수도 있다. 우리가 의지를 거스르고 주님을 따르는 것이 바로 죽임이다.

모든 전시간 훈련생들은 날마다 죽음당하고 있다. 그들이 자신의 선택을 거스르고 숙소에서 식사하며 머무는 것이 죽이는 것이다. 하나님의 신성하고 주권적인 안배 아래서 우리의 모든 환경은 죽이는 것이다. 우리의 환경 안에 있는 모든 것이 우리를 죽이는 칼과 같다. 아내, 남편, 자녀,

형제, 우리의 환경 안에 있는 모든 것이 주님께서 우리를 죽이려고 사용하시는 칼과 같다.

우리가 그리스도인의 생활에서 주님을 누리고 있는지 고난받고 있는지를 말하기란 어렵다. 때로 우리는 '낮'에 주님을 누린다. 가끔은 우리의 영적인 낮이 맑지 않고 빛이 거의 없다. 또한 밤에 고난받는 듯한 때도 있다. 그러나 우리는 밤이 없으면 땅이 존재할 수 없음을 깨달아야 한다. 땅은 낮과 밤이 있어야 존재할 수 있다. 성경에 따르면 먼저 저녁이 있고 그 다음에 아침이 있다(창 1:5). 성경은 밤부터 시작하지만 우리는 낮부터 시작한다.

우리는 그리스도인의 생활이 항상 즐겁고 행복한 생활이라고 생각할지 모른다. 그러나 행복한 생활만 있는 것은 아니다. 그리스도인의 생활이 다만 행복한 생활이라면 사도 바울이 기뻐하라고 명령할 필요가 없었을 것이다(빌 4:4). 우리는 고난받고 눈물을 닦으면서도 기뻐해야 한다. 눈물을 흘리는 것은 어떤 격려가 요구되지 않는다. 바울은 주님 안에서 눈물을 흘리라고 명령하지 않고 주님 안에서 기뻐하라고 명령한다. 우리를 죽이는 환경에서도 기뻐할 정도로 우리의 영을 훈련하지 않는다면 결코 기쁨을 얻지 못할 것이다.

하나님은 그분의 주권 안에서 항상 우리를 십자가의 죽이는 것 아래 두신다. 사도 바울이 십자가의 죽이는 것 아래 있었고 우리 또한 그러하다. 바울처럼 많은 고난과 박해를 겪지는 않지만 우리는 여전히 이러한 죽임 아래 있다. 이것은 하나님의 신성한 안배이다.

결혼 생활에서 남편과 아내 모두는 죽음당하는 것을 체험한다. 나는 모든 젊은이에게 결혼을 권장한다. 사람의 결혼을 금지하는 것은 귀신들의 가르침이다(딤전 4:1-3). 그러나 결혼 생활은 고난이다. 어떤 자매가 매우 좋은 아내일 수 있지만 그녀 역시 남편을 죽이는 요인이다. 남편도 아내에게는 죽이는 요인이다. 누구나 독신일 때는 다소 자유롭지만 결혼을 하면 새장 안에 들어가게 된다. 결혼 생활에서 우리는 자유가 사라지고 고난을 받는다.

십자가의 죽이는 것, 그리스도의 죽음의 죽이는 것은 부활을 이끌어 온다. 기꺼이 고난받고 죽음당할 때, 우리는 그리스도를 살고 확대하며 또한 그리스도께서 우리에게서 나타나신다. 그럴 때 우리는 변화된다. 우리는 그리스도의 죽음의 죽이는 것 아래서 그리스도를 누린다. 나는 많은 성도가 웃는 것을 본다. 그들이 웃는 것은 그리스도의 나타나심이다. 그들은 십자가의 죽이는 것 아래 있는 동안 웃고 있다. 다른 한편으로 우리 그리스도인들은 적어도 어느 정도는 위선자들이다. 위선자는 거짓된 표정을 짓는 연기자이고 이 거짓된 표정은 가면이다. 우리는 다른 이들 앞에서 가면을 쓰고 있을지 모르지만, 그 가면은 진짜 인격이 아니다. 많은 경우 우리는 그리 진실하지 않다. 그 대신 우리는 가장하고 있다. 우리가 그리스도의 죽음의 죽이는 것 아래 있을 때, 진실한 분이신 그리스도께서 우리에게서 나타나셔야 한다.

우리는 상황과 환경이 결코 자신에게 달려 있지 않음을 깨달아야 한다. 우리의 상황과 환경은 마치 날씨와 같다. 비가 오거나 하늘이 맑은 것은 창조주이신 하나님께 달려 있다. 그분께서 크고 작은 모든 일을 안배하신다. 그래서 바울은 그리스도의 형상과 같은 형상을 이루게 하려고 모든 것이 협력함으로써 선이 이루어진다고 말한다(롬 8:28-29). 하나님의 안배 아래서 그리스도의 죽음의 죽이는 것을 통하여 모든 것이 협력함으로써 우리에게 선이 이루어지게 된다. 온종일 우리는 이 죽임 아래 있다. 한편으로는 그리스도를 누리고 다른 한편으로는 그리스도의 죽음의 죽이는 것 아래 있다. 이것이 바로 그리스도인의 생활이다.

그러므로 우리의 겉사람은 썩어 가고 있지만 우리의 속사람은 나날이 새로워지고 있다(고후 4:16). 우리의 겉사람이 죽음의 죽이는 일에 의해 썩어 감에 따라, 우리의 속사람 즉 우리의 거듭난 영과 우리 존재의 속부분들은 부활 생명의 공급으로 날마다 신진대사적으로 새로워지고 있다. 이것이 예수님을 죽게 한 것, 곧 그리스도의 십자가에 못 박히심 아래서 살고 행한다는 의미이다. 참된 그리스도인의 생활은 그리스도의 죽음의 죽이는 것 아래 있는 생활이다.

그리스도인의 생활이 그러한 죽임 아래 있는 생활임을 깨닫는다면 아무도 주 예수님을 믿으려 하지 않을 것이라고 우리는 생각한다. 그러나 우리가 주 예수님을 믿는 것은 우리에게 달린 것이 아니다. 그것이 우리에게 달려 있었다면 우리 중 누구도 믿으려고 하지 않았을 것이다. 주님은 주권적이실 뿐 아니라 우리 생활의 모든 것을 관리하셔서 우리가 그분을 믿도록 이끄신다.

다윗은 주님께 "저의 때가 주님의 손에 있으니"라고 말씀드린다(시 31:15상). '저의 때'는 '저의 일들'을 의미한다. 우리가 출생하는 것, 주 예수님을 믿는 것, 통과하는 모든 일은 우리에게 달려 있지 않다. 우리의 모든 일은 주님의 손에 있다. 사실상 모든 일은 그리스도 안에 있다. 이것은 우리가 모든 일을 기꺼이 그리스도 안에 둔다는 의미가 아니라 주님께서 주권적이시라는 의미이다. 주님께서 모든 것을 안배하신다.

나는 큰 복음 집회에서 메시지를 듣고 주님께 구원받았다. 나는 그 집회를 마치고 집으로 걸어오면서 주님께 자신을 드렸다. 나는 주님을 위해 온 세상을 포기하고 기꺼이 모든 마을을 여행하면서 복음을 전하겠다고 주님께 말씀드렸다. 결국 주님은 내가 마을들을 여행하는 것을 허락하지 않으셨다. 오히려 나는 줄곧 대도시로 가게 되었다.

나중에 나는 내몽골 사람들을 복음화하겠다는 뜻을 가졌다. 그러나 결국 내가 이르게 된 곳은 내몽골이 아니고 캘리포니아였다. 나는 나의 때,

곧 나의 일들이 내게 달려 있지 않음을 확실히 알고 있다. 나는 주님의 회복을 위해 미국에 있게 되리라고 생각해 본 적이 없다. 우리의 때가 우리에게 달려 있다면 우리는 결코 죽음을 당하지 않을 것이다. 주님의 주권은 우리를 그리스도의 죽음의 죽이는 것 아래 두기 위해 운행하고 있다.

우리와 관련된 모든 것이 주님의 주권적인 안배 아래 있다. 우리가 어떤 직업을 가질지, 누구와 결혼할지는 결코 우리에게 달려 있지 않다. 어떤 형제는 아내가 될 자매를 선택할 수도 있다. 그러나 나중에 이 형제는 자신이 실수했다고 생각할지도 모른다. 이런 이유로 주님은 남편들에게 아내를 사랑하라고 명령하신다(엡 5:25). 주님의 주권적인 안배 아래서 우리는 날마다 도살자에게 끌려가는 어린양과 같다(롬 8:36). 날마다 우리는 도살당하고 있다. 날마다 우리는 그리스도의 죽음의 죽이는 것 아래 있다. 이것은 그리스도의 생명이 우리 몸에서 나타날 수 있도록 우리의 속사람을 새롭게 한다.

15

그리스도의 십자가에 못 박히심 아래서 살고 행함(4)

Living and Walking under the Crucifixion of Christ (4)

제15장

그리스도의 십자가에 못 박히심 아래서 살고 행함(4)

성경: 요 3:5, 갈 2:20상, 고전 15:36, 마 16:24-26,
갈 5:24, 롬 6:6, 8:13하, 고후 4:10, 16, 빌 3:10

이 장에서 우리는 그리스도의 십자가에 못 박히심 아래서 살고 행할 필요에 관한 교통을 결론짓고자 한다.

그리스도의 부활 능력에 의해 그분의 고난의 교통 안에서 그분의 죽음과 같은 형상을 이룸

빌립보서 3장 10절에서 사도 바울은 그리스도의 부활 능력에 의해, 그분의 고난의 교통 안에서, 그분의 죽음과 같은 형상을 이루기를 갈망한다고 말한다. 그리스도의 죽음과 같은 형상을 이루는 것이 무엇인지, 그리스도의 부활 능력이 무엇인지를 누가 말할 수 있는가? 그리스도의 죽음과 부활은 위대한 비밀이다.

최근에 나는 어느 자매가 고난을 통과했다는 소식을 들었다. 여러분이 그녀가 영적 생활에서 직면하고 있는 문제들을 생각해 본다면 그리스도의 죽음과 같은 형상을 이룬다는 의미를 깨닫는 데 도움이 될 것이다. 그 자매는 하고 있던 일이 건강을 해쳤기 때문에 직장을 그만둘 수밖에 없었다. 직장을 그만두고 나서 그녀는 저축한 돈으로 사업을 시작해야겠다고 생각했다. 그녀는 신문에서 어떤 사업가가 투자자를 찾고 있다는 광고를 보았다. 그 자매와 남편은 그 사람에게 설득되어 그의 사업에 돈을 투자했다. 그들은 저축한 돈을 그 사람에게 모두 넘겨주었다. 결국 그들은 그 사람에게 사기를 당해 돈을 모두 잃어버렸다.

이런 일이 일어나자 그녀는 매우 번민하게 되었다. 먼저 그녀는 주님의 신실하심을 의심하게 되었다. 그녀는 오랫동안 매일 기도했고 모든 것에서 정직하게 주님을 신뢰했다. 그녀는 이렇게 많이 기도하고 주님을 신뢰했는데 왜 주님은 자신을 돕지 않으셨는지 의아해했다. 그녀는 《라이프 스타디》와 우리가 출간한 책들의 도움을 받으며 성경을 연구하는 데 시간을 들였다고 말했다. 그녀는 이렇게 주님께 자신을 드렸는데 왜 주님은 자신을 위해 아무 일도 하지 않으시고 자신을 보호해 주지 않으셨는지 의아해했다. 그녀는 기도했고 주님을 신뢰했지만 건강과 직업을 잃었고 나중에는 저축한 돈까지 잃었다.

그녀는 니 형제님이 자신의 책에서, 주님은 우리가 성공하느냐 실패하느냐를 주의하지 않으신다고 말한 것을 지적했다. 주님께서 갈망하시는 것은 그분 자신을 우리 안으로 일해 넣으시는 것이다. 그녀는 이 말이, 주님은 우리가 모든 실지적인 일을 소홀히 하고 오직 하나님 자신을 우리 안으로 일해 넣으시려는 하나님의 갈망만을 주의하기 원하신다는 뜻이냐고 물었다. 그녀는 매일 성경과 사역의 출판물들을 읽는 데 계속해서 자기 자신과 시간을 드리고 있다고 말했다. 그녀는 영적인 추구와 실지적인 일들을 돌보는 것이 어떻게 조화될 수 있는지를 궁금해했다. 그녀가 보기에는 자신이 주님을 신뢰해도 아무 소용이 없었다. 그녀가 이것에 대해 자녀들에게 무슨 말을 할 수 있었겠는가? 이번 장에서 나는 이 문제를 다루려고 한다.

니 형제님이 하나님은 우리가 성공하느냐 실패하느냐를 주의하지 않으신다고 말한 것은 절대적으로 옳았다. 하나님은 오직 한 가지, 즉 그분 자신을 우리 안으로 일해 넣으시는 것만 주의하신다. 하나님은 어떤 사람을 위대한 교수로 만드실 의도가 전혀 없으시다. 이 땅에는 이미 많은 학자와 교수가 있다. 하나님의 의도는 교수들로 가득한 세상을 건축하는 것이 아니다. 하나님의 의도는 그분의 왕국을 건축하시는 것이다. 하나님의 왕국 안에 있는 모든 사람은 분명 하나님께서 그분 자신을 그들 안으로 일해 넣으실 완전한 입지와 기회를 드리는 이들일 것이다. 이런 이유로, 로마서 8장 28절에서 바울은 하나님을 사랑하는 사람들에게는 모든 것이 협력함으로써 선이 이루어진다고 말한다. 바울이 여기서 말하고 있는 '선'이란 무엇인가? 이 '선'은 높은 학위나 승진인가?

우리가 하나님을 사랑한다면, 하나님은 모든 것이 협력함으로써 우리에게 선이 이루어지도록 하실 것이다. 그러나 그 선은 우리가 원하거나 기대하는 것이 아니다. 그 선은 하나님께서 로마서 8장에 따라 이루어 내기를 의도하시는 것이다. 그 선은 우리가 하나님의 맏아들의 형상과 같은 형상을 이루는 것이다(29절). 하나님의 마음의 갈망은 우리가 좋은 직업을 얻게 될지, 승진하게 될지와 관련이 없다. 하나님은 우리가 많은 돈을 벌게 될지, 손실을 보게 될지에 관심이 없으시다. 실지로 하나님은 모든 것을 사용하셔서 어떤 사람이 금전의 손실을 보게 하실지도 모른다. 그가 돈을 벌었다면, 하나님은 그의 안으로 그분 자신을 일해 넣으실 기회를 얻지 못하셨을 것이다. 어떤 사람은 금전의 손실이 있을 때 하나님께 불평할지도 모르지만, 하나님은 그 기회를 사용하셔서 그 사람 안으로 그분 자신을 분배하실 것이다.

우리 가운데 많은 사람이 기도하는 법을 알고 있다고 생각한다. 그러나 실지로는 합당하게 기도하는 법을 모른다. 바울은 제일 좋은 기도가 탄식하는 것임을 지적했다(롬 8:26, 23). 우리는 기도하는 법을 모르지만, 그 영께서 우리에게 기도하는 법을 가르쳐 주신다. 그 영은 우리에게 탄식하는 것을 가르쳐 주신다. 앞에서 언급한 자매는 가진 돈을 모두 잃어버린 것을 이상하게 여겼다. 그녀는 주님을 매우 신뢰했지만, 주님은 그녀를 올바른 사람에게 인도하지 않으셨다. 그럴 때 그녀는 어떻게 기도해야 할지 몰랐다. 우리는 어떻게 기도해야 할지 모를 때 탄식한다. 이것이 기도하는 가장 좋은 길이다.

여러 시편에서 보았듯이, 다윗은 어떻게 기도해야 할지에 대해 분명했다. 다윗은 심지어 하나님께서 무기를 잡으시고 그의 원수와 맞서 싸우시도록 지시했다(시 35:1-3). 물론 이런 기도는 하나님의 길에 따른 것이 아니다. 우리는 기도할 때 하나님께 지시해서는 안 된다. 특히 하나님께 우리의 원수를 처리해 달라고 말씀드려서는 안 된다. 왜냐하면 신약의 가르침과 반대되기 때문이다(마 5:44).

〈시편 라이프 스타디〉는 시편 34편의 표제가 다윗이 아비멜렉 앞에서 미친 척한 후에 이 시편을 썼음을 말한다는 것을 보여 준다(참조 시편 라이프 스타디, 메시지 16). 다윗은 미친 척하여 아비멜렉이 그를 미쳤다고 생각하게 만들고서, 그를 구출하신 하나님을 찬양하고 찬송했다. 사실상 그는 미친 척하고 스스로를 구출한 다음 그 공을 하나님께 돌렸다.

그 대신 다윗은 "주님, 제가 어떻게 기도해야 합니까?"라고 말했어야 한다. 그가 이렇게 기도했다면 그를 영적이라고 할 수 있을 것이다. 그러나 다윗은 여호와께서 그의 말을 듣고 그를 구출해 주셨기 때문에 매우 대담하게 여호와를 찬양하고 찬송한다고 말했다. 사실 다윗은 거짓말을 하여 아비멜렉왕을 속였다. 이것이 하나님께서 그에게 응답하신 것인가? 나는 다윗의 예를 들어 여러분이 어떤 것을 깨닫도록 돕고자 한다. 그것은 어떻게 기도해야 할지에 대해 매우 분명하다는 것이 우리가 천연적이고 자신 안에 있음을 의미한다는 것이다. 많은 경우, 제일 좋은 기도는 "주님, 저는 어떻게 기도해야 할지 무엇을 기도해야 할지를 알지 못합니다."라고 말하는 것이다. 우리는 어떤 종류의 기도가 하나님께서 갈망하시는 기도인지를 알지 못하고, 어떻게 기도해야 할지에 대해 분명하지 않기 때문에 탄식한다. 우리가 탄식할 때, 그 영 또한 탄식하심으로 우리를 위해 중보기도 하신다. 그 영께서 우리를 위해 중보기도 하실 때 아버지 하나님은 응답하시고 또 환경을 안배하셔서 모든 것이 협력하여 우리에게 선이 이루어지도록 하신다.

하나님은 우리를 파쇄되기에 알맞은 위치에 두신다. 대체로 하나님은 우리의 관념에 따라 우리를 위해 어떤 일을 하지는 않으신다. 우리가 보기에는 하나님께서 신실하지 않으실지도 모른다. 우리는 밤낮으로 기도하고 주님께 신뢰를 두지만 결국 우리의 간절한 기도에 따라 산출된 것은 하나도 없다. 우리는 직장에서 승진하기를 원하지만 승진하지 못할 수도 있다. 우리는 저축한 돈을 투자해서 약간의 수익을 얻기 원하지만 결국에는 손실을 볼지도 모른다.

우리는 그리스도를 따르지 않는 방식으로 돈을 쓰거나 투자해서는 안 된다. 주님은 우리를 보내는 것이 양을 이리들 가운데 보내는 것과 같다고 말씀하셨다. 이 땅에서 누가 믿을 만한가? 대부분의 사람이 이리들이다. 주님은 또한 우리가 뱀같이 영리하고 비둘기같이 순결해야 한다고 말씀하셨다(마 10:16). 이리들 가운데 있는 양인 우리는 뱀같이 영리하여 이리들에게 해 입는 것을 피해야 하고, 비둘기같이 순결하여 어떤 악한 의도와도 섞이지 않고 다른 이들을 해치지 않아야 한다.

많은 사람이 자신의 사업에 투자할 사람을 모집하는 신문 광고를 내는데, 이것은 사실상 다른 사람을 함정에 빠뜨리려고 그물을 치는 것이다. 그런 사람들을 신뢰하는 것은 어리석은 짓이다. 그들에게 돈을 맡겼다가 손실을 입는다면, 어떻게 주님께서 응답하지 않으시고 우리를 위해 아무 일도 하지 않으신다고 탓할 수 있겠는가? 사실은 주님께서 우리가 금전의 손실을 보는 것을 주권적으로 허락하실 수도 있다. 그러나 금전이 남김없이 사라져도 하나님은 여전히 여기에 계신다. 우리는 하나님께 불평할지도 모른다. 그러나 우리가 불평하는 것이 제일 좋은 기도, 곧 하나님께서 가장 기뻐하시는 기도일지도 모른다. 우리가 불평하는 동안 하나님은 기뻐하신다. 왜냐하면 하나님은 우리가 그분의 맏아들의 형상과 같은 형상을 이루도록 모든 것이 협력하여 선을 이루게 하시기 때문이다.

우리가 금전적 이익이나 손실을 보는 것은 하나님께 아무 의미가 없다. 돈 곧 마몬은 사실상 마귀의 화신이다. 우리는 마몬에 신경을 쓰지 않으면 어떻게 먹고 살 수 있느냐고 의아해할지도 모른다. 그러나 주님은 우리가 하나님과 마몬을 함께 섬길 수 없으며, 하나님과 그분의 왕국을 추구하면 하나님께서 우리의 필요를 돌보실 것이라고 말씀하셨다(마 6:24, 33).

어느 날 바리새인들의 제자들과 헤롯당원들이 주 예수님을 시험하려고 와서 가이사에게 세금을 내야 하는지를 물었다. 그때 주님은 그들에게 주화 하나를 보여 달라고 요청하셨다. 이는 주 예수님은 돈이 하나도 없으셨지만 그들은 돈이 있었음을 의미한다. 주님은 주화에 있는 형상이 누구의 것인지 그들에게 물으셨다. 그들은 그 형상이 가이사의 것이라고 말했고, 주님은 "가이사의 것은 가이사에게, 하나님의 것은 하나님께 돌려드리십시오."(마 22:21)라고 답변하셨다. 주 예수님은 로마 주화를 소유하지 않으셨고, 주화 하나를 보여 달라고 그들에게 요구하셨다. 그들은 로마 주화를 소유하고 있었으므로 주님께 덜미를 잡혔다. 우리의 주님은 분명 마몬의 속박에서 자유로우셨다. 주님께서 우리가 하나님과 마몬을 함께 섬길 수 없다고 말씀하신 것은, 부나 재물이 하나님의 백성을 강탈하여 그분을 섬기지 못하게 하는 하나님의 대적자임을 가리킨다. 마몬의 속박에서 해방되어 하나님을 섬기는 것은 그리스도의 십자가에 못 박히심 아래서 살고 행하는 것이다.

그리스도는 이 땅에 살고 계시는 동안 날마다 죽음의 죽이는 것 아래 계셨다. 그분은 타고난 생명의 어떤 관계 안에도 머물기를 거절하셨다. 이것은 그분께서 인성 안에서 하나님을 향해 절대적이셨음을 보여 준다. 그분은 어머니와 형제들과 누이들이 그분을 찾고 있다는 말을 들으셨을 때, 하나님의 뜻을 행하는 이들이 그분의 형제이고 누이이며 어머니라고 선포하셨다(막 3:31-35). 복음 봉사를 통해 노예-구주는 믿는 죄인들을 영적 친척으로 삼으셨는데, 이들은 하나님의 집(히 3:5-6)에서 그분의 많은 형제들(롬 8:29, 히 2:11)이 되었고, 하나님의 뜻을 행하기 위해 그분의 비밀한 몸을 건축하는 그분의 많은 지체들(엡 5:30, 고전 12:12)이 되었다.

나중에 십자가에 못 박혀 계실 때, 주님은 어머니와 제자 요한이 곁에서 있는 것을 보시고 어머니에게 이렇게 말씀하셨다. "여인이여, 보십시오, 어머니의 아들입니다."(요 19:26) 우리는 주님께 사람의 본성과 느낌이 있으셨음을 잊어서는 안 된다. 십자가에 달려 계실 때, 주님께서 어머니에게 그분을 보지 말고 요한을 그녀의 아들로 보라고 말씀하신 것은 타고난 생명을 죽음에 넘기신 것이었다.

죽음은 부활의 입구이다. 죽음 안으로 들어갈 때마다 우리가 부활의 입구에 있음을 깨달아야 한다. 직업과 금전을 잃은 그 자매는 하나님께 불평할 수는 있었지만 하나님을 버릴 수는 없었다. 그녀는 한편으로 하나님께 불평했지만 다른 한편으로 지금도 하나님과 함께 있다. 저축한 돈을 전부 잃었을지라도 어느 시점부터는 분명 주님을 찬양할 수 있을 것이다. 결국 그녀는, 저축한 돈을 전부 잃어버렸음에도 자신이 여전히 살아 있다고 우주를 향해 선포할 수 있을 것이다. 그녀는 저축한 돈이 아닌 그녀의 살아 계신 하나님을 의지해서 살고 있다. 살아 계신 하나님께서 부활이시다. 우리는 모아 놓은 돈이 아닌 부활에 의해 살고 있다. 가진 돈이 많지 않을 때 우리는 해방된다. 실지로, 돈이 너무 많은 사람은 돈을 잃어버릴까 염려하므로 매우 무거운 짐을 지고 있다.

부모들은 자녀가 있는 것과 없는 것의 차이가 무엇인지 생각해 볼 필요가 있다. 그 영 안에서 '계산'한다면, 결국 우리는 자녀가 있는 것과 없는 것이 큰 차이가 없다고 말할 것이다. 확실히 부모는 자녀를 사랑하지만 자녀는 부모에게 많은 어려움을 겪게 한다. 자녀가 없는 사람들은 이런 어려움을 겪지 않아도 된다. 그러나 하나님은 우리를 파쇄하시기 위해 자녀를 사용하시고 자녀를 잃는 것도 사용하시며 심지어 자녀가 없는 것까지 사용하셔서 하나님 자신을 우리 안으로 일해 넣을 기회를 얻고자 하신다.

겉사람이 파쇄되는 체험 가운데 있을 때, 우리는 분명하지 않은 말로 기도하는 것을 배우게 될 것이다. 심지어 어떻게 기도해야 할지 모르겠다고 주님께 말씀드리게 될 것이다. 어떤 성도들은 매우 담대하여 아주 많이 기도한다. 로마서 8장 26절에서의 바울의 말에 따라 그들은 탄식하기를 배울 필요가 있다. 우리 가운데 어떤 자매들은 여성 '시편 기자들'이다. 그들은 기도할 것이 매우 많고 무엇을 기도할지에 대해서도 매우 분명하다. 그들은 탄식하기를 배울 필요가 있다. 많은 경우 우리는 무엇을 기도해야 할지 알지 못한다. 왜냐하면 우리의 환경 가운데서 무엇이 진행되고 있는지를 이해할 수 없기 때문이다. 그러나 우리는 로마서 8장 28절에서 사도 바울이 모든 것이 협력함으로써 선이 이루어진다고 말했음을 안다.

나와 교통하러 오는 어떤 형제들은 좋은 것만 말하고 나쁜 것은 말하지 않는다. 그러나 사실상 우주 안에서는 밤이 먼저 오고 그다음에 낮이 온다(창 1:5). 형제들과 교통하면서 얻은 소식이 모두 '낮'에 속한다면 나는 실지 상태를 잘못 인식하게 된다. 교회 안에 있는 성도들의 실지 상태를 안다면 나는 그들을 위해 기도할 수 있을 것이다. 그러나 모든 것이 놀랍고 모든 사람이 새 길을 실행하고 있으며 모든 것이 '낮'에 속한다는 말만 듣는다면, 나는 실지 상태를 알지 못할 것이다. 주님은 모든 것, 곧 '낮'에 있는 것들과 '밤'에 있는 것들을 사용하셔서 우리를 변화시키시고 그분의 형상과 같은 형상을 이루게 하신다.

오직 주님만이 하늘에 속한 영적인 계산법을 알고 계신다. 이 계산법은 우리에게 선이 이루어지려면 우리의 환경 가운데 무엇이 가장 좋을지에 대한 것이다. 주님은 욥에게 많은 자녀를 주셨다. 그런데 어느 날 욥의 아들들과 딸들이 모두 죽었다(욥 1:18-19). 욥은 다음과 같이 훌륭한 기도를 했다. "벌거벗은 채 모태에서 나왔으니 / 벌거벗은 채 그리로 돌아가겠습니다. / 여호와께서 주시고 여호와께서 가져가시니 / 여호와의 이름을 찬양합니다."(욥 1:21) 그러나 이것은 구약의 기도이기 때문에 제일 좋은 기도는 아니다. 신약의 기도는 다음과 같을 것이다. "주님, 저에게 자녀를 주시고 또 저의 자녀를 데려가신 것에 당신께 감사드립니다. 저는 당신께서 자녀를 주시고 데려가신 것을 통해 변화되고 또한 당신으로 채워지고 있습니다. 자녀를 얻거나 잃는 것은 모두 당신께서 저를 변화시키시고 채우시기 위해 행하시는 일입니다."

하나님은 부모들을 다루시기 위해 자녀를 사용하신다. 어떤 부모들은 주로 자녀를 통해 하나님께 다루심을 받는다. 그러나 하나님은 우리에게 자녀가 필요한지 필요하지 않은지를 아신다. 하나님은 모든 것을 사용하셔서 우리가 그리스도의 형상과 같은 형상을 이루게 하신다. 어떤 사람들은 타고난 존재 자체가 친절하고 온화하며 신실할지도 모른다. 심지어 그들은 거듭나거나 변화되지 않아도 선한 사람일 것이다. 그렇다면 하나님께서 그들 안으로 그분 자신을 일해 넣으시기 위해 무엇을 하실 수 있는가? 하나님은 그들과 우리 모두를 어떤 환경 안으로 집어넣어 파쇄하셔야 한다. 하나님의 갈망은 우리를 파쇄하셔서 그분 자신을 우리 안으로 일해 넣으시는 것이다.

바울은 부활 능력이라고 불리는 비밀스러운 무언가에 의해 그리스도의 죽음과 같은 형상을 이루게 된 사람이었다. 부활 능력에 의하지 않고서는 아무도 그리스도의 죽음과 같은 형상을 이룰 수 없다. 우리 안에는 부활이라고 불리며 감추어져 있는 비밀스럽고도 역동적인 무언가가 있다. 결국 우리는 돈이 들어오든지 나가든지 자녀를 얻든지 잃든지 하나님께서 여전히 존재하신다는 것을 배움을 통해 알게 될 것이다. 하나님께서 우리의 몫이시다. 하나님께서 우리의 몫이신 것은 외적인 것이 아니다. 하나님은 조성의 방식으로 내적으로 우리의 몫이 되신다. 하나님은 그분 자신을 우리 존재 안으로 조성하셨고 또한 조성하고 계신다. 결국 하나님은 모든 것을 사용하시어 그분 자신께서 우리의 유일한 몫이 되게 하신다.

우리의 돈과 자녀와 직업과 학위 등은 우리의 몫이 아니다. 하나님만이 우리의 몫이시다. 우리 가운데 어떤 이들은 그리스도 자신이 아닌 어떤 몫을 가지고 있다. 우리는 실지적이어야 한다고 말하면서 자신이 도달하기를 갈망하는 목표들을 가지고 있을지도 모른다. 그런데 사실상 이런 목표들이 우리의 몫이 된다. 그러므로 하나님께서 오셔서 오랜 세월 동안 우리의 타고난 생명을 한 겹씩 '벗겨 내신다'. 나는 거의 칠십 년 동안 하나님의 점진적인 '벗기심' 아래 있었다. 오늘날 나는 기쁘다. 왜냐하면 나의 타고난 생명의 많은 부분이 벗겨졌기 때문이다. 하나님은 모든 것을 사용하셔서 우리의 타고난 생명을 '벗기신다'. 하나님은 심지어 교회생활 안의 모든 형제자매를 사용하셔서 이 벗김을 이루어 내신다. 우리 모두는 하나님께서 우리의 타고난 생명을 '벗기시는 것'이 축적되는 과정 아래 있다. 우리가 엄청나고도 심각하게 벗겨지는 날이 올 것이다. 그때 우리는 파쇄되어 '파산할' 것이다. '파산'은 파쇄를 의미한다.

오늘날 어떤 사람들은 긍정적인 생각이 모든 일에서 성공하는 길이라고 가르친다. 그런 가르침은 형편없으며 완전히 빗나간 것이다. 사도 바울이 긍정적으로 생각하여 성공하거나 돈을 벌었는가? 바울은 순교하는 것에 긍정적이었다. 그는 전제물로서 부어지도록 준비되는 것에 매우 긍정적이었다(빌 2:17, 딤후 4:6).

나는 여러분 모두에게 〈금세기 신성한 계시의 선견자 워치만 니 전기〉라는 제목의 니 형제님의 전기를 읽도록 권장한다. 니 형제님의 사역은 세계 각처로 확산되었다. 많은 추구하는 그리스도인들이 니 형제님의 사역으로부터 도움을 받았다. 그러나 니 형제님은 결국 감옥에서 세상을 떠났다. 이것이 바로 그리스도의 죽음과 같은 형상을 이루는 것이다. 니 형제님 안에는 한 가지 비밀이 있었다. 형제님 안에 있었던 비밀은 바로 부활 능력이다.

얼마 동안 하나님의 다루심을 받고 나면, 우리는 모든 일에서 그리스도의 죽음과 같은 형상을 이루기를 바라게 된다. 우리 그리스도인들은 결코 자신을 위해 복수하거나 보복하겠다는 생각을 해서는 안 된다. 우리는 다른 이들의 잘못을 기억하고 싶지 않다. 다른 이들의 잘못을 용서하고 잊어버리는 것은 그리스도의 죽음과 같은 형상을 이루는 것이다. 우리는 다른 이들을 비난하는 것을 좋아하지 않는다. 다른 이들을 비난한다면 자신이 아무리 옳을지라도 평안이 없다.

우리는 그리스도의 죽음과 같은 형상을 이루기를 원한다. 그리고 우리는 감추어진 부활 능력에 의해서만 그런 사람이 될 수 있다. 여러 편의 시편에서 다윗에게서는 이 감추어진 능력을 볼 수 없다. 여러 편의 시편에서 다윗은 다른 이들의 잘못을 기억하는 데 뛰어났다. 다윗은 심지어 원수들에게서 받은 모든 환난과 학대를 하나님께 열거하면서 그들을 처리해 주시기를 구했다(시 31:9-13, 35:1-8, 36:1-4, 11-12).

주님께 나아가 원수에게서 받은 모든 학대를 말씀드린다면 우리는 내적으로 죽게 될 것이다. 그 대신 주님의 말씀을 따라야 한다. 주님은 이렇게 말씀하셨다. "'너의 이웃을 사랑하고, 너의 원수를 미워하여라.'라는 말씀을 여러분이 들었습니다. 그러나 나는 여러분에게 말합니다. 여러분의 원수를 사랑하고, 여러분을 박해하는 사람들을 위해 기도하십시오. 이렇게 해야 하늘에 계신 여러분의 아버지의 아들들이 될 것입니다. 아버지는 그분의 해를 악한 사람과 선한 사람 위에 떠오르게 하시며, 비를 의로운 사람과 불의한 사람에게 내리십니다. 여러분이 여러분을 사랑하는 사람들을 사랑한다면, 무슨 보상이 있겠습니까? 세리들도 이같이 하지 않습니까? 또 여러분이 여러분의 형제들에게만 인사한다면, 여러분이 행하는 것이 무엇이 더 낫습니까? 이방인들도 이같이 하지 않습니까? 그러므로 여러분의 하늘의 아버지께서 온전하신 것같이, 여러분도 온전하게 되십시오."(마 5:43-48) 우리는 우리의 아버지에게서 났기 때문에 그분처럼 온전하게 될 수 있다. 우리에게는 우리 아버지의 생명과 본성이 있다. 이것이 신약의 가르침이다.

오늘날 우리는 비밀스러운 사람들이다. 외부인들은 우리를 이해할 수 없다. 왜냐하면 우리에게는 그리스도의 죽음과 같은 형상을 이루고자 하는 갈망이 있기 때문이다. 더욱이 그리스도의 죽음과 같은 형상을 이룰 수 있는 역량이 우리 안에 있는데, 이 역량은 부활 능력이다. 심지어 자연은 그 자체로 부활의 사실을 증언한다. 작은 씨 안에는 생명이 있을 뿐 아니라 부활도 있다. 그 씨가 땅에 떨어져 죽으면 결국 땅속에서 싹이 솟아날 것이다. 그것이 부활 능력이다. 우리는 작은 씨들과 같다. 우리가 죽음 안에 넣어질수록 우리에게서 부활 능력이 더욱더 표현된다. 이것이 우리가 사람들을 용서하고 그들의 잘못을 잊어버리고자 하는 이유이다.

합당한 의미에서, 우리는 잃어버림으로 그리스도를 얻을 수 있기를 원한다(빌 3:7-8). 우리의 찬송가에는 잃음과 얻음에 대해 말하는 찬송이 몇 곡 있다(참조 464장, 465장 15-16절). 잃음과 얻음이 십자가의 의미이다. 십자가는 잃게 하고 또 얻도록 이끌어 주는 수단이다. 그리스도의 십자가에 못 박히심 아래서 살고 행하는 것은 비밀한 부활 능력에 의해 그리스도의 죽음과 같은 형상을 이루는 것이다. 생명과 부활이 씨 안에 감추어져 있듯이, 생명과 부활이신 그리스도께서 우리 안에 감추어져 계신다. 우리 안에는 우리의 생명과 부활이신 그리스도께서 계신다.

그리스도의 죽음과 같은 형상을 이루고 있을 때 우리는 그분의 고난의 교통 안에 있는 것이다. 우리는 주님의 고난 안에서 주님의 진정한 동료와 동반자가 된다. 이 땅에서 사실 때 주님은 환경 가운데 평안이 전혀 없으셨다. 주님은 날마다 고난받고 계셨다. 그래서 이사야는 주님께서 슬픔의 사람이심을 언급한다(사 53:3). 사도 바울 역시 환경 가운데 평안이 전혀 없는 사람이었다. 바울은 내적이고 비밀스러우며 감추어진 부활 능력에 의해 그리스도의 죽음과 같은 형상을 이루었음에 틀림없다.

몇몇 오순절주의자들은 삼 일 동안 기다리면서 기도한 후에야 갑작스레 능력을 얻게 된다고 생각한다. 이것은 능력에 대한 잘못된 관념이다. 참능력은 우리 안에 있다. 어떻게 이 능력이 표현될 수 있는가? 이 능력은 우리가 그리스도의 죽음과 같은 형상을 이룸으로써 표현될 수 있다. 그리스도의 죽음과 같은 형상을 이루고 있을 때 능력이 나온다. 그럴 때 우리는 주님의 고난 안에 있는, 주님의 진정한 동료와 동반자이다. 이것은 우리가 주님의 고난의 교통 안에 있음을 의미한다.

환경이 어떠할지라도 우리는 여전히 살아 있다. 그러므로 주님께 경배해야 한다. 우리는 주님께 이렇게 말씀드려야 한다. "주님, 저는 이 땅에 사는 동안 복을 많이 받았습니다. 왜냐하면 제가 사는 동안 당신께서 당신 자신을 저의 존재 안으로 더욱 일해 넣을 기회를 얻으셔서 저의 존재를 당신의 요소로 조성하셨기 때문입니다."

우리는 고난을 통해 하나님을 더욱 얻을 수 있는 기회를 갖게 된다. 결국 우리는 많은 고난을 통과한 후에 내적으로 하나님을 더 많이 얻게 된다. 하나님을 더 많이 얻는 것이야말로 정말 중요한 것이다. 좋은 자리로 승진하느냐 승진하지 못하느냐, 돈을 버느냐 벌지 못하느냐는 전혀 중요하지 않다. 그 대신에 우리가 잃어버린 모든 것으로 말미암아 하나님께서 우리 안에서 증가하시게 된다. 그러므로 우리는 하나님을 찬양해야 한다.

16

그리스도의 죽음과 같은 형상을 이룸

Conformed to the Death of Christ

제16장

그리스도의 죽음과 같은 형상을 이룸

성경: 롬 6:6, 엡 4:22, 24, 고후 4:16, 롬 8:13하, 고후 4:10, 빌 3:10하

이 장에서 나는 그리스도인 생활의 또 다른 방면인 그리스도의 죽음과 같은 형상을 이루는 방면을 보여 주고자 한다. 많은 그리스도인이 성경에 있는 이 표현에 익숙하지 않다. 그러나 주님은 니 형제님에게서 시작하여 지난 칠십 년에 걸쳐 우리에게 이 문제를 보여 주셨다. 니 형제님은 막 열아홉 살이 되던 1922년에 사역하기 시작했다. 같은 해 하반기에 첫 번째 지방 교회가 형제님의 고향인 푸저우(福州)에 세워졌다. 약 십 년 후에 나는 니 형제님을 따라 그 일에 합류하여 형제님 밑에서 배우고 훈련하기 시작했다. 그런 다음 1949년에 형제님은 나를 중국 본토에서 대만으로 보냈다. 삼 년 후인 1952년에 니 형제님은 투옥되었다. 니 형제님이 투옥되자 우리 가운데서 형제님의 개인적인 사역이 끝나게 되었다. 형제님과 함께한 십팔 년 동안, 나는 형제님의 가르침에서 직접 나오지 않은 메시지를 말한 적이 거의 없다. 나는 니 형제님이 가르친 것을 가르

쳤다. 이런 것은 우리 가운데 오랫동안 알려져 있었다.

나중에 나는 대만에 갔는데, 겉으로는 형제님을 떠나 일하기 시작한 것같이 보였다. 왜냐하면 형제님은 중국 본토에 있었고 나는 대만섬에 있었기 때문이다. 대만에 와서 처음 이삼 년 동안, 나의 사역은 니 형제님이 가르친 범위 안에 머물러 있었다. 그러나 1950년이 지나고 얼마 되지 않아 주님은 더 전진된 것을 내게 보여 주기 시작하셨다. 이것은 오늘날까지 사십 년이 넘도록 계속되고 있다.

1962년에 나는 미국에 왔고 미국에서 주님의 회복의 일을 시작하였다. 과거 삼십 년 동안, 신성한 계시를 보는 것에 훨씬 더 많은 전진이 있었다. 중국 본토에서 우리는 '경륜'이라는 용어를 강조하지 않았다. 니 형제님은 '경륜'이라는 단어 대신 '계획'이라는 단어를 사용했다. 니 형제님은 자신이 쓴 책에서 '하나님의 영원한 계획'이라는 용어를 사용했다. 형제님은 '경륜'이라는 단어를 사용한 적이 없었다. 나는 미국에 온 이후 1964년까지 '하나님의 경륜'을 생각해 내지 못했다. 1964년에 나는 〈하나님의 경륜〉이라는 책에 실려 있던 메시지들을 전했다. 그때부터 나는 '경륜'이라는 단어를 사용하기 시작했다. 이에 대한 영어 단어는 '이코노미(economy)'로서 헬라어 단어 '오이코노미아(oikonomia)'에서 나왔다. 그 후 1984년부터는 하나님의 경륜을 성취하기 위한 하나님의 분배하심을 강조하기 시작했다. 1990년에 나는 신성한 경륜과 신성한 분배에 관하여 분명하게 말했다(참조 '신성한 분배에 대한 보다 깊은 연구', '하나님의 경륜과 분배하심', '신성한 경륜을 위한 신성한 분배하심'). 내가 이것을 말하는 이유는 주님께서 우리에게 어떻게 점진적인 방식으로 신성한 것들을 보여 주셨는지를 설명하려는 것이다.

믿는 이의 옛사람과 새사람

믿는 이들인 우리 모두에게는 옛사람이 있고 새사람도 있다(롬 6:6, 엡 4:22, 24). 또한 우리는 그리스도를 믿는 이들인 우리 자신이 옛사람이면서도 새사람이라고 말할 수 있다. 로마서 6장 6절에서 바울은 우리의 옛사람이 그리스도와 함께 십자가에 못 박혔다고 말한다. 그런 다음 에베소서 4장 22절과 24절에서 바울은 우리가 옛사람을 벗어 버리고 새사람을 입어야 한다고 말한다. 오늘날의 기독교는 이런 것에 관해 철저하게 가르치지 않는다. 그러나 주님의 회복 안에서는 이것이 성도들에게 지난 육십팔 년 동안 끊임없이 공급되었다. 1924년에 니 형제님은 옛사람과 새사람에 관해 말하기 시작했다. 니 형제님은 자신의 책인 〈영에 속한 사람〉에서 이 문제를 훨씬 더 분명하게 말한다. 우리의 체험을 점검해 본다면, 우리가 때로는 새사람이지만 때로는 옛사람임을 깨닫게 될 것이다. 따라서 우리는 옛사람이면서 새사람이다. 우리는 아침 부흥을 하고 나면 새사람이다. 그러나 잠시 후에 어떤 사람 때문에 마음이 상할지도 모른다. 그럴 때는 옛사람이 된다. 그러다가 자신이 실패한 것을 회개하고 자백하여 주님께 용서를 받으면 다시 새사람이 된다. 이런 체험이 우리 그리스도인 생활의 이야기이다. 그리스도인의 생활은 때로는 옛사람이고 때로는 새사람인 생활이다.

우리의 옛사람(겉사람)은 소멸되지만 우리의 새사람(속사람)은 나날이 새로워짐

하나님의 경륜은 우리의 옛사람(겉사람)이 소멸되고 우리의 새사람(속사람)이 나날이 새로워지는 것이다(고후 4:16). 소멸되는 것은 죽음당하는 것과 같지 않다. 사람은 즉시 죽음당할 수 있지만 옛사람이 소멸되는 것은 오랜 시간이 걸리는 긴 과정이다. 나는 거의 칠십 년 동안 이 과정 가운데 있다. 그런데도 나의 옛사람이 소멸되는 것은 아직 완결되지 않았다.

우리는 매일 교회생활 안에서 소멸되고 있다. 이렇게 소멸되는 것은 우리가 그리스도의 죽음이라는 틀에 넣어져 형태가 만들어지는 것, 또는 그리스도의 죽음과 같은 형상을 이루는 것이다(빌 3:10하). 케이크를 만들 때, 밀가루 반죽은 틀에 넣어져 틀의 형태에 눌린다. 밀가루 반죽은 이런 식으로 틀의 형태와 같은 형태를 이룬다. 틀이 물고기 모양이라면, 이 틀 안에 넣어져서 눌린 밀가루 반죽은 물고기 모양과 같은 모양을 이룰 것이다. 그리스도의 죽음이 우리의 틀이고 우리는 밀가루 반죽이다. 우리는 구원받은 날부터 밀가루 반죽이 되었다. 이 밀가루 반죽은 고운 밀가루로 만들어진다(레 2:1, 요 12:24, 고전 10:17). 그리스도는 우리가 밀가루 반죽으로 만들어지기 위한 고운 밀가루이시다.

하나님은 우리 모두를 그리스도의 죽음이라는 틀 안으로 넣으셨다. 우리가 같은 형상을 이루고 있는 죽음은 아담의 죽음이 아니라 그리스도의 죽음이다. 그리스도의 죽음은 특별한 죽음이다. 수백만의 죽음 심지어 수십억의 죽음 중에서 오직 그리스도의 죽음만이 특별한 죽음이다. 우리가 밀가루 반죽이 되었을 때부터, 하나님은 이 죽음을 틀로 여기시며 우리를 이 죽음 안으로 넣으셨다(롬 6:4). 날마다 해마다 하나님은 이 죽음이라는 틀에 우리를 넣으셔서 이 죽음과 같은 형상을 이루게 하고 계신다.

한편으로 우리는 회복 안에서, 교회생활 안에서 기쁘다. 그러나 다른 한편으로는 깊은 속에서 고난받고 있다. 그렇지만 도망갈 길이 없다. 우리는 날마다 틀에 넣어져서 형태가 만들어지고 있다. 우리는 식탁에서 식사하려고 할 때 우리를 위해 준비된 음식을 좋아하지 않을지도 모른다. 이것은 그리스도의 죽음이라는 틀의 일부이다. 결혼 역시 이 틀의 일부이다. 주님은 결혼한 이들이 그리스도의 죽음과 같은 형상을 이루도록 결혼을 많이 사용하신다.

우리가 그 영으로써 우리 몸의 행실을 죽임을 통해

로마서 8장 13절에 따르면, 우리는 그 영으로써 우리 몸의 행실을 죽임을 통해 그리스도의 죽음과 같은 형상을 이루게 된다. 우리가 죽여야 하는 것은 몸 자체가 아니라 바로 몸의 행실이다. 몸은 구속받아야 하지만(8:23) 몸의 행실은 죽음당해야 한다. 이러한 행실은 죄와 관계된 일들뿐 아니라 그 영을 떠나 우리의 몸으로 행하는 모든 것을 포함한다.

우리는 몸의 행실을 죽여야 하지만, 반드시 그 영으로써 죽여야 한다. 한 면으로는 우리가 먼저 주도적으로 몸의 행실을 죽여야 한다. 그 영께서 우리를 위해 그 일을 하시는 것이 아니다. 다른 한 면으로 우리는 성령의 능력 없이 자신의 노력으로 몸을 처리하려고 해서는 안 된다.

여기서 죽인다는 것은 사실상 우리 안에 거하시는 그 영과 우리가 동역하는 것이다. 내적으로 우리는 주님께서 우리의 죽을 몸에 생명을 주실 수 있도록(롬 8:11) 우리 안에 거처를 정하시게 해야 한다. 외적으로 우리는 우리가 살 수 있도록 몸의 행실을 죽여야 한다. 우리가 먼저 주도적으로 몸의 행실을 죽일 때 그 영께서 오셔서 그러한 행실에 그리스도의 죽음의 효능을 적용하시며 몸의 행실을 죽이신다.

예수님을 죽게 한 것을 지니고 다니는 것은 예수님의 생명도 나타나게 하려는 것임

예수님을 죽게 한 것을 우리가 몸에 지니고 다님으로써 그리스도의 죽음과 같은 형상을 이루는 것은 예수님의 생명도 우리 몸에서 나타나게 하려는 것이다(고후 4:10). 예수님을 죽게 한 것은 주 예수님께서 겪으시고 통과하신 죽음의 일, 십자가의 일을 가리킨다. 우리의 체험에서 이것은 예수님을 위해, 그리스도의 몸을 위해, 신약 사역을 위해 우리에게 오는 고난이나 박해나 다툼이다. 이것은 질병이나 재난같이 옛 창조물 안에 있는, 모든 인류가 당하는 일반적인 고난과 고통을 가리키는 것이 아니다. 또한 죄들, 실수, 자신의 책임을 다하지 못하여 받는 징벌, 교정, 징계를 가리키는 것도 아니다. 예수님을 죽게 한 것이 우리의 타고난 사람과 겉사람과 육체를 소멸시킴으로, 우리의 속사람은 발전하고 새로워질 기회를 갖는다(고후 4:16). 예수님을 죽게 한 것을 체험한 결과로 예수님의 생명이 우리의 몸에서 나타난다. 여기서 예수님의 생명은 주 예수님께서 십자가의 일을 통하여 사시고 표현하셨던 부활 생명이다.

그리스도의 고난의 교통 안에서

그리스도의 죽음은 그분께서 십자가에 못 박히신 여섯 시간 동안만 지속된 일이 아니었다. 그리스도의 죽음은 그분께서 출생하실 때부터 시작되었고 십자가에서 숨이 끊어지실 때까지 계속되었다. 그러므로 그리스도의 죽음은 삼십삼 년 반 동안 계속된 하나의 과정이었다. 먼저, 그리스도는 태어나셨을 때 안락한 집에 계시지 않고 구유에 뉘어 계셨다(눅 2:7). 그로부터 얼마 되지 않아 헤롯이 그분을 죽이려고 했다(마 2:7-12, 16-18). 그래서 그분은 이집트로 피하셔서 도피자가 되셨다(마 2:13-15). 나중에 그분의 부모는 그분을 다시 유대로 데려가기를 원했다. 그러나 헤롯의 아들 아켈라오가 유대를 통치하고 있었기 때문에 마리아와 요셉은 유대에 머물기를 두려워했다. 그래서 마리아와 요셉은 예수님을 데리고 갈릴리라는 멸시받는 지역에 있는 나사렛이라는 멸시받는 동네에서 살았다(마 2:19-23). 그곳에서 주님은 저택이 아닌 목수의 오두막에서 사셨다. 주님의 어머니 마리아는 매우 영적이었고 성경을 잘 알고 있었지만(눅 1:46-55) 때로 주 예수님을 귀찮게 했다(요 2:3-4). 이것을 통하여 우리는 그리스도께서 삼십삼 년 반 동안 날마다, 심지어 매 순간 죽고 계셨음을 볼 수 있다.

그리스도의 죽음은 그분의 모든 고난의 총합이다. 소멸되고 있는 이들은 우리만이 아니다. 그리스도께서 앞장서서 소멸되셨다. 그분은 태어날 때부터 소멸되고 계셨다. 이렇게 소멸되는 것이 그분의 고난이었고, 그분의 고난의 총체는 그분의 죽음이다. 따라서 그리스도의 죽음은 삼십삼 년 반이라는 기간에 걸쳐 지속되었다. 가장 고통스러운 죽음은 오랜 기간에 걸쳐 지속되는 죽음이다. 그리스도의 죽음은 이처럼 고난받는 죽음이었다. 그분의 믿는 이들인 우리는 그분의 고난의 교통 안에 있다(빌 3:10). 그리스도의 고난의 교통 안에 있다는 것은 그리스도의 고난에 참여하는 것이다.

그리스도의 죽음에는 이중의 이유가 있다. 첫째로, 그리스도는 아버지의 뜻을 행하러 오셨다(히 10:7-9상). 우리가 하나님의 뜻을 행할 때마다, 사탄과 사람과 심지어 귀신까지 포함하여 온 세상이 우리를 반대한다(요 15:18-19). 우리는 하나님의 뜻을 행하고 있는 사람들이기 때문에 날마다 고난을 받는다. 그리스도인의 생활은 즐거운 생활이 아니다. 반대로 그리스도인의 생활은 고난받는 생활이다. 왜냐하면 우리가 하나님의 뜻을 행하고 있기 때문이다.

오늘날 주님의 회복 안에는 어떤 분열이 있다. 우리와 함께 있는 사랑스러운 이들 중 몇몇이 분열을 일으키고 있다. 이런 사람들은 안에 분열이라는 전염성 세균이 있기 때문에 접촉하지 않는 것이 현명하다. 로마서 16장 17절과 디도서 3장 10절과 11절에 따라 우리는 분열적인 사람들에게서 떠나야 한다. 이렇게 떠나는 것은 전염병 환자를 격리하는 것과 같다. 어떤 성도들은 분열적인 사람들과 가까운 관계에 있기 때문에 이런 격리를 실행하는 것이 일종의 고난이다. 요한이서 10절은 그리스도의 신성한 인격에 대해 이단적으로 가르치는 사람들에게는 인사도 해서는 안 된다고 말한다. 더욱이 고린도전서 5장 11절은 죄 가운데 사는 형제와는 함께 먹어서도 안 된다고 말한다. 성도들 중 어떤 사람은 회복 안에서 분열을 일으키는 이들과 가까운 관계에 있었기 때문에 이들을 격리할 수 없다고 말했다. 그러나 아론은 미리암이 자신의 누나였음에도 그녀가 나병에 걸린 기간 동안 그녀를 격리해야 했다(민 12:10-15). 그러므로 격리를 제대로 실행하려는 노력조차 일종의 고난이다. 우리는 의견을 달리하는 이들이 우리에게서 분리되는 것을 보고 싶지 않으므로 고통스럽다. 그렇다고 그들을 격리하지 않는다면 우리는 하나님의 뜻을 행하지 않는 이들이 될 것이다. 왜냐하면 그들을 격리하지 않는 것은 몸의 하나의 증거를 무효화하기 때문이다.

그리스도인의 생활은 고난받는 생활이다. 왜냐하면 우리가 하나님의 뜻을 행해야 하기 때문이다. 한 면에서, 하나님과 우리의 관계에 있어서 하나님의 뜻을 행하는 것은 우리에게 음식이 된다. 요한복음 4장 34절에서 주 예수님은 "나의 음식은 나를 보내신 분의 뜻을 행하고 그분의 일을 완성하는 것입니다."라고 말씀하셨다. 또 다른 면에서, 하나님의 뜻을 행하는 것은 고난이다.

그리스도께서 죽으신 두 번째 이유는 자신이 가진 사람의 생명을 부인하심으로써 아버지의 생명으로 사셔야 했기 때문이다. 주 예수님도 우리처럼 사람의 생명을 갖고 계셨다. 주님은 이 땅에 계실 때 사람의 생명으로 살지 않으셨다. 오히려 주님은 자신이 가진 사람의 생명을 부인하심으로 아버지의 신성한 생명으로 사셨다. 첫째로, 우리는 하나님의 뜻을 행하는 사람들이다. 둘째로, 우리는 주 예수님처럼 자신의 생명으로 살지 않고 하나님의 생명으로 사는 사람들이다. 이것 역시 진정한 고난이다.

일상생활과 관계된 모든 상황에서, 우리는 신성한 생명으로 살고 있는지 타고난 생명으로 살고 있는지를 자문해 보아야 한다. 이렇게 자문해 본다면, 상당히 많은 경우 자신이 타고난 생명과 자아로 살고 있음을 깨닫게 될 것이다. 그럴 때 우리는 십자가로 가야 한다(눅 9:23). 십자가로 가는 것은 그리스도의 죽음과 같은 형상을 이루는 것이다. 심지어 음식을 먹을 때에도 우리는 그리스도의 죽음과 같은 형상을 이루어야 한다. 때로 우리는 주어진 음식의 종류와 양에 대해 불평하고 싶은 유혹을 받을지도 모른다. 그러나 불평하는 것은 자아로 사는 것이지 하나님의 생명으로 사는 것이 아니다. 우리는 하나님의 뜻을 행하도록 하나님께 선택받고 부름받고 거룩하게 된 사람들이다. 하나님의 뜻을 행하는 것은 우리의 타고난 생명에게 전적으로 고난이다. 더욱이 우리는 구원받고 거듭나고 분별되어 이제는 타고난 생명이 아닌 신성한 생명으로 살아야 하는 사람들이다. 그것은 우리가 하고 있는 것이 옳은지 그른지의 문제가 아니다. 문제의 핵심은 이것이 아니다. 문제의 핵심은 우리가 그것을 어떤 생명으로 하는가이다. 즉 자신의 타고난 생명으로 하는가 신성한 생명으로 하는가이다. 타고난 생명을 부인하는 것은 고난이다. 날마다 모든 문제에서 우리는 자신이 갈망하는 것을 얻으려고 다른 이들과 다투고 싸운다. 우리는 혼자 일하기를 좋아한다. 어떤 일을 자신의 생명으로 하지 않고 다른 이의 생명으로 하는 것은 고난이다. 이것이 바로 그리스도인의 생활이다.

17

완결되신 영이신 과정을 거치신 삼일 하나님의 생활

The Living of the Processed Triune God as the Consummated Spirit

제17장

완결되신 영이신 과정을 거치신 삼일 하나님의 생활

성경: 요 4:24상, 창 1:2하, 삿 3:10, 눅 1:35, 마 1:18, 행 16:6-7, 롬 8:9, 빌 1:19, 출 30:23-25, 26-33, 요일 2:20, 27, 고후 1:21, 눅 4:18, 요 7:38-39, 계 22:1, 17상, 고전 6:17, 갈 5:16, 25, 롬 8:4

그리스도인의 생활은 과정을 거치신 삼일 하나님께서 완결되신 영으로서 믿는 이들 안에 사시는 것임

이 장에서는 그리스도인의 생활이 과정을 거치신 삼일 하나님께서 완결되신 영으로서 믿는 이들 안에 사시는 것임을 보고자 한다. 우리가 하나님을 객관적으로만 안다면, 하나님께서 완결되신 영이신 과정을 거치신 삼일 하나님이심을 알지 못할 것이다. 그러나 그 영이신 하나님을 주관적으로 체험한다면 오늘날 하나님께서 과정을 거치신 하나님이심을 알게 될 것이다.

우리는 하나님께서 우리의 아버지이시고 그 영께서 우리 안에 내주하신다고 확신할 것이다. 그러나 어떻게 삼일 하나님께서 우리의 아버지가 되실 수 있고 그 영께서 우리 안에 내주하실 수 있는가? 삼일 하나님께서 우리 안으로 분배되시기 위해 거치신 과정으로 말미암아, 오늘날 우리 그리스도인들은 우리의 아버지이신 하나님과 내주하시는 영을 소유하고 있다.

삼일 하나님, 곧 아버지와 아들과 영은 육체 되심과 인간 생활이라는 과정을 거치셨다. 하나님께서 우리의 아버지가 되시고 그 영께서 내주하시는 영이 되시기 위해, 삼일 하나님은 육체가 되시고 이 땅에서 삼십삼년 반 동안 사셔야 했다. 그리고 십자가에서 죽음을 거치셔야 했다. 삼일 하나님께서 우리의 죄들 때문에 십자가에서 죽지 않으셨다면, 어떻게 하나님께서 우리의 아버지가 되실 수 있고 어떻게 그 영께서 오셔서 우리 안에 거하실 수 있었겠는가? 그것은 불가능했을 것이다.

더 나아가 주님은 네 번째 과정인 부활의 과정을 거치셨다. 부활하신 날 아침에 주님은 그분을 사랑하는 이들 중 한 명에게 이렇게 말씀하셨다. "그대는 내 형제들에게 가서, 내가 나의 아버지 곧 여러분의 아버지, 나의 하나님 곧 여러분의 하나님께로 올라간다고 말씀하십시오."(요 20:17) 그리스도께서 부활하신 후에 그분의 아버지는 믿는 이들인 우리의 아버지가 되셨다. 부활하신 날 저녁에 그리스도는 믿는 이들 안으로 숨을 불어 넣으시며 "성령을 받으십시오."라고 그들에게 말씀하셨다(요 20:22). 그리스도는 육체 되심과 인간 생활과 죽음과 부활을 거치신 후에 그분 자신을 그 영으로서 그들 안에 분배하셨다. 그리스도의 부활을 통해 하나님은 이제 우리의 아버지이시고 그 영은 우리 안에 내주하고 계신다.

우리의 아버지는 과정을 거치신 삼일 하나님이시고, 내주하시는 영은 완결되신 영이시다. 요한복음 7장 39절은 예수님께서 아직 영광스럽게 되지 않으셨기 때문에 그 영께서 아직 계시지 않았다고 말한다. 예수님께서 부활 안에서 영광스럽게 되시기(눅 24:26) 전에는 그 영께서 아직 계시지 않았다. 즉 그 영께서 아직 완결되지 않으시고 완성되지 않으셨다. 삼일 하나님의 영께서 우리 안으로 들어오시려면 완결되실 필요가 있었다. 그분은 완결되셔서 생명 주시는 영(고전 15:45하), 즉 공기 같은 영이신 그리스도가 되셔야 했다. 그런 다음 이 공기 같은 영이신 그리스도, 즉 이 생명 주시는 영은 우리 안에 내주하시는 영이 되실 수 있었다.

그리스도인의 생활은 완결되신 영이신 과정을 거치신 하나님을 사는 것이다. 이것은 우리의 체험에 따른 것이다. 우리와 믿지 않는 이들의 차이점이 무엇인가? 그것은 우리 믿는 이들 안에는 어떤 분이 계신다는 것이다. 우리 안에 계시는 이분은 누구이신가? 그분은 완결되신 영이신 과정을 거치신 삼일 하나님이시다. 삼일 하나님은 과정을 거치심으로써 완결되신 영이 되시어 그리스도 안의 믿는 이들인 우리 안에 살고 계신다.

하나님은 영이시며
여기서 영은 하나님의 존재의 실질임

요한복음 4장 24절은 "하나님은 영이시니"라고 말한다. 여기서 '영'은 하나님의 존재의 실질을 가리킨다.

하나님의 영 — 움직이시는 하나님

창세기 1장 2절 하반절에 언급된 하나님의 영은 움직이시는 하나님을 가리킨다. 영이 아니시라면 하나님은 움직이실 수 없다. 하나님은 움직이실 때 영이시다. 어떤 청년이 경주할 때 그는 선수가 된다. 청년과 선수는 한 사람이다. 이 청년은 운동하지 않을 때는 단지 청년이다. 그러나 달리고 움직일 때는 선수이다. 이와 마찬가지로 하나님은 움직이실 때 영이시다.

여호와의 영 — 사람과의 관계에서의 하나님

'여호와의 영'은 사람과 관계를 맺으시는 하나님을 말하는 특별한 표현이며 특별하고 신성한 칭호이다(삿 3:10). '여호와'라는 칭호는 구약 전체에 걸쳐 빈번하게 사용된다. 왜냐하면 성경은 하나님과 그분께 선택받은 백성과의 관계에 관한 책이기 때문이다.

성령 — 사람을 그분 자신께 거룩하게 하시고 분별하시는 하나님

성령은 사람을 그분 자신께 거룩하게 하시고 분별하시는 하나님이시다(눅 1:35, 마 1:18). 구약에는 '성령'이라는 칭호가 사용되지 않는다. 시편 51편 11절에는 '주님의 거룩하신 영'이라는 칭호가, 이사야서 63장 10절과 11절에서는 '그분(자신)의 거룩한 영'이라는 칭호가 사용되었다. '성령'은 신성한 칭호이며 그리스도께서 오셔서 육체가 되셨을 때 사용되었다. 이것은 그리스도께서 오셔서 육체가 되신 것이 사람을 하나님께 거룩하게 하고 분별하려는 것임을 가리킨다. 그리스도께서 육체가 되신 후에, 하나님은 우리 안으로 들어오시고 우리를 그분 안으로 이끄시어 그분과 연합하심으로써 우리를 거룩하게 하시고 분별하신다. 이렇게 하여 사람은 완전히 하나님께 거룩하게 됨으로써 거룩해진다.

예수님의 영 — 성령께서 육체 되신 예수님의 영이 되심

예수님의 영은 성령께서, 즉 우리를 하나님께 분별하시는 영께서 육체 되신 예수님의 영이 되신 것이다(행 16:6-7). 하나님의 영, 성령은 예수님의 영이 되셨다. 오늘날 사람들은 예수님을 따르고 본받는 것에 대해 많이 이야기한다. 그러나 예수님의 영 없이 어떻게 예수님을 본받을 수 있겠는가? 예수님의 영이 없다면, 그리스도인의 생활에서 우리는 생명이 없는 로봇과 같을 것이다. 우리를 사람이 되게 하는 것은 우리 사람의 생명과 우리 사람의 영이다. 나에게는 사람의 영이 있다. 그래서 나는 사람이다. 짐승들에게는 영이 없다. 사람의 영은 우리를 특별하게 만든다. 마찬가지로, 우리에게 예수님의 영이 있는 것이 우리를 그리스도인이 되게 한다. 이것은 우리를 특별한 사람들이 되게 한다. 예수님의 영은 인성을 지니신 사람 예수님의 영으로서, 우리가 합당한 인간 생활을 하고 이 생활에서 오는 고난을 견딜 수 있게 한다. 예수님의 영을 통하여 우리는 주님의 인성과 주님의 인성의 견디는 힘에 참여한다.

그리스도의 영 — 하나님의 영께서 부활하신 그리스도의 영이 되심

그리스도의 영은 하나님의 영께서 부활하신 그리스도의 영이 되신 것이다(롬 8:9). 그리스도의 영을 통하여 우리는 그리스도의 부활 생명과 부활 능력과 초월성과 왕으로서 다스리는 권위에 참여한다.

예수 그리스도의 영 — 과정을 거치시고 완결되신 삼일 하나님의 영께서 육체 되신 예수님과 부활하신 그리스도의 모든 것을 포함하신 영이 되심

예수 그리스도의 영은 과정을 거치시고 완결되신 삼일 하나님의 영께서 육체 되신 예수님과 부활하신 그리스도의 모든 것을 포함하신 영이 되신 것이다(빌 1:19). 주님의 인성을 체험하려면 예수님의 영이 필요하다. 주님의 부활 능력을 체험하려면 그리스도의 영이 필요하다. 사도 바울은 고난받을 때 주님께서 인성 안에서 받으신 고난과 주님의 부활을 모두 체험했다. 그러므로 바울에게 그 영은 예수 그리스도의 영, 곧 복합되시고 모든 것을 포함하시며 생명 주시는 삼일 하나님의 영이셨다.

복합되신 영 — 그리스도의 신성과 인성, 죽음과 그 달콤한 효능, 부활과 그 향기로운 능력이 복합된 하나님의 영

하나님의 영은 복합되셨다. 이것은 출애굽기 30장 23절부터 25절까지에 기록된 복합된 관유로 예표된다. 이 관유는 올리브기름과 몰약과 육계와 창포와 계피의 복합물이다. 올리브기름은 신성을 지니신 하나님의 영을 상징하고, 몰약은 그리스도의 죽음을 상징하며, 육계는 그리스도의 죽음의 달콤한 효능을 상징하고, 창포는 그리스도의 부활을 상징하며, 계피는 그리스도의 부활의 향기로운 능력을 상징한다. 또한 올리브기름 한 힌은 유일하신 하나님을 상징하고, 식물의 생명의 네 향료는 하나님의 피조물인 사람을 상징한다. 물론 식물의 생명의 네 향료는 예수님의 인성 또는 사람 예수님을 나타낸다. 따라서 복합되신 영은 그리스도의 신성과 인성, 죽음과 그 달콤한 효능, 부활과 그 향기로운 능력이 복합된 하나님의 영이시다. 올리브기름 한 힌이 네 종류의 향료와 복합되어 기름바름을 위한 복합된 관유가 된다.

고대에 몰약은 죽음의 고통을 줄이는 데 사용되었다. 계피는 뱀이나 곤충을 쫓는 데 사용되는 방충제였다. 그리스도의 부활 능력은 참된 방충제이다. 우리가 그리스도의 부활 능력 안에서 산다면 마귀와 모든 귀신이 도망갈 것이다. 그리스도의 영의 내적 충만과 부어지심을 누릴 때 우리는 이것을 체험할 수 있다. 그리스도의 영으로 채워질 때 우리에게 부활이 있다.

기름 바르시는 영 — 복합되신 영과 이 영의 모든 성분(요소)이 관유가 됨으로써 하나님께 속하고 하나님을 위하는 모든 것과 모든 사람에게 기름바름

바로 그 복합된 관유가 성막과 그 모든 기구와 아론과 모든 제사장에게 발라졌다(출 30:26-33). 시편 133편은 이 관유를 언급한다. 이사야서 61장 1절은 "주 여호와의 영께서 내 위에 임하시니 / 이것은 여호와께서 나에게 기름 부으시어"라고 말한다. 누가복음 4장 18절에서 주 예수님은 이 절을 인용하시면서, 그리스도께서 기름부음 받으신 것이 그 영에 의한 것임을 보여 주신다. 이것은 관유가 기름 바르시는 영을 상징한다는 것을 깨닫는 데 도움이 된다. 고린도후서 1장 21절은 하나님께서 우리에게 기름을 부으셨다고 말한다. 그리고 요한일서 2장 20절과 27절은 우리 모두가 신성한 기름바름, 모든 것을 포함한 기름바름을 받았고 이 기름바름이 모든 것을 우리에게 가르친다고 말한다. 복합되신 영과 이 영의 모든 성분(요소)은 하나님께 속하고 하나님을 위한 모든 것과 모든 사람에게 기름 바르기 위한 관유가 된다. 성막과 그 기구와 제사장들은 하나님께 속하고 하나님을 위하므로 모두 기름 발라졌다. 오늘날 성도들이 있는 교회는 이 복합된 관유로 기름 발라졌다.

이 모든 것에 의해, 우리는 출애굽기 30장에 나오는 복합된 관유가 복합되신 영의 예표임을 볼 수 있다. 그 영이신 하나님은 올리브기름 한 힌으로 예표되시며, 이러한 하나님께 그리스도의 신성과 인성, 그리스도의 죽음과 그 달콤한 효능, 그리스도의 부활과 그 향기로운 능력이 복합되었다. 오늘날 이 모든 요소는 복합되신 영 안에 있다. 우리는 그 영으로 채워질 때 십자가에 못 박혔음을 깊이 느끼게 된다. 더 나아가 우리는 그 영으로 채워질 때 부활했음을 깊이 느끼게 된다. 이것은 우리를 채우시는 그 영 안에 그리스도의 죽음과 부활이 있음을 말해 준다.

오늘날 그 영은 모든 것을 포함한 음료이시다(고전 12:13, 10:4). 이것은 물과 차와 레몬과 꿀과 소금으로 구성된 음료에 비유할 수 있다. 이 음료는 '복합된' 음료, 즉 다섯 가지 요소의 복합물이다. 모든 것을 포함한 이 음료를 마실 때 우리는 물, 차, 레몬, 꿀, 소금이라는 요소를 받아들인다. 마찬가지로, 우리는 모든 것을 포함하신 영을 마실 때 우리 존재 안으로 이 영의 모든 요소를 받아들인다. 모든 것을 포함하신 이 영은 과정을 거치시고 완결되신 하나님이시다. 모든 것을 포함하신 영은 삼일 하나님의 완결이신 완결되신 영이시다.

그 영 — 삼일 하나님의 완결로서 과정을 거치시고 완결되신 삼일 하나님의 완결되신 영

궁극적으로, 하나님의 영은 바로 '그 영'이시다(요 7:38-39, 계 22:1,

17상). 그 영은 삼일 하나님의 완결로서, 과정을 거치시고 완결되신 삼일 하나님의 완결되신 영이시다. 예수님께서 영광스럽게 되시기 전에는 그 영께서 아직 계시지 않았다. 그러나 그리스도께서 부활하신 후에 하나님의 영은 '그 영', 곧 육체 되시고 십자가에 못 박히시고 부활하신 예수 그리스도의 영이 되셨다. 요한계시록 22장 17절 상반절에서는 그 영과 신부께서 함께 한 인격으로서 말씀하신다. 여기서 그 영은 삼일 하나님의 최종 완결이시다.

로마서 8장 4절에서 바울은 우리가 영을 따라 행해야 한다고 말한다. 여기서의 영은 연합된 영, 즉 신성한 영과 우리 사람의 영이 함께 한 영으로 연합된 영을 말한다(고전 6:17). 과정을 거치시고 완결되신 삼일 하나님의 완결되신 영께서 이처럼 우리의 영 안에 내주하시고 우리의 영과 연합되셨다.

그 영과 신부

요한계시록 22장 17절 상반절은 그 영과 신부에 대해 말한다. 이것은 과정을 거치시고 완결되신 삼일 하나님께서 그리스도의 몸인 믿는 이들, 즉 거듭나고 변화되고 세 부분으로 된 믿는 이들과 하나 되심으로, 구속받고 높아진 인성 안에서 삼일 하나님을 표현하는 우주적인 부부가 되신 것이다(고전 6:17).

그리스도인의 생활

그리스도인의 생활은 그리스도 안의 믿는 이들이 과정을 거치시고 완결되신 삼일 하나님을 갖는 것인데, 이 삼일 하나님은 믿는 이들의 일상생활을 위해 그들의 영적 존재의 실질이 되신다(갈 5:16, 25, 롬 8:4). 완결되신 영이신 과정을 거치시고 완결되신 삼일 하나님은 우리의 영적 존재이시다. 우리는 삼일 하나님을 따라 살고, 삼일 하나님을 따라 행하며, 삼일 하나님을 따라 모든 일을 한다.

그러므로 우리는 그리스도인의 생활이 과정을 거치신 삼일 하나님께서 완결되신 영으로서 우리 안에 사시는 것임을 볼 수 있다. 이 완결되신 영은 그리스도의 신성하고도 인간적인 인격과 죽음과 부활을 포함하신다. 그리스도의 인격과 일의 모든 요소가 과정을 거치신 삼일 하나님의 완결이신 이 완결되신 한 영에 복합되어 있다. 하나님은 삼일이시며 우리는 세 부분으로 되어 있다. 하나님은 과정을 거쳐 완결되셨고 우리는 거듭나 변화되고 있다. 결국 하나님과 우리는 우주적인 부부가 된다. 그리고 이 우주적인 부부는 하나님을 영원토록 단체적으로 표현하는 새 예루살렘일 것이다. 이것이 바로 우리 그리스도인의 생활이다.

그리스도인의 생활

초판 인쇄일/ 1995년 11월 30일
개정판 인쇄일/ 2024년 6월 17일
개정판 발행일/ 2024년 6월 28일
저자/ 위트니스 리
역자/ 한국복음서원 편집부
발행인/ 이희득
발행처/ 한국복음서원
등록/ Ⓡ1978.3.6. 제16-12호

주소/ 경기도 성남시 중원구 사기막골로 124,
SKn테크노파크 비즈센터 B210호 (13207)
전화/ 1600-3191
팩스/ 031) 709-3389

ISBN/ 979-11-6857-204-1 03230

http://www.kgbr.co.kr
E-mail:kgbr@kgbr.co.kr

정가 14,000원